[제2판]

미래교육, 교사가 디자인하다

곽덕주
강대중
박현정
소경희
유성상
이선영
정동욱
조영환
공저

교육과학사

| 2판 머리말 |

이 책의 초판이 나온 지 벌써 8년의 세월이 흘렀다. 그 사이에 우리 사회는 전 세계적인 감염병인 COVID 19를 겪었고, 이것은 우리의 일상적 삶뿐만 아니라 교육환경의 변화에 지대한 영향을 미쳤다. 줌을 통한 온라인 수업의 일상화를 통해 비대면 교육의 가능성과 한계를 몸소 체험했고, 학교라는 물리적 공간 자체의 교육적 중요성도 새삼 깨달았으며, 교사와 학생 간의 직접적 상호 작용 및 교육적 관계의 본질에 대한 새로운 철학적 조명도 시도되었다. 이에 더하여 작년 초에 등장한 ChatGPT로 대변되는 AI 기술의 급속한 발전은 이른바 학습주의 담론에 의해 이미 촉발된 교사 역할의 전환, 즉 '교수자'에서 '촉진자'로의 역할 전환에 더하여 기계와 협동하는 '협력자' 모델을 교사에게 요청하고 있다.

이번 2판은 이러한 시대적 변화에 가장 민감하게 반응하고 또 대응하지 않을 수 없는 주제를 다루는 제6장 〈잘 가르치는 방법〉과 제7장 〈테크놀로지를 활용한 수업〉을 중심으로 개정 작업이 이루어졌다. 그리고 최근 우리 사회에서 큰 이슈가 된 "능력주의와 공정성 담론"에 대한 교육적 대응으로서 〈사회정의와 교육〉이라는 주제의 제12장이 새롭게 추가되었다. 사실 지난 8년 간 우리 사회에서 일어난 교육환경에서의 지각변동 속도와 규모에 비추어 보면, 이보다 더 대대적인 수정 및 보완 작업이 필요한 것은 아닐까 생각되기도 했다. 그러나 이러한 지각변동이 우리 교육에, 특히 이 책의 관심사인 교사교육에 무엇을 의미하고 또 무엇을 요청하는지에 대해 보다 단단한 지식에 기초하여 말할 수 있기 위해서는 좀 더 시간이 필요해 보인다.

오늘날 현장의 교사는 그 어느 때보다도 자신의 역할과 정체성에서 위기를 맞고 있다. 이럴 때일수록 이 책이 제안하는 자기성찰력에 기반한 '실천적 판단력(practical judgment)'의 개발은 미래 교사에게 더 필요해 보인다. 교육 현장에서 일어날 법한 다양한 사례들을 중심으로 교사가 처할 맥락에 대한 이해 및 문제 해결을 위해 예비교사들이 미리 함께 숙고해 보는 것은 요즈음 강조되는 교사의 행위자성(agency) 진작에도 기여할 것이다.

한편, '교육학 개론' 수업에서 이 책을 활용한 저자들 중 일부가 발견한 이 책의 새로운 활용법 하나를 소개하는 것으로 2판의 서문을 대신하고자 한다. 예비교사를 대상으로 하는 교직과목 수업에서는 이 책에서 제시되는 사례를 연습하는 것 외에도, 예비교사들 스스로 문제적 사례를 만드는 활동을 추가로 포함할 수 있다. 학생들을 3–5명의 소집단으로 나누어 현장에서 실제로 일어나는 경험적 사례를 질적 연구 방법(예: 매체/문헌 리뷰나 교사 면담)을 통해 스스로 발굴하도록 하는 것이다. 여기서 중요한 것은 **좋은** '규범적 사례(normative case)'를 발굴하여 그것을 하나의 내러티브로 다듬는 것이다.

최근 미국의 교육철학자 레베카 테일러(Rebecca Taylor)는 이러한 규범적 사례의 경험적 발굴 및 이야기화(fictionalize) 과정 자체가 예비교사들의 실천적 판단력의 개발에 크게 기여한다고 말하며, 좋은 규범적 사례가 갖추어야 할 요건을 다음 네 가지로 제안한다. 첫째, 현실에서 일어나는 규범적인(옳고 그름, 좋음과 나쁨과 같은 가치적) 문제를 다루는 '규범적 신뢰성'을 가질 필요가 있고 둘째, 그 사례에 등장하는 행위 주체(예: 김 교사 혹은 박 교사)의 진실한 관점을 반영하는 '관점의 진실성'을 가질 필요가 있으며 셋째, 현장의 풍부한 맥락의 묘사와 더불어 논의할 가치가 있을 정도로 충분히 복잡한 실천적인 문제를 제시하는 '규범적 복잡성'을 가져야 하며 넷째, 그 사례의 맥락과 그것에 대한 규범적 분석이 다른 사례에도 적용될 가능성이 높은 '규범적 적용성'을 가질 필요가 있다. 이러한 규범적 사례 만들기 활동은 예비교사들로 하여금 자신들에게 익숙한 학생의 관점에서 한 발 물러나, '교사의 관점에서' 문제를 바라보고 사유하는 연습의 기회를 줌으로써 교육에 대한 이들의 실천적 사유의 지평을 넓힐 것이다.

이 책이 점점 더 복잡해지고 다루기 어려워지는 현장의 교육 문제를 피하지 않고 정면으로 다루고자 하는 우리나라 교사나 예비교사들에게 좋은 사유 연습의 도구가 되기를 소망하면서 2판의 서문을 대신한다.

저자 일동

| 1판 머리말 |

이 책은 서울대학교 교육학과 교육연구소의 〈BK21 Plus 미래교육디자인 연구사업단〉 사업의 일환으로 기획된 것이다. 집필진은 모두 서울대 교육학과 교수들로 2014년 1월경 첫 모임을 시작한 이후, 2여 년에 걸쳐 공동으로 이루어낸 작업의 성과물이다. 이 책을 기획할 당시 집필진들은 두 가지 관심을 염두에 두었다. 첫째, 미래 사회의 교사를 키우기 위한 '새로운 접근'의 교육 자료를 개발하자는 것이었다. 예비교사들을 대상으로 하는 교직과목이나 교사교육을 위한 양질의 교육학 텍스트와 자료들이 시중에 많이 나와 있지만 그 형식과 접근에 있어서 대동소이할 뿐만 아니라, 대부분 이론적이거나 학문 중심적이어서 현장과 관련된 교사교육에는 많은 한계가 있다는 문제의식이 공유되었다. 둘째, 교사의 일상적 실천과 관련되고 교사의 관점이 반영된 교육 자료를 만들되, 예비교사들의 교직현장에 대한 '고도의 실천적 성찰력'과 '교직 소양'의 함양에 실질적으로 영향을 미칠 수 있는 자료를 개발하자는 것이었다. 이것은 예비교사들을 능동적 학습자로 가정하고 이들의 적극적 참여와 토론을 유도할 수 있는 방식으로 책을 구성할 때 가능한 것이었다. 이 두 가지 관심을 반영하기 위해 결국 학교교육 현장에서 교사들이 부딪힐 수 있는 실제적 문제 사례를 중심으로 책을 구성하자는 의견으로 모아졌다.

이러한 생각에 기초하여 책의 구성과 조직에 대한 밑그림을 그리기 위해 집필진들은 1년 넘게 정기적으로 만나 함께 자료를 공유하고 토론하며 서로의 관심과 관점을 조율하였다. 교육학 내 전공 배경이 서로 다른 7명의 집필진들에게 이것은 큰 도전이기도 했지만 좋은 배움의 기회가 되기도 했다. 우리가 주목해야 할 교육현장의 사태들을 선택하고 결정하는 문제의식과 이 문제와 다룰 개념이나 이론을 찾는 것도 쉽지 않았지만, 설혹 이것을 찾았다고 하더라도 늘 이론적 논문 작업에만 몰두해온 집필진들이 '서사적 상상력'을 발휘하여 이것을 잘 담아내는 일상적인 문제 사례를 구성해 내는 일은 큰 도전으로 다가왔다. 그래서 우리나라 학교 현장을 경험적으로 잘 알고 그 맥락에 익숙한 교사 출신의 서울대 교육학과 대학원생들의 도움과 조언을 구하기도 하였다. 다른 한편, 각자 엉성하게 만들어 온 사례들을 좀 더 생생하고 흥미롭게, 그리고 해당 개념과 문제를 다루는 데에 보다 적절하게 만들기 위해 함께 토론하며 주고받은 동료 집필진들의 개방된 비판과 따뜻한 조언은 서로의 교육적 관점과 전문적 지식을 드러내고 이해할 수 있는 흔치 않은 배움의 기회를 제공하였다.

각자 자신의 연구실에서 자기 전공 분야 연구에 고립적으로 몰두하는 경향이 있는 우리나라 대학교의 학술적 풍토에서, 세부 전공이 모두 다른 7명의 교수가 공동 작업을 위해 머리를 맞대고 큰 무리 없이 이 작업을 해내었다는 사실 자체가 그리 사소하지 않은 학술적 성과가 아닌가 하는 생각도 든다. 물론, 책 전체의 구성과 조직에서 좀 더 집중적이고 유기적인 연결과 관점의 통합이 아쉬운 것도 사실이다. 이를 위한 좀 더 치열하고 뜨거운 논쟁과 토론이 필요했었다는 후회가 남지 않는 것도 아니다. 그러나 처음 시도한 학과교수들 간의 공동 작업으로서, 부족하고 아쉽지만 이 정도의 성과물이라도 낼 수 있었던 것은 여러 동료 집필진들 간에 공유된 문제의식과 이에 바탕을 둔 융합적 마인

드의 협력과 노력 때문이었을 것이다. 동료 집필진을 대표하여 모두에게 진심으로 감사하고 또 서로 자축할 일이 아닌가 싶다. 그리고 교육학적 지식을 비전문가들에게 소개하는 다양한 방식의 이러한 공동 작업이나 융합적 작업이 교육학계에 앞으로 좀 더 활성화될 필요가 있지 않나 하는 바람도 가져본다. 이 책은 '예비교사'들을 위한 교육학적 지식의 소개라는 차원에서 기획되었지만, '교육학도'를 위한 교육학적 지식 소개서 혹은 '일반인이나 학부모'를 위한 교육학적 지식 소개서 또한 별도로, 그리고 차별적 방식으로 기획해 볼 수 있을 것이다.

마지막으로 이 책을 완성하는 데에 도움을 준 많은 분들께 이 자리를 빌려 깊은 감사의 마음을 전한다. 기획 단계에서부터 이 작업을 지속적으로 지원하고 관심을 가져 준 서울대 교육학과 BK21Plus 사업단의 단장이었던 김동일 교수님께 진심으로 감사드린다. 그리고 1년 넘게 진행된 집필진 소모임의 운영에 큰 도움을 준 교육철학전공 문태현 선생에게도 고마운 마음을 전한다. 그러나 무엇보다도 개인적으로 상당히 귀찮은 일일 수 있는데도 불구하고 한국교육의 문제를 실제적으로 다룬다는 사실에 고무되어 학교 현장의 문제 사례를 수집하고 구성하는 데에 자신의 노고와 시간을 아끼지 않은 서울대 교육학과 여러 전공의 교사-대학원생들에게 다시 한 번 고맙다는 말을 전하고 싶다. 그리고 마지막으로 이 책의 출판을 허락하고 물심양면으로 지원해 주신 교육과학사 한정주 대표님을 비롯하여 정경식 부장님, 이정호 편집 실장님께도 깊이 고개 숙여 고마운 마음을 전한다.

집필진 대표

곽덕주

CONTENTS

CONTENTS

CONTENTS

CONTENTS

PART III

학교와 사회 / 203

CONTENTS

CONTENTS

서론:
예비교사들에게 교육학적 지식을 어떻게 소개할 것인가?

미래 사회, 미래 교육을 위한 교사교육

오늘날 우리나라 공교육 교사들은 학교 안팎으로부터 역사상 유래가 없을 정도의 다양한 요구들로 많은 어려움과 혼란을 겪고 있다. 학교 밖으로는 신자유주의적 흐름 속에서 입시 위주의 맞춤식 교육을 행하는 경쟁력을 갖춘 사교육 강사들과 경쟁하도록 압박을 받는다. 학교 안으로는 교사 세대와 전혀 다른 환경 속에서 자라난 세대, 일찍부터 키보드와 인터넷에 노출된 채 성장한 아이들의 자유분방함과 자기중심주의에서 오는 주어진 권위와 규범에 대한 반항적 태도를 다루어야 할 뿐만 아니라, 자녀 교육에 점점 더 자신의 목소리를 높여가는 학부모들의 교육적 간섭이나 관여를 수용할 수 있어야 한다. 이외에도 미래 사회가 요청하는 미래 세대의 역량과 자질의 육성을 위한 교과 전문성과 더불어 진로, 창의성, 보육 등 기존 교육과정에서는 요청되지 않던 추가적인 교육적 서비스 제공에 대한 부담도 점점 가중되고 있다. 학교교육과정 운영의 비효율성에 대한 지난 몇 십 년 동안의 사회적 비난은 교사의 본질적 직분과 관계가 되는 일이라 더욱더 치명적이라고 할 수 있다. 학생들의 학업성취도 개선을 위한 개별화된 지도에 필요한 교수 · 학습에서의 혁신도 요청될 뿐 아니라 학생들에 대한 개인적 배려와 관심도 요구되고 있다. 이러한 새로운 요구들의 소용돌이 속에서 교실붕괴나 교권추락을 일상적으로 경험하는 교사들은 점차 교사로서의 자신의 역할과 가치에 대해 모순과 불안을 느낄 뿐만 아니라 빠르게 변화하는 사회적, 교육적 환경에 끊임없이 새롭게 적응해 나가야 한다는 교육전문가들의 요청에 자괴감과 무기력마저 느끼고 있는 실정이다.

한 사회의 교육의 질은 그 사회의 교사의 질을 넘어설 수 없다는 이제는 상식이 되어버린 문구에 굳이 기대지 않더라도, 미래 우리 사회의 교육을 위해 교사교육이 얼마나 중요한지는 아무리 강조해도 지나치지 않다. 더구나 예측 불가능성, 불확실성을 그 특징으로 하는 미래사회를 준비하는 오늘날 교사는 과거에 자신이 배워 온 방식으로 미래 세대를 가르치는 것으로 이제 충분하지 않다. 해마다 새로 만나는 아이들의 특성과 상황에 교사 스스로 능동적으로 대응하며 자신의 역할과 행동을 재조정하지 않는다면, 위에서 묘사된 교직생활이 주는 어려움과 무력감을 피할 방도는 없다. 이런 의미에서 '철밥통'으로 묘사되던 안정적이고 고정된 이미지의 '교직' 시대는 이제 지나갔다고 볼 수 있다. 교직에서의 성공적이고 행복한 삶을 위해 교사는 쉴 새 없이 배우며 자기변혁을 꾀해야 하며, 미래 교사를 육성하는 교원양성 프로그램 또한 새로운 원리와 방식으로 재구성되지 않으면 안 된다.

그러면 교사교육이 처한 이러한 시대적, 사회적 요구에 비추어 볼 때 더욱더 불확실한 환경에 놓이게 될 미래 사회의 교사들에게 요구되는 능력과 자질은 무엇일까? 그리고 이 능력과 자질은 어떻게 길러지고 또 준비될 수 있을까? 물론 이 질문은 학교교육을 통해 길러져야 할 미래 '인재'의 특성 및 자질과 밀접한 관련이 있을 것이다. 왜냐하면 이것에 대한 잠정적 대답에 비추어 이를 잘 육성하는 데 필요한 교사의 자질과 능력이 비로소 단계적으로 추출될 수 있기 때문이다. 이것은 미래 교육학자나 교사교육자들에 의해 체계적이고 지속적으로 탐색되고 있는 질문이자 작업이다. 본 저서의 저자들은 이 주제에 대한 기존의 많은 연구들에 기대어(Korthagen[2007], Hargreaves[2011], 김동일[2014]), 미래 교사들에게 필요한 능력을 교육 현장에서 자주 부딪히는 불확실한 상황과 맥락의 문제를 이해하고 이에 적절히 대처해 나가는 '문제 해석 및 해결 능력'으로 잠정적으로 정의하면서, 이러한 능력을 키울 수 있는 교육학 수업 자료를 실험적으로 개발하고자 한다.

교사교육에서 이론과 실천의 문제

문제 해석 및 해결 능력이 개발되기 위해 예비교사들에게 요청되는 핵심적 지식이나 자질은 무엇일까? 그것은 바로 교육이나 교육현장에 대한 '이론적' 지식이기보다는 '실천적' 지식으로서, 현장의 구체적 맥락과 복잡한 상황을 이해하고 판단하는 실천적 성찰능력, 그리고 자신의 실천적 경험과 여기에 가정된 교육적 신념을 되돌아보는 자기성찰 능력을 그 구성요소로 포함한다. 즉 그것은 어떤 명제가 참 혹은 거짓인지를 판단하는 데 필요한 '이론적이고 개념적인 사고능력'이기보다는, 어떤 주어진 구체적 상황을 이해하고 무엇을 어떻게 행하는 것이 그 상황에서 최선인지를 판단하는 '실천적 사유능력'이다.

예비교사에게 요청되는 이러한 실천적 사유능력은 두 가지 두드러진 특징을 지닌다. 첫째, 추상적이고 개념적인 명제가 아닌 구체적이고 실천적인 상황에 대한 판단에 연루되기 때문에 하나의 절대적 답과 해결책이 있을 수 없는 성격의 문제를 다루는 능력이다. 예를 들어, 학교에서 일어난 특정 갈등상황 속에서 개별 교사는 학교 공동체, 학교장, 자신의 학생들, 동료교사들 중 누구에게 어떤 책임을 얼마만큼 지고 있는가? 그리고 교사는 자신의 특정 수업 활동에서 아이들의 교과지식 습득, 자기 존중감의 고취, 혹은 시민의식의 함양 중 어느 목적에 얼마만큼의 비중을 두고 가르쳐야 하는가? 이러한 문제나 질문들에 직면하여 교사는 하나의 고정된 원칙이나 답을 찾기가 어렵다. 오히려 교사는 주어진 갈등상황과 실천적 맥락 속에서 그 상황과 맥락에 적절한 판단을 해야 하는데, 이것은 대개 갈등하는 다양한 가치들간의 적절한 균형점을 찾는 문제이기보다는 하나를 선택하고 다른 것들은 희생되어야 하는 종류의 판단일 경우가 많다. 교육적 비용을 치러야 하는 것이다. 그러나 하나의 정답이 있을 수 없다고 해서 더 적절하거나 덜 적절한 대안이 없다는 뜻은 아니다. 바로 전자를 찾기 위해서 교사들의 실천적 사유능력은 훈련될 필요가 있다. 그리고 미래교육의 성패여부는 바로 이것에 거의 전적으로 달려 있다고 해도 과언이 아닐지 모른다.

둘째, 이러한 실천적 사유능력은 기본적으로 '교사의 관점'을 가지고 '교육적 가치'에 비추어 봄으로써만 그 적절성이 결정될 수 있다. 실천적 판단의 적절성은 그 성격상 전문적 활동의 성격에 따라 그 준거를 달리할 수 있다. 예를 들어 의사의 실천적 판단의 준거는 환자의 병의 치유에 있을 것이고 법조인의 그것은 법적 정의의 성취에 있을 것이다. 마찬가지로 교사의 실천적 판단의 준거는 교육적 관점에 비추어 그 교육적 가치를 실현하는 것, 즉 아이들의 올바른 성장, 혹은 최소한 이것에 어긋남이 없도록 하는 데에 있다고 볼 수 있다. 그러므로 예비교사들은 '교육적 관점'으로 상황을 이해하고 판단하며 자신의 의사를 결정한다는 것이 무엇을 의미하는지 잘 이해할 필요가 있다. 사실 이를 위해 우리나라 교원양성기관에서는 교직과목을 개설하여 교육학적 지식과 관점에 대한 예비교사들의 이해를 돕는 것이다.

그러나 교직과목을 통해 소개되는 교육학적 지식체계가 교사들의 현장 능력의 구성과 개선에 크게 도움이 되지 않을뿐더러 오히려 걸림돌이 되고 있다는 지적이 최근 10여 년 동안 교사교육 분야에서 지속적으로 제기되어 왔다. 그리고 이 비판은 비단 우리나라 교사교육에만 해당되는 것이 아니라 영미 교사교육 전반에 걸쳐 제기되어 온 문제이다. 이것은 어떤 의미에서 우리가 통상 '교육학적 지식'으로 이해하는 것에 대한 문제 제기라고도 볼 수 있다. 우리는 보통 교사들에게 필요한 교육학적 지식은 이론적 형태를 띠어야 한다고 보는데, 이것은 실천과 무관한 이론 자체를 가치롭게 바라보며 이를 실천적 지식보다 더 우월한 것으로 인식하는, 지식에 대한 우리의 통상적 견해와 밀접한 관련이 있다.

그러나 본 저서는 이러한 우리의 상식적 견해에 의심을 품는 데서 출발한다. 그리고 이러한 이론적 형태의 교육학적 지식이 교사의 실천과 맺는 관계의 성격을 본격적으로 고민하며 이 문제의식을 본 저서의 구성과 구성방식에 담고자 하였다. 기초적인 교육학 지식 소개서인 기존의 교육학 개론서들이 과학적이며 체계적인 방식으로 축적되어 온 지식과 이론들을 핵심적인 개념을 중심으로 포괄적으로 소개하는 데에 일차적 관심이 있었다면, 본서는 예비교사들이 실제 현장에서 쉽게 부딪히거나 익숙할 수 있는 문제 사례들로부터 출발한다. 이러한 문제 사례들은 일차적으로, 예비교사들로 하여금 구체적인 교육현장 맥락 속에 자신을 놓고 그 문제가 마치 자신의 문제인 것처럼 상상적 체험을 하도록 유도할 것이다. 그리고 이것은 모종의 전문 기술적이고 이론적인 개념의 도움 없이 그 문제를 바라보고 이해하며 그 방안을 자유롭게 모색하게 하는 기회를 줄 것이다. 그러나 교육학적 지식이나 관점이 주어진 문제 사례에 나타난 갈등과 문제를 분석하고 이해하는 데에 무용한 것은 아니다. 오히려 그 문제와 갈등의 성격을 보다 심도 깊게 이해하고 더 나은 해결책을 찾아가는 데에 개념적 도구로서 길잡이 역할을 할 수 있다. 그리하여 각 사례는 언제나 관련된 교육학적 개념과 질문, 이론과 연관되는 방식으로 구조화되어 제시될 것이다. 이것은 예비교사들로 하여금 교육학적 지식이 교육 현장이나 현실의 문제와 어떻게 상호 의미 있게 연관될 수 있는지를 체험적으로 이해하도록 도울 것이다.

이렇게 이론적 지식에 의해 어느 정도 안내를 받은 예비교사들의 성찰과 사유는 그렇지 않은 것에 비해 질적인 차이가 있을 것이다. 그리고 이 질적 차이는 비록 직접적으로 이들의 실천적 역량에 영향을 미친다고 보기는 어렵지만 교육현장에 만연해 있는 실천적 문제의 복잡성과 다면성을 이해하는 데에는 도움을 줄 것이다. 그리고 이러한 이해는 이들로 하여금 교육실천의 문제가 부과하는 도전과 불투명성에 미리 위축되거나 위협감을 느끼기보다는 실천적으로나 지적으로 다루어 볼 만한 가치가 있는 것으로 받아들이게 할 것이다. 뿐만 아니라 이것은 예비교사들로 하여금 교육학적 지식이 교육 실천적 문제들과 어떻게 관련될 수 있는지, 그 가능성과 한계를 보게 함으로써 결과적으로 교육학적 지식의 가치와 의의를 좀 더 깊이 음미할 수 있게 할 것이다.

이 책을 어떻게 활용할 것인가?

이 책은 예비교사들을 대상으로 하는 교직과목의 하나로서 교육학적 지식을 개론적으로 소개하는 〈교육학 개론〉 수업이나, 교육현장의 실천적 문제에 익숙하지만 이것을 교육학적으로 사고하는 데에 어려움을 겪는 현장 교사들을 대상으로 한 교사교육 수업에서 활용할 수 있는 텍스트 자료로 구상되었다. 특히 이 책은 강의 중심의 수업이 아니라 학생들의 능동적인 참여와 토론을 중심으로 하는 수업의 자료로 구성되었다. 그래서 큰 주제 섹션하의 장들은 그 섹션의 주제와 관련된 문제나 이슈, 사례를 중심으로 제시되어 있다. 학생들은 한 가지 문제나 사례를 중심으로 일정 시간 동안 토론 시간을 가지도록 요청된다. 아래에서는 이 책의 전체구성에 대해 간단히 소개한 후, 앞서 언급된 강좌의 수업에서 이 책의 자료들이 어떻게 적절히 활용될 수 있는지 몇 가지 실제적인 제안을 더하는 것으로 마무리하고자 한다.

이 책은 크게 네 부분으로 구성되어 있다. 제1부 “교육적 관계와 교육적 실천”, 제2부 “교육과정, 그리고 교수 · 학습”, 제3부 “학교와 사회”, 그리고 제4부 “추가 현장 사례들”이 그것이다. 제1부는 ‘교육적 관점과 가치’에 대한 보다 근원적이고 본질적인 질문을 제기하고 이것에 대한 예비교사들의 고민을 독려할 수 있는 문제 사례와 개념들을 제시하였다. 제2부는 수업과 관련한 교사들의 ‘실천적’ 문제들을 다룰 수 있도록 교수활동과 방법에 대한 것, 그리고 교사의 실천적 역할에 관련된 이슈와 사례들을 제시한다. 제3부는 학교교육이 놓여있는 사회적 맥락에 대한 이해, 그리고 학교교육과 사회 전체와의 관계에 대한 이해를 돕는 사례와 이론으로 구성되어 있다. 제4부는 오늘날 학교 현장에 새롭게 등장하는 현안들을 다루는 사례를 몇 가지 소개한다. 실제 수업에서 각 장의 주제와 사례를 다룰 때 이 책에 수록된 순서를 그대로 따를 필요는 없다. 교강사의 필요와 보조에 맞추어 선택적으로 활용할 수 있을 것이다.

각 장들은 1) 문제 사례와 토론 질문, 2) 관련 핵심 개념과 이론적 쟁점, 3) 종합 논의 및 심화질문 순으로 구성되어 있다. 이것은 애당초 2시간으로 구성되는 한 회 수업 분의 내용으로 구조화된 것이다. 그러나 실제 이 자료로 시범 수업을 해본 결과 한 회 수업으로 한 장의 내용을 충분히 다루기는 어려웠다. 장별로 이슈의 성격과 중요도에 차이가 있겠지만 대체로 한 장의 내용을 충분히 다루는 데에는 한 회 2시간 수업을 기준으로 했을 때 최소 1~2회의 수업시수가 필요할 것으로 보인다.

본 저서의 저자들이 추천하는 수업 운영방법은 다음과 같다. 먼저 학생들을 5–6명의 소집단으로 나누어 매 수업시간마다 주어진 사례와 토론 질문에 대하여 충분히 논의하게 한다. 그리고 소개되는 핵심 개념과 이론적 쟁점을 읽기과제로 부과하여 학생들이 각자 해당 개념과 이론들을 사례와 연관시켜 고민할 수 있는 기회를 준다. 그 다음 수업시간에는 각자 익힌 교육학적 개념과 지식에 기초하여 다시 소집단으로 모여 주어진 사례에 대한 이해와 문제 해결을 위한 보다 본격적인 논의에 참여하게 한다. 마지막으로 전체 집단이 모두 모여 각 소집단의 토론 내용을 함께 공유하는 것으로 한 장의 수업을 마무리할 수 있다. 이 일련의 과정에서 교강사가 좀 더 적극적으로 개입해야 할 시점은 학생들이 각자 주어진 사례에 대한 이론적 지식을 익힌 후 참여하는 수업에서이다. 이들이 주어진 개념과 이론을 정확하고 올바르게 이해할 수 있도록 도와줄 필요가 있다. 물론 이외에도 소집단 토론 중에 요청이 있을 경우 수시로 이들의 토론에 함께 참여하면서 소집단 토론이 원활하게 일어나도록 도울 수 있다.

물론 위에서 기술된 이 책의 활용방식은 어디까지나 하나의 제안일 뿐이다. 교강사들은 이 책의 자료들을 자신이 계획한 교육의 목적에 맞게 자유롭게 그리고 선택적으로 활용할 수 있다. 여기에 제시된 자료들이 미래 교사들의 실천적 사유와 숙고 능력을 키우는 데 의미 있게 기여하기만 한다면, 어떤 방식으로 활용되든 이 책의 용도를 다하는 것이라고 말할 수 있다.

참고문헌

김동일 외 (2014). 미래교육 패러다임을 위한 디자인 개념 탐색. **아시아교육연구**, 15(4), 29–54.

Hargreaves, A. (2003). *Teaching in the knowledge society: Education in the age of insecurity*, UK: Open university press; 곽덕주, 양성관, 이지현, 이현숙, 장경윤, 조덕주, 황종배(공역) (2011). **지식사회와 학교교육: 불안정한 시대의 교육**. 서울: 학지사.

Korthagen, F. A., et al. (2001). *Linking practices and theory: The Pedagogy of realistic teacher Education*. London & New York: Routledge; 조덕주, 곽덕주, 이지현, 장경윤, 진석언, 최은식, 최의창, 홍진곤(공역) (2007). **반성적 교사교육: 실제와 이론**. 서울: 학지사.

PART_Ⅰ

교육적 관계와 교육적 실천

들어가는 말

오늘날 우리 학교 현장은 여러 교육 당사자 간의 가치 갈등과 입장의 경쟁 속에 몸살을 앓고 있다. 국가의 정책이 있고 이를 대변하는 학교장의 입장이 있다. 학부모의 자녀 교육권에 대한 입장이 있고, 동료 교사들 간에 자신들의 교육적 소신에 차이가 있다. 아이들은 아이들대로 자신들의 인권에 대한 주장이 있고, 교사는 교사대로 교권과 교육적 권위에 대한 신념이 있다. 이렇게 상호 갈등하고 경쟁하는 입장들 속에서 우리 교육 현장은 실로 정치적 가치와 입장의 각축장이라고 해도 과언이 아니다. 이러한 공교육 맥락 속에 놓여있는 일선 교사들에게 책임 있는 '교사'의 입장이 된다는 것은 무엇을 의미하고, 사태를 '교육적 관점'으로 바라보고 판단한다는 것은 무엇을 의미하는가? 오늘날만큼 교육 당사자의 입장에 따라 중요하게 여기는 '교육적 가치'가 달라지고 그 의미가 분분했던 적이 있을까? 이 장에서는 교직을 준비하는 예비교사들로 하여금 교육 및 교직의 의미와 가치에 대해 '교사의 관점'

에서 성찰해 보게 하며, '교육적으로' 사태를 바라보고 판단한다는 것이 무엇을 의미하는지 다양한 각도에서 살펴보도록 할 것이다.

'교육을 한다' 혹은 '교육적 관점에서 판단한다'라고 진술할 때 우리는 단순히 어떤 상황을 객관적으로 지시하거나 묘사하는 것이 아니다. '교육', 혹은 '교육적'이라는 말은 항상 가치지향적인 활동이나 상태를 가정한다. 다시 말하면 교육이라는 것은 바람직하다고 여겨진 특정 가치나 상태를 지향하는 의도나 실천과 밀접한 관련이 있다. 물론 여기서 바람직하다고 여겨지는 의도와 실천은 사람이나 집단, 혹은 시대와 문화마다 다르게 기술될 수 있지만, 그 의도나 실천에 의해 지향되는 가치가 무엇이든 그것이 교육이라고 불릴 수 있다면 그것은 항상 가치지향적인 활동으로 가정된다는 것에는 이견이 있을 수 없다. 즉, 조선시대의 교육이 지향하는 바는 현재 21세기 한국 교육이 지향하는 바와 다르고, 중동 이슬람 국가의 교육은 근대 서구의 교육과 지향하는 바에서 다르지만, 이들 사회가 모두 교육이라는 이름으로 행하는 실천에는 이들 각자가 가치롭다고 여기며 추구하는 특정 교육목적이 가정되어 있다.

이러한 가치 지향성을 갖는 교육이라는 이름의 실천이 오늘날, 이른바 포스트모더니즘 사조하의 사회문화적 삶의 조건에서 문제가 되는 것은, 한국의 조선시대 사회나 서구의 계몽주의 근대 사회에서와는 달리, 우리 사회나 집단이 지향해야 할 교육적 가치에 대한 공적 합의가 거의 불가능하게 되었다는 사실에서 파생된다. 다시 말하면 그 사회나 집단의 구성원이라면 누구나 동의할 수 있는 교육적 가치가 더 이상 존재할 수 없게 되었다는 것이다. 물론 우리 사회의 경우 '홍익인간'이나 '민주시민'이라는 이름의 당위적 교육 목적과 이상이 있다고 말할 수 있을지 모른다. 그러나 '널리 인간을 이롭게 하는 홍익인간'이 정확히 우리 시대 어떤 인간을 말하는 것인지, 그리고 '다양한 가치를 수용하고 공정한 절차를 존중하는 민주적 시민'이 정확하게 한국사회, 그리고 나에게 무엇을 의미하는지는 우리 자신이 속한 계층이나 가정적 배경, 그리고 헌신하는 정치적 이념에 따라 다를 수 있다. 지향해야 할 '교육적 가치'에 대한 집단 간, 그리고 개인 간 차이가 있을 수 있고 이것을 인정할 줄 아는 것이 바로 **다원적** 민주 사회의 미덕이라고 말할 수 있을 것이다.

그리하여 전통적 교육관과 진보적 교육관이 경쟁하고, 공자의 교육관과 존 듀이의 교육관이 공존하며, 이들 간의 교육적 견해의 차이가 협상과 화해를 통해 하나의 올바른 교육 철학으로 통합되는 것은 불가능할 뿐만 아니라 바람직하지도 않다고 여겨진다. 다시 말하면 오늘날 우리 사회에는 합의할 수는 없지만 공존 가능하고 또 공존이 허용되어야 하는 다양한 교육적 가치들이 있을 수 있다. 미래 교사는 상호 충돌하거나 경쟁하는 이러한 교육관들 사이에서 자기 나름대로의 교육적 가치와 지향성을 정립해 나가며 상이한 교육관들을 교육적 관점에서 조정하고 판단하는 태도와 안목을 길러야 한다. 그렇지 않으면 다른 사람들의 요구와 실천에 이리저리 끌려 다니며 일관되고 책임 있는 교육적 실천을 수행할 수 없거나, 교육적 실천이 아닌 다른 실천에 봉사하는 도구적 존재가 될 가능성이 높다.

그리하여 제1부에서는 학부모의 입장이나 교육행정가의 입장에서가 아니라 '교실과 학교'라는 살아있는 교육 현장 속에 있는 교사의 입장에서, 어떤 사물이나 사태를 교육적 안목으로 바라본다는 것이 무엇을 의미하는지, 그 기본 전제와 개념들을 찬찬히 살펴보는 기회를 제공하고자 한다.

먼저 제1장에서는 '교육의 조건'에 대해 살펴볼 것이다. 여기에서는 오늘날 교사들이 느끼는 교육의 어려움을 이해하기 위해, 교육이란 무엇인지 그리고 교육이 시작되기 전에 교사와 학생 간에 어떤 존재론적 조건이 전제되어야 하는지에 대해 생각해 볼 것이다. 그리고 이 조건의 하나로서 교사의 '권위'의 성격에 대해 살펴볼 것이다.

제2장에서는 '교육적 관계의 특성과 교사 인성'에 대해 살펴볼 것이다. 많은 이들이 오늘날 공교육을 되살리기 위해 가장 시급히 요청되는 것이 교사와 학생 간의 교육적 관계의 회복이라고 말한다. 그리하여 신뢰에 기반한 교사와 학생 간의 교육적 관계는 구체적으로 어떤 특성을 지니고 있는지, 특히 이 관계는 신뢰에 기초하는 다른 형태의 관계와 어떻게 다른지 살펴봄으로써 교육적 관계의 고유성을 탐색해 볼 것이다. 그리고 이러한 관계를 형성할 수 있는 자질로서 교사 인성이라는 것이 있는지, 있다면 그것은 어떻게 형성되고 개발될 수 있는지 논의해 볼 것이다.

그리고 제3장에서는 '교육의 목적'에 대해 살펴볼 것이다. 교육은 가치지향적인 실천적 활동이다. 이때 무엇을 지향하느냐는 교육실천의 구체적 내용을 결정하고 구성한다. 그리하여 교사들에게 교육의 목적에 대한 고민은 이들의 일상적 실천과 불가분의 관계에 있다. 교사는 어떤 교육목적을 지향해야 하는지, 만약 교육목적에서 교육 당사자들 간에 불일치가 있을 경우 이것을 어떻게 다루어야 하는지, 그리고 교육목적과 학교교육과정은 어떤 관계에 있는지 살펴볼 것이다.

CHAPTER_1

교육의 조건

독일의 교육학자 Klaus Mollenhauer의 저서 『가르치기 힘든 시대의 교육』(2005)이라는 책 제목처럼, 오늘날 우리나라의 공교육 교사들은 "가르치기 힘든 시대"를 살아가고 있다. 우리 시대에 가르치는 일은 왜 이렇게 점차 힘들어지는가? 무엇을 가르쳐야 하는지, 그리고 전수해야 할 가치 있는 교육의 내용이 무엇이 되어야 하는지에 대해 성인세대는 점점 자신감을 잃어가고 있다. 공교육 교사의 권위는 지속적으로 약화되어 왔고 학교교육과 학교 바깥 교육 간의 경계도 점차 희미해지고 있다. '교육을 한다는 것'이 무엇을 의미하는지 이전처럼 그렇게 자명하지도 않고, 오히려 다양하고 경쟁하는 여러 양태의 교육적 활동 속에서 교사들은 자신이 종사하고 있는 교육적 실천의 고유한 의미와 가치에 대해 불안감과 더불어 불신을 내면화하는 경향이 있다. 이제 교육적 실천이 지니는 의미와 가치는 제도나 전통 자체에 의해 주어지거나 당연한 것으로 받아들여지기보다는 구체적 교육현장 속의 개별 교사들이 스스로 찾거나 다른 동료 교사들과 함께 모색하고 구성해 나가야 하는 것인지도 모른다. 다음에서는 교육의 의미와 가치에 대한 탐색의 일환으로 교육이 일어나기 위한 조건에 대해 생각해 보기로 한다.

문제 사례

김 교사는 지난 10여 년간 중학교에서 사회교과를 가르치고 있다. 최근 새로 부임한 학교는 서울 강북에 위치한 다소 변두리 지역의 학교로 여러 해 동안 학생들이 말썽을 피워온 학교로 유명하다. 대부분의 학부모가 노동자 계층 맞벌이 부부이거나 홀부모로 자녀의 학업이나 성장에 관심을 갖기에는 역부족인 열악한 환경 속에 있다. 그러다 보니 학교 폭력이나 비행으로 퇴학당하는 학생, 스스로 자퇴하는 학생 수가 늘어갈 뿐만 아니라 수업 시간에 잠을 자는 학생도 부지기수이다. 평소 학생들에게 관심이 많고 친구처럼 지내는 것을 좋아했던 김 교사는 이 학교에 새로 부임하면서 가정배경에서 오는 학생들의 여러 어려움을 적극적으로 이해하고자 노력하였고, 이들에게 좀 더 나은 교육과 삶의 기회를 주기 위해 자신이 할 수 있는 일이 무엇일지 진지하게 고민하고 있는 중이었다.

그러던 어느 날 김 교사가 중학교 3학년 교실에 들어가 수업자료를 나누어 주는데, 바로 앞의 학생 준우(가명)가 엎드려 자고 있었다. 그는 준우 쪽으로 다가가서 어깨를 툭툭 치며 “일어나라 종 쳤다, 선생님 왔다”고 말했다. 그런데 준우는 엎드린 채 무의식적으로 김 교사의 손을 휙 내쳤다. 그래도 그때까지 김 교사는 선생인 줄 모르고 준우가 그렇게 하나보다고 생각했다. 그래서 “선생님이다, 얼른 일어나라”고 다시 말했다. 그랬더니 준우는 벌떡 일어나 대뜸 김 교사를 노려보며 “그래서요?”라고 대꾸하는 것이었다. 김 교사는 너무 어이가 없어서 뒤로 나가 서 있으라고 말했다. 그런데 준우는 나가기는커녕 불량하게 김 교사를 올려다보며 “당신이나 나가세요, 왜 내가 나가요?"라고 말하는 것이었다. 김 교사는 순간 화가 머리끝까지 치밀었지만, 재빨리 이를 억누르며 다소 차갑고 사무적인 목소리로 방과 후에 교무실로 오라고 말한 후 교단으로 돌아왔다.

김 교사는 수업이 끝나고 교무실로 돌아와, 도대체 왜 이런 일이 일어났는지, 그리고 이것이 무슨 맥락인지 이해하려고 애썼다. 그리고 문제가 된 준우와의 관계를 어떻게 풀어나가야 할지 난감하기 짝이 없는 고민을 하기 시작했다.

토론질문

1. 위 지문을 읽으면서 우리가 느끼는 당혹감의 원천은 무엇인가?
   교사와 학생 간의 '교육적 관계'가 시작되기 위해 선행되어야 할 요건은 무엇이라고 보는가?
2. 당신이 김 교사라면 준우와의 관계를 풀어나가기 위해 무엇을 어떻게 할 것인가?
3. 우리는 주위에서 "교사의 권위가 땅에 떨어졌다"는 말을 자주 듣는다. 교사의 권위는 땅에 떨어질 수 있는 문제인가? 교사의 권위는 어디에서 오는 것인가?

1. 교육의 개념에 대한 전형적 비유

위와 같은 상황은 요즈음 학교 현장에서 자주 목격되는 사태이다. 이런 상황으로 인해 교사도 학교가 두렵고 학생은 학교를 떠난다. 도대체 왜 이런 일이 발생하는 것일까? 학생 준우는 무엇 때문에 김 교사에게 이런 식의 태도를 보이는 것일까? 준우는 마치 원치 않는 곳에 억울하게 강제로 보내져 자신의 인권에 심각한 해를 입은 것처럼 분노와 반항의 감정을 표현한다. 김 교사는 수업이 시작되어도 준우를 깨우지 않고 그대로 내버려 두었어야 하는가? 이런 장면은 명백히 교사의 입장, 특히 교직과 아이들에게 헌신할 자세를 가지고 있는 김 교사의 입장에서 보면 당혹스럽고 황당한 일이 아닐 수 없다. 이러한 상황을 여러 번 겪게 되는 현실의 교사는 마음에 깊은 상처를 입고 학생이라는 존재를 상대하거나 이해하기 어려운 집단으로 치부하며 거리를 두게 된다. 이 거리감은 학생들에게도 전해져 교사와 형식적이고 피상적인 관계에 머물거나 교사를 억압적 힘을 대변하는 인물로 여기며 외면하게 된다. 이러한 관계 속에서 의미 있는 '교육'이 일어나기란 거의 불가능하다. 교육은 학생들이 뭔가 배우도록 가르치는 일이고, 이런 의미에서 가르치는 일은 배움의 주체인 학생들의 응대와 관여가 없으면 완성될 수 없는 활동이기 때문이다. 즉, 교육은 두 당사자, 교사와 학생 간의 파트너십이 전제되지 않으면 가능하지도 않고 완성될 수도 없다. 그러면 이 파트너십은 어떻게 가능하고 또 시작될 수 있는 것인가?

이 질문에 답하기 위해 먼저 위 사례에서 김 교사와 학생 준우 간의 정상적인 파트너십의 가능성을 가로막고 있는 원천이 무엇인가에 대해 좀 더 숙고해 볼 필요가 있다. 그 한 가지로 아마도 교육의 개념과 이에 대한 상호 기대의 불일치를 들 수 있을지 모른다. 한자어로 '敎育'은 가르칠 '敎' 자와 기를 '育' 자로 구성되어 있다. 가르칠 '敎'는 본래 한자어의 의미로 따지면, 사람의 행위에 초점을 둘 때에는 "윗사람이 베풀고 아랫사람은 본받는다(上所施 下所效也)"는 뜻이고, 가르치는 내용에 초점을 둘 때는 "윗사람이 베푸는 바와 아랫사람이 본받는 바"로 해석될 수 있다(성태제 외, 2012: 17). 그리고 기를 '育'은 "자녀를 착하게 살도록 기른다"는 의미이다. 그리하여 '敎育'은 성숙한 부모나 교사가 미성숙한 자녀나 학생에게 착하게 살도록 모종의 가치 있는 것을 솔선수범하여 가르치고, 자녀나 학생은 그것을 본받고 배우는 것이라고 말할 수 있다. 이러한 교육관은 우리의 신념 속에 깊이 뿌리내려져 있는 전통적인 동양적 교육관으로, 윗사람인 교사나 부모는 교육의 주체로서 교육의 주도적 역할을 하는 능동적 존재로, 아랫사람인 학생, 자녀는 윗사람의 가르침을 적극적으로 수용함으로써 이들에 의해 양육되어야 할 수동적 존재로 가정한다. 모르기는 해도 위 사례의 김 교사는 아마도 이러한 교육관을 가지고 있었기 때문에 수업을 시작하기 위해 학생 준우를 깨우는 것은 교사로서 당연한 의무일 뿐 아니라 자연스러운 도리라고 생각했음에 틀림이 없다.

이에 비하여 근대 학교교육의 근간을 이루는 서양의 교육관에서 가정하는 '교육', 즉 '에듀케이션(education)'은 라틴어에 그 뿌리를 두고 있다. 이것은 본래 '양육하다(to bring up)' 혹은 '기르다(to rear)'를 의미하는 에듀카레(educare)에서 유래되었고, 이것은 다시 '이끌어 내다(to bring forth or to lead out)'를 의미하는 에듀케레(educere)에서 파생되었다고 한다. 그리하여 에듀카레는 부모가 자녀를 양육하는 것에서 보듯이 미성숙한 아동을 성숙한 상태로 길러내는 것을 의미한다고 볼 수 있다. 그리고 에듀케레는 학생 안에 있는 어떤 것, 즉 잠재능력이나 본성을 바깥으로 이끌어 내는 것을 말한다. 그래서 이 두 어원의 결합으로서 에듀케이션, 즉 교육은 부모나 교사가 아이나 학생 안의 잠재력이나 본성을 바깥으로 끄집어내는 것을 통해 성인으로 길러내는 것을 의미한다고 볼 수 있다. 그리하여 서구적 의미의 교육은 교사의 주도성과 학생의 본래성이 모두 강조되는 경향이 있다(성태제 외, 2012: 19).

그리하여 근대 서구교육에는 두 가지 서로 구분되는 전통이 있다. 전통적 교육과 진보적 교육의 이념이 바로 그것이다. 전통적 교육의 이념은 바깥에서 무엇을 주입하여 형태를 만든다는 의미에서 '주형(moulding)'이라는 비유로 자주 묘사되는데, 영국의 경험주의자 John Locke에 의해 주장되었다. 이 비유는 장인이나 제작자가 쇳물이나 진흙을 일정한 모양의 틀에 부어 어떤 모양을 만들어 내는 일로서 교육을 이해하는 것이다. 교사는 장인이고 학생은 쇳물이나 진흙에 해당되는 것이다. 여기에서는 부모나 교사의 주도적 역할이 강조되고 재료인 학생은 외부의 주어진 규범에 따라 수동적으로 만들어지거나 변화되어야 할 존재가 된다. 성숙한 성인과 미성숙한 아동 간의 수직적 관계가 가정될 수밖에 없다. 이에 비해 진보적 교육의 이념은 외부의 주입이나 관여가 아니라 이것으로부터 자유로운 환경에서 아이의 본성이나 잠재력을 이끌어 낸다는 의미에서 '성장(growth)' 개념으로 자주 비유된다. 프랑스의 자연주의 철학자 Jean-Jacques Rousseau나 미국의 프래그머티즘 철학자 John Dewey에 의해 주장되었는데, 식물이 스스로 성장해 나가듯이 교육도 아동이 가진 잠재 가능성을 자연스럽게 실현해 나가는 과정으로 본다. 여기에서 아동은 식물로, 교사는 이 식물을 가꾸는 정원사에 비유된다. 부모나 교사는 아이의 내부에 있는 자연적 본성이나 잠재 능력이 잘 발현되도록 좋은 환경을 조성해 주거나 도와주는 역할을 한다. 여기에서는 교사와 학생 간의 수평적 인간관계가 전제된다.

이러한 동서양의 교육적 전통에 깔려 있는 교육의 개념에 비추어 볼 때, 우리나라 근대 학교교육에서는 우리 본래의 동양적 교육관에 기반하되 서양의 주형적 의미의 전통적 교육관을 받아들여 "교사는 이래야 하고, 학생은 저래야 한다"는 외적 규범의 틀과 규율을 강조해 왔다. 그리고 위 사례에서 김 교사가 당혹감을 느낄 수밖에 없었던 이유는 우리의 학교 문화에서 오랫동안 당연시되어 온 (교사 · 학생) 관계에 대한 전통적 가정이 심각한 도전에 부딪혔기 때문일 것이다. 학생 준우는 오랫동안 우리에게 상식이 되어 온 교사와 학생 간의 규범적 관계에 전혀 맞지 않는 방식으로 김 교사에게 대들고 있는 것이다.

2. 새로운 교육의 비유: 예술과 만남

그러면 학생 준우는 왜 이런 도발적인 방식으로 김 교사에게 응대한 것일까? 그리고 우리는 왜 주위에서 준우와 같은 학생들을 자주 마주치는가? 위 사례에 등장하는 학교에는 불우한 가정환경의 아이들이 많다. 그러나 개인적 가정환경과 상관없이 오늘을 사는 우리나라 청소년들은 불과 한 세대 전에는 상상하기도 어려웠던 사회적, 개인적 불안정의 조건과 환경 속에서 살아가고 있다. 극심한 경쟁과 경제적 양극화에 의한 불평등한 사회 경제적 조건에 따라, 그리고 맞벌이 부모 가정, 한 부모 가정, 다문화 가정 등 다양한 가정환경 유형에 따라 아이들은 질적으로 다른 성장 경험을 가지는 것으로 보인다. 그리하여 준우와 같이 학교나 학업에 관심이 없고 매사에 반항적인 아이일수록 가정환경에서나 사회생활에서 심각한 결핍, 즉 우리가 보통 상상하기 어려운 관심과 사랑의 결핍을 겪는 아이일 가능성이 높다. 그러면 김 교사는 이제 준우를 어떻게 대해야 할까?

Parker J. Palmer는 자신의 저서 『가르칠 수 있는 용기』(2005)에서 오늘날 학교 현장에서 교사와 학생 간의 관계가 소원해지는 것은 우리 모두가 내면에 갖고 있는 어떤 종류의 '공포' 혹은 심리적 '두려움' 때문이라고 말한다. 학생이 갖고 있는 공포는 자신의 존재가 보잘것없는, 살아갈 가치가 없는 존재로 드러나거나 실패자로 낙인찍힐 것에 대한 두려움의 공포다. 그리고 교사의 공포란 학생들에게 교사로서 인정받지 못하거나 존중받지 못할 것에 대한 공포와 더불어 아이들과 상호 연결되지 않을지도 모른다는 두려움으로, 매번 교실에 들어서는 모든 교사의 가슴속 깊이 자리하고 있는 두려움이다. 이것은 현재 우리나라 교사들에게도 해당될 수 있는 진단이다. 교사가 이 공포의 노예가 되어 있다면, 자신에게 도전하는 학생이 있을 경우 그 학생에 대해 마음의 문을 닫거나 외적 규범의 잣대를 들이대게 된다. 이것은 그 학생과의 관계를 악화시킬 수밖에 없다. 왜냐하면 학생이 보통 교사를 거부하거나 멀리하게 되는 이유는 바로 그 외적 규범의 잣대에 의해 규정되는 자신의 실패에서 오기 때문이다. 자신을 실패자로 몰아가는 교사를 존경하거나 그에게 마음을 줄 수 있는 학생은 없다. 그리고 아이들이 마음의 문을 닫고 대화를 거부할 때 의미 있는 교육이 일어나리라 기대하는 것은 불가능하다. 그렇다면 김 교사는 준우와의 관계를 개선하기 위해 어떻게 노력해야 하는가?

이 경우 교사에게 우선적으로 요구되는 것은 그 상황 및 그 상황에 놓여 있는 자신에 대한 이해일 것이다. 도대체 무슨 일이 일어났는가? 먼저 현명한 교사라면 자신이 느끼는 당혹감과 불쾌감을 뒤로하고 오히려 이것이 그동안 자신이 당연하게 받아들였던 교육관, 즉 우리의 전통적 교육관의 가정들과 관계가 있음을 눈치챌 것이다. 그리하여 그 교육관이 전제하는 교사 · 학생 관계에 대한 외적 규범이 학생 준우와의 관계를 풀어가는 데 얼마나 방해가 되는지도 인식하게 될 것이다. 다른 한편, 준우의 반응에서 교사 자신이 느꼈던 '인간적' 불쾌감과 모멸감 뒤에 놓여있는 모종의 두려움이나 공포감도 정직하게 들여다보아야 할 것이다. 그러나 무엇보다도 학생 준우에 대한 자신의 교육적 관심에 이 아이는 왜 이런 반응을 보일까, 이 아이는 도대체 무슨 문제를 겪고 있는 것일까 등과 같은 질문을 중심으로 이 아이의 정신적 상태와 가정적, 사회적 배경을 보다 폭넓게 이해하려는 노력이 요구될 것이다.

교사가 모든 학생들과 일대일의 좋은 관계를 가질 수도 또 그럴 필요도 없지만, 학생들과의 지속적이고 전면적인 절연은 그 교사에게 반드시 교사로서의 정체감의 위기를 불러올 것이다. 그리하여 학생들과 절연되지 않기 위해 교사는 항상 노력해야 하고, 이 노력의 긍정적 대가로서 자신의 존재 방식의 변화에 대해 어느 정도는 개방적일 필요가 있다. 물론 교사로서든 한 사람의 인간으로서든 우리는 세계와의 절연이나 타자와의 절연의 공포로부터 완전히 벗어날 수는 없다. 그러나 자신 안에 있는 이 공포의 존재를 스스로 인정하고 타자의 공포도 이해하려고 노력하며 대화와 상호작용을 통해 상호 연결성을 추구할 때야 비로소 교육을 시작할 수 있는 조건으로서 학생과의 '신뢰'가 싹틀 수 있다. 교사와 학생 간의 관계가 이러한 '인간적' 신뢰에 기초할 때 혹은 이 신뢰와 더불어 교육은 비로소 시작될 수 있다.

'인간적' 신뢰 개념에 기반한 새로운 교육 개념을 표현하기 위하여 최근 이에 대한 새로운 비유가 등장한다. '예술'과 '만남'의 비유가 그

것이다. '주형'과 '성장'의 비유가 교육의 전형적 비유에 속한다면 '예술'과 '만남'의 비유는 교육에 대한 대안적인 비유라고 볼 수 있다. 이 대안적 비유는 주형과 성장의 비유가 가정하고 있는 교사와 학생 간의 관계에 대한 비판에서 나온다. 주형의 비유는 교사의 역할을 일방적인 것으로 가정하고, 성장의 비유는 학생의 자율성을 지나치게 강조하는 데 비해, 예술과 만남의 비유는 교사와 학생이 '함께' 가르치고 배우는 과정임을 강조한다. 예술가가 예술작품을 만들 때 재료의 성질과 무관하게 일방적으로 무엇인가를 만들 수는 없다. 그는 재료의 성질을 고려하고 그 성질에 따라 자신이 본래 창작하고자 했던 아이디어를 조정해 나아간다. 혹은 재료의 성질을 고려하며 창작하는 과정 중에 어디로 나아갈지 어디에 도달할지를 새롭게 규정한다. 이와 같이 교육을 예술로 비유하는 것은 예술가와 재료 간의 관계처럼 교사와 학생 간의 관계도 일방적인 것이 아니라 상호적이어야 한다는 점을 강조한다.

다른 한편, 주형, 성장, 예술의 비유가 교육과정이 모두 점진적이고 지속적인 과정을 통해 이루어진다는 점을 강조한다면, 만남의 비유는 교육에서 일어날 수 있는 단속적이고 비약적인 변화의 측면을 강조한다. 즉, 종교적 만남이나 실존적 만남에서처럼 교육적 만남에서도 교사가 학생을 하나의 온전한 인격적 존재로 만남으로써 서로가 열리며 갑자기, 그리고 비약적으로 상호 변화하는 측면이 있다는 것을 부각시킨다. Martin Buber의 실존주의 철학에 많이 기대는 이 만남의 비유는 깊은 대화를 통해 그 사람 전체와의 인격적 만남을 강조하는 것으로, 오늘날과 같이 왕따나 학교 폭력 등 자기 소외와 타자 소외가 만연한 우리의 교육현실에서 교사가 아이들을 만나는 하나의 유효한 대안적 교육 모형을 제공한다고 볼 수 있다.

3. 교사의 권위, 그 교육적 지위와 원천

앞의 사례는 오늘날 학교 현장에서 목격될 법한 경우로서 교사 권위 추락의 대표적 사례로 거론할 만하다. 그러나 대담하게 다른 관점으로 한 번 바라보자. 김 교사의 권위는 실제로 실추되었는가? 그의 교육권은 방해를 받았는가? 교사의 권위는 이런 식으로 실추될 수 있는 성격의 문제인가? 그리고 교육적 관계에서 교사의 권위는 얼마나 중요한가? 이러한 일련의 질문에 답할 수 있기 위해 먼저 우리는 "'권위'란 무엇인가?"라는 보다 근원적인 질문부터 던져보아야 할지 모른다. 권위(authority)는 교사가 학생에게 미치는 힘, 영향력의 문제이다. 즉 학생이 교사의 말을 얼마나 잘 듣느냐의 문제이다. 그런데 이 권위 문제와 관련하여 자주 혼동되는 유사 개념이 있다. 그것은 바로 '권력(power)' 개념이다. 이 두 가지 개념은 영역이나 분야에 따라 그 용법에 다소 차이가 있지만 대체로 다음과 같이 구별될 수 있다. 권력은 상하 관계나 강제력을 전제한다. 즉, '권력'은 이를 가진 이보다 낮은 지위에 있는 사람으로 하여금 의문의 여지 없이 그 권력자의 결정을 따르도록 하는 힘이다. 이에 비해 '권위'는 권위자가 한 결정의 타당성에 대해 같은 지위의 사람들을 설득시키는 능력과 관련된 영향력을 말한다. 그리하여 전자는 '상하 지위'에서 오는 '외부적 강제력'을 가리킨다면, 후자는 '동등한 지위'의 사람들 간의 '자발적 복종'을 이끌어 내는 능력 혹은 영향력을 가리킨다. 권력은 그 영향력이 발휘되는 관계의 **외부에**, 즉 상하 지위 자체에 그 원천이 있다면, 권위는 설득 내용이나 방식의 타당성에 의해 그 영향력이 형성되거나 결정되기 때문에 **내재적** 원천을 갖는다고 말할 수 있다.

그러면 오늘날 말하는 교사 권위의 추락은 정확히 무엇을 가리키는가? 동양이든 서양이든 전통적 교육관에서는 교사와 학생 간의 수직적 관계를 가정하는데, 이 수직적 관계, 즉 전통과 제도에 의해 보장되는 수직적 관계에서 파생된 유사 강제력으로서의 교사 권위가 추락되었다는 것을 의미한다고 볼 수 있다. 그러나 오늘날 요청되는 교육이 전통적 교육관, 주로 외적인 주입에 기초한 주형 모형에 기대는 교육관으로부터 멀어지고 있다면, 이러한 유사 권력 형태의 교사 권위는 재고될 필요가 있다. 그리고 권위의 교육적 지위에 대한 새로운 논의가 필요할 것으로 보인다. 왜냐하면 교사 권위의 문제는 교육적 영향력에 관한 문제이기 때문에 교육에서 아주 중요한 사안일 수밖에 없기 때문이다.

1960년대 서구에서 등장한 탈학교 운동이나 반교육학(anti-education) 흐름과 같이 다소 극단적인 진보주의 교육관에 따르면 교사의 권위는 불필요한 것으로 간주되곤 한다. 여전히 논란의 여지는 있으나, 이 책의 필자들은 학생에게 미치는 영향력으로서의 교사 권위는 교육에 필수불가결한 것이라고 가정한다. 왜냐하면 교육이, 특히 성인세대와 어린 세대의 체계적이고 제도적인 소통과 만남의 장으로서의 학교교육이, 교사와 학생 간의 관계에 결정적으로 기대고 있다면, 학생의 자발적인 복종에 기대는 권위는 바로 교육력의 정도를 결정한다고까지 볼 수 있기 때문이다. 그리하여 이것의 무용성을 주장하는 것은 교육의 무용성을 주장하는 것으로까지 나아갈 위험이 있다.

그렇다면 새롭게 규정되는 교사의 권위는 어떻게 특징지어질 수 있는가? 앞서 권위란 동일한 지위를 가진 사람들 간, 즉 수평적 관계를 가진 사람들 간의 영향력이라고 언급하였다. 그러면 교사와 학생은 수평적 관계를 가져야 한다고 말할 수 있는가? 이에 대한 대답은 '그렇다'와 '그렇지 않다', 둘 다일 수 있다. 교사와 학생은 기본적으로 '한 사람의 인간'으로서 동일한 (형식적) 지위를 가졌다. 학생의 인권과 교사의 인권은 둘 다 존중되어야 하고 이런 의미에서 이들은 수평적 관계 속에 있다고 말할 수 있다. 다른 한편, 인간적 지위가 아니라 교육적 지위에서 교사는 학생과 수평적인 관계 속에 있다고 말할 수 없다. 비록 주형 모형에서가 아니더라도, 그리고 교사와 학생 간의 상호작용을 통해 서로 배우고 격려하는 관계라고 하더라도, 그것이 성인세대와 어린 세대 간의 교류라는 의미에서 '교육'이라는 이름을 붙일 수 있는 한, 교사는 학생과 '교육적으로' 동일한 지위에 있다고 보기 어렵다. 그는 학생들을 안내하고 이끌어가야 할 책임을 가지고 있다. 그러나 교육은 교육적 활동을 통해 어린 세대를 '인간'으로 키우는 교육이다. 그러므로 교육적 관계에서 학생의 '인간적' 지위는 언제나 전제될 필요가 있다. 이것은 모든 교육모형, 즉 주형 모형이나 성장 모형, 예술모형, 그리고 만남 모형에서도 가정되어야 할 전제이다. 그리하여 우리는 교사와 학생 간 관계를 '수평적'이되 '비대칭적인' 성격의 관계로 특징지을 수 있을지 모른다. 이것은 교사의 권위를 이해하는 새로운 관점을 제시한다.

학교 교사와 관련된 권위에는 보통 세 가지 종류가 있을 수 있다. 먼저 제도적 권위이다. 이것은 학교라는 제도에 의해 주어지는 권위이다. 앞서 얘기된 권력과 권위의 개념적 구분에 따르자면, 제도적 권위는 교사라는 제도적 신분에 의해 '외적으로' 주어지는 것이기 때문에, 교사가 이것만으로 아이들에게 영향력을 미치려고 할 경우 그것은 권력과 유사한 방식으로 발휘되는 경향이 있다. 교사는 어떤 경우 불가피하게 이 제도적 권위를 발휘해야 할 때도 있지만 이것은 최소한도로 그것도 매우 조심스럽게 발휘될 필요가 있다. 그리고 이러한 성격의 권위에만 기댈 때 교사와 학생 간의 관계는 형식적이고 피상적으로 머물 수밖에 없다.

외적 제도가 아닌 개별 교사의 역량에 직접 기대는 권위에는 지적 권위와 도덕적 권위가 있다. 지적 권위는 교사의 교과에 대한 전문성에서 나오고 도덕적 권위는 교사의 인성이나 인품, 그리고 가치관 등에서 나오는 권위라고 말할 수 있다. 특히 후자는 앞의 사례에서 보듯이, 극심한 경쟁 위주의 사회 분위기나 학교 문화에 잘 적응하지 못하는 아이들과의 관계에서 아주 중요한 역할을 할 수 있다. 교육적 실천에서 이 두 가지 권위가 한 교사에 의해 '통합적으로' 발휘될 때 진정한 교육력이 작동될 수 있다. 왜냐하면 이 두 가지 권위는 아이들로 하여금 특정 교육 내용이나 실천 행위의 배움에 '자발적으로' 참여하고 헌신하게 하는 데에 필수적으로 보이기 때문이다. 여기서 교사의 권위는 '위'에 있는 교사가 '아래'에 있는 학생들에게 영향력을 미치는 것으로 나타나는 것이 아니라 아이들의 눈높이에서 아이들로부터 '얻어내어야 하는 어떤 것' 그리하여 교사가 '성취해야 하는 어떤 것'으로 나타난다. 즉, 교사가 말하는 내용이 합리적이고 그 교사의 말이나 행동이 신뢰할 만하기 때문에 아이들은 교사를 따르게 되는 것이다. 때때로 지적 권위와 도덕적 권위는 서로 분리된 채 작동하기도 하지만, 이 두 가지가 잘 결합되어 아이들에게 영향을 미칠 때 배움을 위한 학생들의 자발적 복종을 이끌어 낼 수 있으며 진정한 교육력이 아이들에게 발휘될 것이다.

4. 나가며

본 장에서는 교육이 시작될 수 있는 조건과 그 방해 요인들을 이해하기 위하여 교육에 대한 보다 근원적인 질문, 즉 '교육'의 개념을 교육의 '비유'를 통해 살펴보았다. 그리고 오늘날 교육에 특별히 요청되는 교육의 비유가 무엇인지, 그리고 그 비유가 새롭게 요청하는 교사와 학생 간의 관계의 특징은 어떤 것인지 논의하였다. 이것은 자연스럽게 오늘날 많은 논란거리가 되고 있는 교사 권위 추락의 문제를 되짚어 보게 한다. 본 장에서 호의적으로 제시된 입장에 대해 일부 교사들이나 예비교사들은 동의하지 않을 수 있다. 그러나 이 장에서 소개된 핵심적 개념들은 이러한 불일치에 대해 서로 논의를 시작할 수 있게 하는 개념적 도구 역할을 할 것이다. 그리고 이러한 개념들을 활용하여 아래에 제시된 추가적인 질문들에 대해 좀 더 심도 깊은 논의를 시작해 보자.

심화질문

- 학생 인권과 교사 교권의 내용은 각각 무엇인가?
- 사교육 교사와 공교육 교사는 어떻게 다른가?
- 오늘날 우리에게 필요한 교육의 개념이나 비유는 무엇이라고 생각하는가? 왜 그렇게 생각하는가?

참고문헌

성태제 외 (2012). **최신 교육학 개론**. 서울: 학지사.

Mollenhauer, K. (1985). *Vergessene Zusammennhaenge*. Weinheim & Muenchen. Juventa Verlag GmbH; 정창호(역) (2005). **가르치기 힘든 시대의 교육**. 서울: 삼우반.

Palmer, P. J. (2007). *The Courage to Teach: Exploring the inner Landscape of a teacher's life*. 10th anniversary edition. New York: Jossey-Bass; 이종인, 이은정(공역) (2013). **가르칠 수 있는 용기**. 서울: 한문화.

CHAPTER_2

교육적 관계의 특성과 교사 인성

교육에 대한 최근 담론에서는 교육의 개념적 요소로서 '가르치고' '배우는' 것의 의미에 대한 탐색뿐만 아니라 교사와 학생 간의 상호작용과 그 상호작용의 양태로서 교육적 '관계'에 대한 논의가 활발하다. 특히 입시 위주의 교육체제에서 평가와 진학을 위한 교육의 수단화가 극심하게 일상화되어가는 우리나라 교육 현실을 고려할 때 교사와 학생 간의 상호작용에 초점을 두고 이것의 본질과 성격에 대해 탐색하는 것은 교육의 본질적 힘의 회복을 위해서도 시급하다고 볼 수 있다. 다음에서는 이 문제에 대해 탐색해 보며 교육적 관계의 회복을 위해 요청되는 교사 인성의 특징과 과제에 대해서도 공부해 보자.

문제 사례

중학교 2학년 우리 반 상호(가명)가 또 가출했다. 이번으로 여섯 번째 가출이다. 매번 PC방을 전전하며 돌아다니던 상호를 목격자를 통해, 혹은 경찰의 도움을 통해 번번이 찾아내곤 했다. 딱히 반에서 왕따를 당하거나 성적문제를 비관한 것은 아니었지만, 담임으로서 상호를 내버려 둘 수는 없었기에 가출을 할 때마다 찾으러 돌아다녔다. 알고 보니 아이의 가출 이유는 학교 공부에 흥미를 느끼지 못하고 게임 중독 증상과 함께 부모의 무관심에서 비롯된 무기력의 결과였다. 따라서 가출 후, 처음 한두 번은 상호의 어머니와, 그 다음부터는 상호의 아버지와 함께 부모 상담을 실시했지만, 그 부모는 상호의 행동에 대해 심각성을 깨닫지 못했고 아이의 가출 행위를 고치려는 의지가 거의 없어 보였다.

여섯 번째 가출을 상호 어머니를 통해 전해 들었을 때, 도대체 담임교사인 내가 어디까지 상호의 문제를 책임져야 하는 것인지에 대해 심각한 의문이 들었다. 가정사로 인한 지금의 문제행동을 교사인 내가 어디까지 책임을 져서 해결해야 하는 것인가? 혹시라도 상호가 가출을 해서 가출 팸을 결성하거나 무언가를 훔치거나 만에 하나 자살이라도 한다면 이 부정적 결과에 대한 책임은 누가 져야 하는 것인가?

이에 대한 학교장의 대책은 최대한 아이 및 부모와의 상담내용을 기록해 두고 심리치료사를 아이에게 연결시켜 주고 가출 시 경찰에 즉시 알리는 등, 학교 및 교사 차원에서 할 수 있는 최대한의 방어태세를 갖추라는 것이었다. 상호가 혹시 모를 부정적 결과를 초래하여 누군가 그 책임을 져야 하는 사태가 닥쳤을 때 적어도 학교나 교사가 아무것도 하지 않고 방관했다는 비난은 피할 수 있는 기록을 남겨두어야 한다는 것이다.

상호의 부모는 아이에게 관심을 좀 쏟아 달라는 나의 요구를 대수롭지 않게 여기며 무시했고, 걱정이 되어 안달하는 나에게 담임교사가 그렇게 노력하는데도 아이의 문제행동이 고쳐지지 않는 것은 교사의 처사가 잘못된 것이기 때문이 아니냐는 소리까지 주위로부터 듣게 만들었다. 도대체 담임교사 및 학교의 책임은 어디까지일까? 아이를 가르치며 학교 안에서 안전하게 돌보고, 지적, 인격적 성장을 돕는 것을 벗어나 가정에서의 부모 책임까지 교사인 내가 짊어져야 하는 것인지, 도대체 부모의 교육적 역할과 교사의 교육적 역할은 어떻게 구분되어야 하는지 의문이 들었다.

다른 한편, 여러 번의 개별 상담과 대화를 통해서도 변화하지 않는 상호를 바라보며 교사로서 나는 무력감과 좌절감을 느끼곤 한다. 도대체 내가 이 아이의 인생에 어떤 의미가 있는 것일까? 상호는 게임 외에는 아무 것에도 관심이 없는 것 같았다. 아이의 상황을 주의 깊게 들어도 보고 타일러도 보고 윽박질러도 보았지만 그 자리에서만 알아듣는 척할 뿐 상호는 도무지 자기 변화의 의지가 없는 것같이 보였다. 담임으로서의 책임감과 사명감에 이런저런 시도를 해 왔지만 지속적으로 문제를 일으키는 상호만 보면 내심 짜증이 나기도 하고, 한번은 큰 소리를 지를 뻔하기도 하였다.

전문성을 갖고 교육하되 학생들을 사랑하고 이들이 자립적인 삶을 살아갈 수 있도록 이끄는 교사가 되리라 평소 생각해 왔지만, 상호와의 실제 관계를 되돌아보면 그런 교사상은 어쩌면 내게 추상적인 이상일지도 모른다는 생각이 든다. 교사는 언제나 사랑으로 학생을 이해하고 포용해 주어야 하는가? 교사는 항상 공평해야 하는가? 교직을 제대로 수행하기 위해 한 사람으로서 교사의 인간적 감정은 얼마나 허용될 수 있는가? 만약 감정조절이 어렵다면 겉모습으로라도 '교사다운' 척해야 하는가? 또 만약 교사가 '인간적이어야' 한다면 어떻게 해야 인간적인 것인가? 도대체 교사는 어떤 존재인가? 이런 생각들이 요즈음 내 마음속을 어지럽히고 있다.

토론질문

1. 교사와 학생 간의 관계는 부모와 자식 간의 관계나 친구 간의 관계와 성격상 어떻게 다르고 또 달라야 하는가?
2. 교사 인성이라는 것이 따로 있는가? 그것은 적어도 행동적으로 따라야 할 도덕적 강령의 문제인가 아니면 개발되어야 할 개인적 품성의 문제인가?
3. '교사로서의 정체성'이라는 것이 있다면 그것은 어떠한 것인가?

1. 교육적 관계의 핵심적 특징

교사와 학생의 관계는 부모와 자식 간의 관계나 친구 간의 우정 관계와 어떻게 다른가? 교사와 학생 간의 관계의 본질적 특징은 무엇인가? 요즈음 아이들에게 어떤 교사가 좋으냐고 물어보면 대체로 친구나 선배 같은 교사가 좋다는 말을 듣곤 한다. 아마도 아이들은 학교 교사들에 대해 너무 멀다고 느끼거나 가까이 다가설 수 없는 모종의 장벽을 느끼는 것 같다. 그러나 교사와 학생의 관계가 친구나 선배들과 나누는 우정의 관계일 수 있으며 그렇게 규정되어도 되는가? 그리고 이것은 부모와 자식 간의 관계와 어떻게 다른가? 유교 교육 전통에는 '군사부 일체(君師父 一體)'라는 말이 있다. 임금과 스승과 부모의 은혜가 한가지라는 뜻이다. 이 말의 의미는 보통 스승의 위치가 부모나 임금의 위치만큼 높으니 이들을 높이 공경해야 한다는 뜻으로 받아들여진다. 그러나 이러한 전통적 유교 도덕관에 기초한 스승의 지위에 대한 생각은 다원적 자유민주주의 사회로 불리는 오늘날 시대정신에 비추어 새롭게 해석될 필요가 있다. 이를 새롭게 해석하기 위해 국가나 사회 전체의 선을 대변하는 공적 가치로서의 임금과 혈연에 기초한 가족이라는 사적 가치를 대변하는 부모 사이에 스승의 지위가 자리하고 있다는 점에 주목할 필요가 있다.

교사와 학생 간의 관계는 부모와 학생 간의 관계나 친구 간의 관계와 성격상 각각 유사점과 차이점이 있다. 부모나 교사는 둘 다 학생보다 앞선 세대로서 어린 세대를 안내해야 하는 책임 있는 자리, 즉 '멘토(mentor)'의 입장에 있다. 부모나 교사 모두 어린아이를 사랑하고 보살피는 일방적인 존재이자 무엇인가를 가르칠 수 있는 교육적 존재일 수 있다. 그러나 교사는 부모와 달리 학생과 혈연적 연계에서 오는 사적 관계가 아닌 공적 관계 속에 있다. 다시 말하면 교사에게 학생은 혈연적 관계가 아니라 공적 질서의 사회에서 만난 '타자'이기 때문에 편파적이지 않은 공정한 태도로 학생들을 존중하고 배려할 의무가 있다. 그리고 교사는 보살피고 양육하는 부모로서의 정서적 지지와 지원의 역할을 넘어 학생이 좀 더 넓은 세상에서 독립적으로 살아갈 수 있도록 이 세상을 안내하고 매개할 사회적 책임과 의무가 있다.

다른 한편, 이러한 교사와 학생 간의 관계적 특성은 친구 간의 우정 관계와도 그 성격이 다르다. 친구 간의 우정 관계는 그 기원이 혈연에 있는 것이 아니라는 점에서 교사 · 학생 간의 관계와 유사성을 갖는다. 그러나 상호 배우고 가르칠 수 있는 쌍방적이며 수평적인 성격이 특별히 강조되는 관계라는 점에서 비대칭적 요소를 갖는 교사 · 학생 관계와 차별성을 갖는다. 그러나 친구관계에 핵심적인 요소인, 혈연관계가 아니면서도 혈연관계에서나 있을 법한 강한 정서적 친밀성과 상호 소통성은 교사 · 학생 간의 관계에서도 매우 중요할 수 있다. 이렇듯 교사 · 학생의 관계는 부모와 자식 간의 관계나 친구 간의 관계와 그 성격에서 각각 공통점과 차별점을 갖는다.

그러면 이 공통점과 차별점이 함의하는 교사 · 학생 간의 관계, 즉 교육적 관계의 고유한 특징은 무엇인가? 그리고 이것이 앞의 문제사례에서 제기된 문제, 즉 아이의 성장과 실패에 대하여 부모와 교사가 짊어져야 할 책임의 경계나 한계에 대해 말해주는 것은 무엇인가? 우리가 교사 · 학생 관계의 본질적 특성에 대해 말할 수 있기 위해서는 그 관계가 지향하도록 되어 있는 목적 혹은 가치를 언급하지 않을 수 없다. 교사와 학생 간의 관계는 기본적으로 한 사람의 개별적 인격체로서 학생의 인간적인 성장과 더불어, 한 사회 구성원으로서 그 학생의 시민적 성숙과 책임의 자각을 그 목적으로 지향해야 한다고 말할 수 있다. 여기서 중요한 것은 교사는 (부모처럼) 단순히 한 학생의 개인적 복지와 성공에 일차적 관심을 갖는 것이 아니라, 그 학생이 가진 인간적 잠재성의 전체적 성장에 관심을 가진다는 것이다. 그리고 이것은 개인, 즉 한 사람의 개별적 인격체로서 이 아이의 성장뿐만 아니라 미래 시민으로서 그 아이의 성숙을 포함하는데, 후자는 특별히 공교육 교사에게 해당되는 책임이기도 하다. 그래서 Hannah Arendt(2009: 254)는 교사의 임무를 아이들로 하여금 "가정이라는 사영역으로부터 세계[라는 공영역으]로의 이동을 가능하게 하기 위해" 이 두 세계를 매개하는 역할로 특징짓는다.

그러면, 학생들을 가정이라는 사적 영역으로부터 세계라는 공적 영역으로 매개하기 위해 교사가 학생과 맺는 교육적 관계는 구체적으로 어떤 특성을 갖는가? 우리가 보통 공교육 교사와 사교육 교사를 구분할 때 당연히 받아들이고 있는 가정 중의 하나는 교사는 단순히 수업을 잘 하는 기술자 (혹은 전문가) 이상이라는 신념이다. 이 신념 속에는 진정한 교사란 개별 학생의 필요와 관심에 보다 인간적인 주목과 민감성을 가지고 이들의 '인격적' 성장에 깊이 관여해야 한다는 기대가 숨어있다. 즉, 개별 학생과 **정서적**이고 **감정적**인 연대를 형성해 가며 그 학생의 인간으로서의 성숙과 도덕적 인성의 발달에 헌신해야 한다는 것이다. 학생과의 관계에서 이러한 정서적 교감과 헌신의 강조는 교사 · 학생의 관계를 성직자나, 간호사, 사회 복지사 등의 직업과 더 가까운 것으로 보이게 한다. 왜냐하면 후자는 모두 관계하는 대상들과의 정서적 감정적 연대를 통해 이들의 내면적 복지와 행복을 증진시키는 데에 일차적인 관심을 두기 때문이다.

그러면 교사가 학생과의 관계에 인간적으로 관여하고 이들과 정서적으로 교감해야 한다고 할 때, 그 교감과 관여는 어느 정도가 적절한가? 교사가 학생에게 정서적으로 완전히 무관심한 것도 문제이지만 지나치게 연루되거나 부적절한 감정의 관여도 문제가 된다. 바로 이 지점이 요즈음 특별히 강조되고 있는 교사의 전문성이라는 이슈가 적절히 제자리를 찾아 갈 수 있는 지점이다. 단순히 수업수행 능력만 뛰어난 교사도 문제이지만 수업수행 능력이 뒤떨어지는 교사, 수업을 통해 학생들과 잘 소통하지 못하는 교사를 좋은 교사라고 부르거나 그 본분을 다하는 교사로 보기도 어렵다. 사실 공교육 교사가 사교육 교사와 비교되어 자주 비판을 받는 것도 수업에서의 교사 역량과 전문성의 결여에 그 원인이 있는 경우가 많다. 다시 말하면 교사와 학생 간의 관계는 성직자나 간호사가 신도나 환자들과 관계를 맺는 방식으로서의 정서적 유대뿐만 아니라 의사나 변호사가 환자나 의뢰인과 관계를 맺을 때 전제되는 전문성에 기초한 책임적 관계의 특성도 지닌다는 것을 말한다. 가정교육을 벗어나 학교교육의 단계로 막 접어든 유치원이나 초기 학령기 아이들과의 관계에서보다는 점차 지적으로 성숙해가는 중등학교 수준의 학생들과의 관계에서 후자적 성격의 교육적 관계는 특별히 더 중요한 것으로 등장한다. 앞서 인용된 Arendt(2009)의 말에서 알 수 있듯이, 교사는 사적 영역에서 공적 영역으로 아이들을 인도하는 다리, 혹은 매개의 역할을 하도록 되어 있다. 그리고 이 매개의 역할에서 교과 내용과 같은 지적 세계로의 안내는 교사의 역할을 규정짓는 데에 매우 결정적이다. 왜냐하면 이러한 지적 내용은 그 자체가 공적인 특성을 지니는 것으로, 아이들은 교과수업을 통하여 비로소 공적 세계 혹은 유사 공적 세계에 첫발을 내딛게 되기 때문이다.

교육적 관계의 성격에 붙박인 이러한 인지적 요소 때문에 교직의 성격을 전문직으로 규정하려는 시도도 있다. 보통 의사나 변호사로 대변되는 전문직은 그 특성상 환자나 의뢰인의 사적 감정과 거리를 두고 이들과 매우 객관적이고 공적인 관계를 유지하도록 되어 있다. 의사나 변호사는 환자나 의뢰인에게 고도화된 지식 체계에 바탕한 전문적인 판단을 제공한다. 이 전문적 판단은 사적 관심이 배제되고 중립적일수록 더 정확할 뿐 아니라 더 유용한 견해를 제공할 수 있다는 가정이 있다. 그리고 이들은 환자의 건강이나 사회의 정의와 같이 누구나 누릴 가치가 있는 보편적 권리문제에 관여하기 때문에, 전문가로서 의사나 변호사는 자신의 전문적 지식과 판단을 공정하게 배분해야 할 공적 의무를 지기도 한다. 그리하여 이러한 전형적 전문직의 경우 그 업무의 성격과 역할이 지닌 공적 요소의 중요성 때문에 대개 환자나 의뢰인과의 관계에서 반드시 지켜져야 할 행위 규칙으로서 행동 강령이 공식적으로 마련되어 있다. 이런 관점에서 보면 교육이라는 사회적 선 또한 건강이나 사회정의 못지않게 누구나 누릴 가치가 있는 보편적 권리 중의 하나이고, 이에 따라 교육적 자원 혹은 선을 학생들에게 공정하게 분배하는 것은 교사의 중요한 공적 의무 중의 하나라고 주장할 수 있다. 즉, 교사는 모든 학생이 문맹에서 벗어나 적절한 기술과 지식을 가지고 스스로 자신의 삶을 꾸려나갈 뿐 아니라 시민으로서 그 역할을 다할 수 있도록 일련의 자질과 능력을 갖추게 할 공적 의무를 가지고 있는 것이다.

교사 · 학생 간의 교육적 관계에는 이렇게 '제도적으로' 중요한 공적 의무의 차원이 있기도 한 것이다. 그리고 이것은 학생과의 관계를 보다 전문적이고 공적이도록 요청하며 이 관계에서 교사의 인지적 측면의 전문성은 강조될 수밖에 없다. 다시 말하면 교사는 아이들과 인간적으로 만나고 정서적으로 연대감을 느끼며 연결되어야 하지만 동시에, 가르치는 일이라는 전문적 성격이 요구하는 공적, 지성적 관계도 맺어야 한다. 이렇게 보면 교사 · 학생 간의 교육적 관계는 사적이면서도 공적이고 정서적이면서도 인지적인, 즉 공적 특성과 사적 특성이 모두 요청되는 관계이고, 이 두 가지 특성 간의 긴장 속에서 이 둘 사이를 끊임없이 오가며 상황과 맥락에 맞게 적절히 대응하고 관여해야 하는 그러한 관계이다. 바로 이런 이유로 교사와 학생 간의 관계는 복잡하고 복합적인 관계로 묘사될 수밖에 없다(David Carr: 49). 이것은 교사의 핵심적 과업이 아이들을 “가정이라는 사영역으로부터 세계[라는 공영역으]로” 옮겨가게 하는 데 있다는 것 그리고 이 일이 본질적으로 도덕적 성격의 실천이라는 데에서 기인한다고 볼 수 있다.

2. 교직과 교사 인성

교육적 관계를 이렇게 복합적인 성격의 것으로 규정할 때 앞 문제사례의 담임교사는 학생인 상호의 문제에 얼마만큼 관여해야 하는가? 상호의 교육 문제에 관한 한, 앞선 세대로서 담임교사와 상호의 부모가 감당해야 할 책임에 명확한 경계선을 그을 수 있는가? 상황과 맥락에 따라 다른 해답이 나올 수 있겠지만, 담임교사가 상호의 문제에 ‘전적으로’ 매달리는 것은 결국 다른 학생들에게 주어져야 할 교육적 관심과 시간을 빼앗는다는 점에서 바람직하지 않다고 말할 수 있을지 모른다. 그러나 이것은 상호에 대한 교육과 관련하여 담임교사와 상호의 부모 간에 분명한 책임의 경계가 있다는 것을 의미하는 것은 아니다. 오히려 우리는 상호의 교육에 관한 한 담임교사와 상호 부모는 공동의 책임이 있다고 말해야 할지 모른다. 그러나 이럴 경우, 공동책임의 경우에 자주 그렇듯이, 아이에 대한 교육적 책임을 서로에게 미루거나 남 탓을 할 수 있다. 즉 교사와 학부모 간에 아름답지 못한 갈등과 언쟁이 발생할 수 있다.

그러면 이러한 상황이 일어날 가능성을 낮추고 공과 사의 복합적인 교육적 관계를 잘 유지해 나가기 위해 교사에게 특별히 요구되는 '교사 인성'이라는 것이 있지 않을까? 우리는 좋은 교육적 관계의 형성과 발전을 위한 교사 고유의 어떤 자질을 확인할 수 있어야 하고, 또 교사교육을 통해 이를 개발하고 함양할 수 있어야 하지 않을까? 그런데, 이른바 '교사 인성'이라는 것이 있는가? 만약 있다면 그것은 어떻게 특징지을 수 있는가?

어떤 학자들의 경우 '교사 인성(teacherly personality)'이라는 말 자체가 모순이라고 주장한다. 인성(personality)이란 개인적인 성향을 의미한다. 따라서 교사라는 '집단'을 대표하는 '인성'이란 애초에 불가능하며, 규정되어야 하는 것은 교사의 인성이 아닌 교사의 의무라는 것이다. 실제로 우리가 바람직한 교사의 인성이라고 여기는 것들은 주로 교사의 의무에 해당하는 경우가 많다. 즉 이들에 따르면 교사의 인성이란 그 교사의 자아인식으로부터 비롯된 개인적인 것이며, 교사가 지니고 있어야 할 것은 이런 개인적인 인성이 아닌 교사로서의 의무라는 것이다. 그러나 교사로서의 의무는 대개 교사가 다해야 할 본분과 지켜야 할 적절한 처신이나 행위를 엄격하게 규정한 가이드라인 형식의 윤리 강령과 비슷하다.

이러한 윤리 강령 형식으로 교사의 학생에 대한 의무를 규정하는 것은 교사라는 직분의 성격상 단순히 계약적으로 정의된 의무를 다하는 것으로 시작해서 끝나는 경우가 많은데, 영국의 교육철학자인 David Carr(2003)는 이것으로 충분하지 않다고 주장한다. 좋은 교사는 보통 교실 내에서의 의무를 다하는 것을 넘어서서 학생에게 개인적 책임감을 느낀다. 즉, 교사는 수업을 잘할 수 있는 지식과 기술을 갖추는 것만으로는 충분하지 않은데, 그 이유는 우리 스스로가 이것만으로는 좋은 교사의 자질에서 매우 중요한 것이 빠졌다는 생각을 하기 때문이라는 것이다. 여기서 빠진 것은 바로 타자에의 관심과 배려라는 모종의 도덕적 성격의 교사 '미덕'으로서, 아이들로 하여금 전통이나 문명이 우리에게 전해 준 가장 훌륭한 영적, 도덕적 미덕과 가치를 추구하도록 하는 것, 그리하여 아이들이 이를 통해 더 높고 고매한 이상을 사랑하고 추구하도록 하는 교사 자질과 미덕을 포함한다는 것이다(Carr, 2003: 41-43). 따라서 바람직한 교사가 되기 위해 교사의 **개인적** 품성을 함양하는 것이 도덕적 강령을 따를 줄 아는 것보다 더 중요하다는 것이다.

교사 인성이라는 것은 개인적 품성이며 이것은 개발 가능하다고 주장할 경우 어떤 품성이 교사 인성으로 가장 중요한가? 한국교육개발원에서는 교육에 대한 우리 국민의 의식을 조사하였다(성태제 외, 2012: 476, 재인용). 이에 따르면, '가장 좋은 선생님은 어떠한 선생님인가?'라는 질문에 대하여 '학생에 대한 사랑'으로 응답한 수가 학부모, 교사, 학생 모두에 걸쳐 압도적인 우세를 차지하였다. 이외에 '교사 개인의 인격'과 '수업지도에 대한 열의', 그리고 '효과적인 교수방법' 순으로 응답하였다. 이것은 우리나라의 경우 지적 미덕보다는 정의적이고 도덕적인 미덕이 교사에게 더 우선적으로 기대된다는 것을 보여준다.

그러나 정의적이고 도덕적 미덕이 부각되는 교사 인성은 '하나의' 이상적이고 모범적 교사상으로서 우리 안에 깊이 뿌리내린 전통적 스승관과 밀접한 관련이 있어 보인다. 전통적으로 '스승'은 훌륭한 인격을 갖춘 사람으로서 아이들에게 도덕적으로나 지적으로 권위를 가지며 아이들에 대한 무한한 사랑과 관용으로 공적으로나 개인 삶에서 모범이 되는 사람이다. 그러나 앞 문제사례에 나타난 담임교사의 고민이 드러내어 보여주는 것처럼, 점차 개인화되어 가는 오늘날 자주 목격되는 우리나라 교사들의 사고방식과 학교의 조직 풍토를 생각할 때 전통적인 스승관의 이미지는 개인적 품성으로서 개발되어야 할 교사 인성의 특징을 대변하기에는 지나치게 이상적이고 복고적으로 보인다. 오늘날 대부분의 교사들은 한 사람의 개인으로서 자신이 가진 정체성과 교사로서의 자신의 의무 간에 내적 갈등을 느끼는 경우가 잦다. 교사로서는 이래야 한다고 생각할지라도, 그것이 자신이 생각하는 자신의 본래적 모습과 어긋날 경우 '그런 척'해야 하는, 즉 교사의 역할을 '연기해야 하는' 심리적 부담을 강요받고 있는 것이다. 그리고 자연스러운 자신의 모습을 그대로 어린 학생들에게 드러낼 경우, 자신이 교사로서 충분한 인격적 자질이 있는지 스스로를 의심하며 내적으로 죄책감을 느끼는 경우도 많다. 이러한 문제에 대한 해결책은 무엇인가?

미국의 교육학자 Palmer가 교사 인성 문제를 다루는 방식은 새로운 시선으로 이 문제에 접근할 수 있게 해준다. 그에 따르면(2013), 교사 인성이란 그 교사의 자아인식으로부터 비롯된 개인적인 것이며, 교사다운 사람이란 바로 자기 자신다운 교사라는 것이다. 아래에서는 이 문제에 대해 좀 더 살펴보자.

3. 교사 정체성

Palmer(2013: 47–48)에 따르면, 교사가 수업에서 학생과 연결되는 능력이나 교과와 연결되는 능력은 그 교사가 사용하는 교육방법 그 자체보다는 그 교사의 자아의식의 발휘 정도에 크게 달려 있다. 다시 말하면, 학생을 만나면서 그리고 수업을 하면서 얼마나 교사의 자아의식을 발휘했느냐 혹은 이것이 위축되었느냐에 따라 그 관계와 수업의 질이 결정된다는 것이다. 이것은 무슨 뜻인가? 교사의 자아의식의 발휘는 보통 지나치게 교사 주도적이고 권위적인 관계나 수업을 초래하는 경향이 있지 않은가?

Palmer(2013: 46-58)의 생각은 이와 다르다. 그는 우리가 기억하는 훌륭한 교사가 모두 동일한 방식으로 교육하고 동일한 방식으로 학생들과 관계를 맺었던 것은 아니라는 점을 지적한다. 돌이켜 생각해 보면, 이들 중 어떤 교사는 엄격했고 어떤 교사는 부드러웠으며, 어떤 교사는 별로 말이 없었고 또 어떤 교사는 매우 적극적이며 행동적이었다. 뿐만 아니라 어떤 교사는 교재에만 충실해 가르쳤고 어떤 교사는 상상력의 나래를 폈다. 또 어떤 교사는 쉬지 않고 강의만 했다. 이들을 좋은 교사로 만든 어떤 핵심적인 특징이 이들이 활용한 교수방법이나 학생들과 관계를 맺는 특정 방식에 있었던 것은 아니라는 것이다. 결국 좋은 교사로 기억되는 이들은 그 교사의 개인적 정체성이 그 관계나 수업에 많이 스며들어가 있었던 경우라는 것이다. 그들은 자신이 하는 일에, 즉 대면한 학생과 교과나 수업에 대해 자신의 마음을 쓰고 진정 걱정하며 몰두한 이들이라는 것이다. 즉 Palmer(2013)는, 좋은 교수방법이 아니라 자신을 드러내며 자신의 스타일이나 자아의식을 통해 유대감을 만들어내는 교사야말로 좋은 교육적 관계, 좋은 수업을 결정한다는 것이다.

이와 같은 Palmer의 주장에는 교사 인성에 대한 두 가지 통찰이 담겨 있다. 첫째, 좋은 교사는 그 외양적 모습과 스타일에 있어서 천차만별이라는 것이다. 보다 중요한 것은 그 개별적 스타일을 통해 학생들과 교과지식을 위한 유대감을 만들어 내는 능력을 갖느냐 아니냐 하는 것이다. 다른 하나는 이런 능력은 교사의 방식이나 스타일 그 자체가 아니라 교사의 마음, 즉 교사 자신의 자아 모습에 충실하고자 하는 '마음'에서 나온다는 것이다. 이때 이 마음은 다른 것이 아니라 교사의 지성과 감성을 모두 합해서 인간의 자아를 만들어내는 장소로서, 자신의 모습을 전체로 통합하고자 애쓰는 교사의 성실성과 연관되어 있다. 이 성실성은 자신의 자아의식에 필수적인 것으로서, 자신에게 맞는 것과 맞지 않는 것을 구분하라고 스스로에게 명령하는 그러한 성실성, 그리하여 자신의 가치와 특성에 충실하도록 하는 그러한 성실성이다. 이러한 자아 성실성에 기초할 때 교사 정체성은 자연스럽게 형성된다는 것이다.

이렇게 볼 때 우리는 나쁜 교사를 한 가지 의미로 규정할 수 있다. 그는 항상 뭔가 추상적이고 자신이나 학생, 그리고 교과내용과 거리를 둠으로써 자신이 하는 일이나 가르치는 과목과 자신을 분리시키는 교사이다. 이러한 거리 두기는 자연스럽게 그 교사로부터 학생들을 멀어지게 만든다. 이런 의미에서 가르치는 일은 일개의 테크닉일 수가 없고 가르침을 단순한 기술과 테크닉으로 생각하는 교사는 좋은 교사가 되기 어렵다. 왜냐하면 이럴 경우 그 교사는 자신의 내적 진실과 외적 연기 사이에 높은 벽을 쌓고 교사라는 역할을 하나의 '연기'로 하고 있을 뿐이기 때문이다.

물론 Palmer가 말하는 것처럼, 학생들과의 관계나 수업에서 늘 자신을 투영하며 유대관계를 만들어 가는 교사가 되는 것은 쉽지 않을지도 모른다. 사실 교사가 교육적 장면에서 자신을 아이들에게 드러낸다는 것은 상당히 위험하고 또 두려운 일이기도 하다. 자신의 모습이 아이들에게 모범이 되지 못한다는 자의식과 책임의식 때문이기도 하지만, 다른 한편 선불리 자신을 드러내었을 경우 불필요하게 아이들과 충돌하거나 아이들로부터 공격의 대상이 됨으로써 교사로서의 권위가 쉽게 실추될 수도 있기 때문이다. 이런 의미에서 교사의 삶은 공과 사가 만나는 교차지역, 개인생활과 공적 생활이 교차하는 상당히 상처 입기 쉬운 영역에 거처한다고 볼 수 있다. 그러나 Palmer는 진정한 교육적 힘은 학생의 내면의 진리를 일깨워주는 능력에 있다고 말한다. 그리고 이러한 능력은 교사의 내면의 목소리에서 나온다는 것이다. 이 목소리는 교사로서 자신의 진정한 자아를 존중하고 자신의 정체성을 회복하고 또 추구할 때, 그리하여 자신의 자아의식과 교사로서의 소명의식을 함께 기억할 때 생기는 것이며, 교사로서의 권위는 이 목소리에서 저절로 나온다는 것이다.

Palmer에 따르면 교사 정체성, 즉 교사다움의 정체성은 우리 자신이 가장 자기스러울 때 가능하다. 이러한 자신의 자아정체성에 기초한 다양한 양태의 교사 정체성이야말로 우리 시대가 필요로 하는 교사상일지 모른다. 이것은 교사가 자신의 성품에 적합한 교수방법, 교사 자신의 정체성을 가장 잘 드러내는 교수 방법 및 학생과의 관계 맺기 방법을 찾을 필요가 있다는 것을 말한다. 교사로서의 교육적 힘은 교수방법과 인품이 일치할 때 가장 강력하게 발휘된다고 말할 수 있는 것이다. 이런 관점에서 본다면 앞 문제사례의 담임교사는 먼저 자신이 어떤 사람인지 또 어떤 사람이고 싶은지, 자신의 정체성에 대한 질문뿐만 아니라 학생 상호에 대해 자신이 느끼는 여러 가지 감정과 태도에 대해서도 좀 더 솔직해질 필요가 있다. 교사로서 자신이 스스로에게 짐 지우고 있는 '공적 의무감'에서 벗어나, 자신이 진심으로 상호를 이해하고 사랑할 준비가 되어 있는지, 이 이해와 사랑의 가능성과 한계가 한 인간으로서 자신이 되고 싶은 모습과 어떤 관계가 있는지 좀 더 깊이 성찰해 볼 필요가 있을 것이다.

4. 나가며

이 장에서는 교육적 관계의 핵심적 특징을 부모와 자식 간의 관계, 그리고 친구 간의 관계와 각각 대비하여 살펴보았고, 교사가 이러한 교육적 관계를 잘 만들어갈 수 있기 위해서는 어떠한 특성과 인성, 자질이 필요한지 검토해 보았다. 그리고 이러한 특성이나 자질은 훈련될 수 있는 것인지 그리고 교사의 개인적 자아의식과 어떤 관련이 있는지 등도 논의해 보았다. 이러한 논의들은 교육적 관계의 성격이 얼마나 복잡하고 다층적인지, 그리고 이에 따라 오늘날 교사에게 요청되는 역할이 얼마나 도전적이면서도 흥미로울 수 있는지 인식할 수 있는 기회를 준다. 특히 Palmer의 교사 정체성 개념에 대한 논의는 '교직'이라는 것이 단순히 이 세상에 무수히 존재하는 많은 직업들 중의 하나라기보다는 도덕적이고 존재론적인 과업을 그 안에 내장하고 있는 특별한 종류의 직업임을 새삼 우리에게 일깨운다.

이 장에 소개된 개념들을 기초로 하여 아래 질문들을 추가적으로 생각해 보는 것도 교육적 관계와 교사 정체성에 대한 우리의 사고 폭을 확장시킬 것이다.

심화질문

- 교직은, 한편으로는 자신의 직업에 정서적으로 헌신하는 성직자나 간호사, 사회복지사와 같은 봉사직과 다른 한편으로는 고도의 축적된 과학 지식체계에 기반하는 의사나 변호사와 같은 전문직과 개념적으로 각각 관련되어 있다. 교직은 이 둘과 어떤 점에서 또한 각각 차별화되는지 논의해 보자.
- Palmer의 교사론에 따르면, 개인적으로 클럽에 가는 것을 즐기고 좋아하는 교사도 좋은 교사가 될 수 있는가?

참고문헌

성태재 외 (2012). **최신 교육학 개론**. 서울: 학지사.

Palmer, P. J. (2007). *The Courage to Teach: Exploring the inner Landscape of a teacher's life*. 10th anniversary edition. New York: Jossey-Bass; 이종인, 이은정(공역) (2013). **가르칠 수 있는 용기**. 서울: 한문화.

Arendt, H. (1986). *Between Past and Future*. New York: Viking Penguin: 서유경 역 (2005). **과거와 미래사이**. 서울: 푸른 숲.

Carr, D. (2003). *Making sense of Education*. London & New York: Routledge.

CHAPTER_ 3

교육의 목적

오늘날 공교육 교사들이 대처할 수 있어야 할 중요한 교육실천적 문제 중의 하나는 다변화 속의 다원적자유민주주의 사회에서 다양한 배경과 필요를 가진 아이들에게 적절하게 제공되어야 할 교육의 내용과 접근이 무엇인지를 판단하는 문제이다. 사실 우리나라의 경우 형식적으로는 다양한 유형의 고등학교로 구분되어 있다. 인문계 고등학교(일반고) 외에 특수목적고, 자립형사립고, 특성화고, 대안학교 등이 바로 그것이다. 이들 각 유형의 학교에서 초점을 두는 교육의 목적에는 차이가 있고, 이 목적에 따라 교육과정의 구성이나 운영에도 차이가 있을 수밖에 없다. 물론 이러한 제도적 구분과 차별성에도 불구하고 우리나라 대부분의 중등학교는 현실적으로 입시위주의 획일적인 교육과정으로부터 완전히 자유로워지기는 어렵다. 하지만 최근 표면화되고 있는 문제 즉, 특수목적고의 제도적 정착에 따라 슬럼화되어 가는 일반고 문제가 우리에게 요청하듯이, 이제는 아이들의 배경과 특성에 따라 그리고 지역사회와 학부모들의 요구에 따라 다양한 양태의 교육과정과 학교운영이 시도될 필요가 있고, 미래 학교와 교사는 이러한 시도들에 적극적으로 참여할 필요가 있다. 그러므로 예비교사들은 다양한 교육 이해당사자들에 따라 다르게 요청되는 교육에 대한 기대를 이해하고 이 기대에 부응하는 상이한 교육목적에 대해 다양한 각도에서 사유하고

문제 사례

K고등학교는 우리나라의 전통적 선비정신에 기반하여 서구 근대의 전통적 지식을 전수한다는 목적으로 1970년대 초에 남자고등학교로 설립되었다. 이때 이후 이 학교는 한문고전과 라틴어, 영문학, 그리고 제2외국어 필수전공 등 전통적인 교과 및 언어 교육에 초점을 둔 교육과정을 제공하였고, 이러한 교과에 대한 도야와 학문적 엄격성으로 유명했다. 명문으로 널리 알려진 K고등학교의 졸업생들은 대부분 우리나라의 명성 높은 대학으로 진학하였고, 형편이 되는 학생들의 경우 미국의 아이비리그 대학으로 진학하는 전통도 점차 생기기 시작했다.

고등학교 평준화 정책 시행 이래 이 학교의 성격과 교육과정은 중요한 변화를 겪었다. 이 학교의 초기 졸업생이기도 한 박 교장은 교육개혁이라는 전 세계적인 흐름과 결을 같이하여 이전의 전통을 잃지 않으면서도 이 학교를 새롭게 이끌어 갈 수 있는 인물로 임명되었다. 약 10년 전 동창들로부터의 압력, 그리고 재정적 문제, 학비 충당 영역의 확대 등 때문에 이 학교는 남녀 공학으로 전환되었다. 그때 박 교장은 진정한 자유교양교육을 위하여 학생들은 다양한 경험에 노출될 필요가 있고, 남녀공학이라는 환경은 이들에게 보다 흥미로운 경험을 제공할 것이라고 주장하였다. 그때 이후 이 학교는 여학생 운동경기 프로그램을 확장하는 등 다양한 교과 외 활동을 교육과정에 추가하였다.

그러나 시간이 흐름에 따라 X세대로 불리는 학생들의 관심과 경향성 때문에 이 학교와 박 교장의 지도력에 변화가 요청되었다. 입시준비에 일차적 관심을 두는 학교의 분위기 때문에 학생들은 기존 규율을 따르고 있기는 했지만, 기성세대에 비해 개인주의적이고 자유로운 기질의 학생들에게 이 규율은 억압적으로 느껴졌고 그 불만이 조금씩 표면화되기 시작했다. 그리하여 학교는 학생회의 건의에 따라 복장과 행동에 대한 규정들을 보다 완화하고 이들에게 더 많은 개인적 자유를 부여할 필요가 있었다. 학생들은 또한 자신들의 현재 경험과 관심에 더 많이 관련된 교육을 원했기에 성, 결혼, 생태학 같은 주제에 관한 특별 강좌를 요청하기도 하였다.

한편, 최근 일부 학부모들은 더욱 더 실용적인 교육 노선에 관심을 가졌다. 이들은 주로 입시위주교육에 잘 적응하지 못하는 자녀를 둔 학부모들로, 변화하는 경제적 환경으로부터의 압력과 불안으로 학교가 학생들을 위한 직업 지향적인 교육에도 관심을 가져 줄 것을 요청했다. 특히 다소 진보적인 성격의 학부모 연합회는 미디어 연구, 개인 재정 그리고 취업 전략에 대한 강좌를 제공하도록 학교에 공식적으로 요청했다. 이들은 K고등학교가 항상 당대 사회의 필요와 관심을 반영하는 교육기관으로 나아가야 한다고 주장했다.

이러한 요구들과 변화들은 K고등학교의 전통과 정체성에 대한 학교 구성원들 간의 논란을 야기했다. 이 학교의 일부 동창생들과 보수적 학부모, 그리고 오랫동안 이 학교에 근무해 온 교사들은 최근의 이러한 변화와 제안의 수용은 K고등학교가 전통적으로 받아들여 온 교육적 사명을 저버리고, 젊은이들의 변덕과 일부 학부모들의 불만과 불안에 이리저리 흔들리며 교육자로서의 권위를 내던지는 일이라고 주장했다. 이들은 한 때 잘 질서화 되어 엄격히 관리되던 일반교육과정이 상호 연관성이 부족하고 느슨한 강좌들로 구성된 교육과정 프로그램으로 대체되어 미성숙한 학생들이 자유로이 선택하는 "카페테리아식" 교육 체제가 되고 말았다는 것이다. 그 결과 학생들은 상대적으로 질이 낮고 문화적으로 허약한 교육을 받고 있다는 것이다. 명성 높은 대학으로의 진학률이 점차 낮아지고 있다는 사실, 그리고 이 때문에 학부모나 학생들의 이 학교에 대한 선호도가 점점 떨어지고 있다는 사실이 이러한 주장을 뒷받침하는 것으로 주장되었다. 이들은 또한 학교가 우리 사회의 전통적인 도덕교육과 인성발달을 위한 책임을 포기했다고 비난했다. 경쟁과 왕따, 학교폭력 등 이전에는 볼 수 없었던 학생 비행들이 심각한 문제로 등장하였다. 그리하여 이들은 오늘날 K고등학교가 학생들의 인권 존중 혹은 자유라는 이름으로 말투가 거칠며 행실이 불량한 학생들을 양산하고 있으며 예전의 자랑스러운 교육 전통과 정신은 사라지고 있다고 탄식한다. 이들은 이 학교의 졸업생인 박 교장이 이러한 문제들에서 획기적인 지도력을 발휘해 주도록 강력히 요청했다.

성찰할 수 있어야 한다. 이것은 이들 다양한 목적들이 지니는 중요성과 우선성의 정도를 교육적 관점에서 가늠하고 판단할 수 있게 할 것이다. 아래에서는 이 문제에 대해 함께 고민해 보도록 하자.

박 교장은 K고등학교의 교육 전통과 정신을 사랑하는 모교 졸업생으로서 전통적 지식교육의 교육적 가치를 믿는 한편, 이 목적과 정신이 민주적인 시민을 기르기 위한 현대 사회의 요구와 흐름에 맞게 재조정되고 재해석 되어야 한다고 믿는다. 그러나 학내 다양한 구성원들의 충돌하는 요구와 제안 속에서 자신의 지도력이 구체적으로 무엇을 할 수 있는지 확신할 수 없었다.

토론질문

1. 위에서 제시된 동창생들의 교육목적, 학생들의 교육 목적, 그리고 일부 진보적 학부모들의 교육 목적은 각각 어떻게 특징지을 수 있는가?
2. 누구의 교육목적이 중요한가? 학교는 '전통적인 주지교과'를 전수하는 것을 목적으로 해야 하는가, 아니면 사회의 변화를 반영하고 학생들이 지각하고 요청하는 필요를 충족시키도록 해야 하는가?
3. 당신이 박교장이라면 어떻게 하겠는가? 위의 여러 관점들을 절충하는 교육과정이 있을 수 있는가?

1. 경쟁하는 다양한 교육목적과 학교교육

위 사례에서는 세 당사자가 K고등학교가 지향해야 할 교육의 목적에 대해 논쟁하며 불일치를 보이고 있다. 동창생들과 일부 보수적 학부모들은 K고등학교가 전통적으로 고수해온 지식중심의 보다 엄격한 교육과정을 옹호하고, 학생들은 자신들의 자유로운 활동과 경험을 위한 교육을 요청하고 있으며, 다른 진보적인 학부모들은 자신의 자녀들이 사회적 필요에 준비되고 또 잘 적응할 수 있는 '유용한' 교육을 요구하고 있다. 이들의 주장은 모두 자신들이 믿는 모종의 교육적 신념에 기반해 있다고 가정할 수 있지만, 언뜻 보기엔 각자 그들 자신의 처지와 입장에서 더 필요한 학교교육, 즉 학교교육이 가져다 줄 외적 효용에 더 관심이 있는 것 같다. 예를 들어, 동창생과 일부 보수적 학부모들은 지식중심 교육을 통해 자신의 자녀들이 대학입시에 성공하여 학교의 명예를 높일 수 있기를 원한다. 이에 비해 재학생들은 자신들의 관심과 흥미를 끄는 주제나 작업을 통해 보다 자기만족적인 학교생활을 하고 싶어 한다. 그리고 다른 진보적 학부모들은 불확실한 입시경쟁에 아이들이 시간을 전적으로 낭비하기보다는 사회진출을 위한 준비과정으로서 학교교육이 특정 역할을 해 주기를 기대한다.

이해 당사자들의 관심에 따라 학교교육에 대한 교육적 기대가 다를 수 있다는 것은 자연스러운 일일 뿐만 아니라 현실적으로 일어날 법한 일이다. 그러나 학교교육의 목적을 이해당사자들에게 가져다 줄 (교육의) 외적 혜택이나 효용의 관점에서만 이해하는 것은 좁은 식견에 기초한 것으로서 교육을 쉽게 수단화하도록 할 뿐만 아니라 결과적으로 교육의 전체적 방향에 대한 왜곡된 시각을 고착시킬 수 있다. 우리가 교육의 목적에 대해 성찰할 때에는 이것을 두 가지 수준에서 구분하여 생각해 볼 필요가 있다. 첫째는 교육과 학교교육을 개념적으로 구분하는 것이고, 둘째는 교육의 내재적 목적과 외재적 목적을 구분하는 것이다.

먼저 '교육'과 '학교교육'은 개념상 구분되며 동일하게 취급해서는 안 된다. 교육은 인간적 실천의 한 양태로서 두드러진 형식적 특징이 있다. 이때 이 두드러진 형식이 무엇인지는 교육을 정의하는 학자마다 다르게 기술하겠지만, 적어도 여기서 우리는 그것을 최소한으로나마 규정할 필요가 있다. 즉 교육은 "가르치고 배우는 인간적 활동으로서 인간형성과 변화에 중요한 구성요소가 되는 어떤 것을 그것 자체로 가치롭게 여기며 추구하는 활동"(Carr, 2003: 5-11)이다. 교육을 이렇게 정의할 경우 우리는 교육받은 상태를 규정하는 두 가지 필수적인 조건을 말할 수 있다. 한 가지는 어떤 것을 그 자체로 (비도구적으로) 가치롭게 여기고 추구하는 능력을 갖게 되는 것이다. 다른 한 가지는, 단지 어떤 것을 그 자체로 가치롭게 여기고 추구하는 태도로는 충분하지 않고 인간 형성과 변화에 가치로운 어떤 것을 그 자체로 **가치롭게** 여기고 추구해야 한다는 것이다. 전자가 교육적 활동에 수반되는 '태도'에 대한 문제를 규정한다면 후자는 교육적 활동의 '내용'에 대한 문제를 규정한다고 말할 수 있다. 이처럼 '교육'의 개념은 그것이 교육에 대한 (한 가지) 개념인 한, '태도'에 대해서든 '내용'에 대해서든, 교육인 것과 교육이 아닌 것을 구분해 주는 모종의 규범적 준거를 그 안에 내포하고 있다고 말할 수 있다. 이에 비해 '학교교육'은 이러한 규범적 준거를 그 안에 가지고 있다기보다는 단순히 기술적으로 정의될 수 있는데, 즉 "젊은 세대들로 하여금 미래의 건전하고 책임감 있는 성인생활에 필요한 지식과 이해, 기술, 가치, 태도를 갖추도록 하는 제도적이고 형식적인 교육"이라는 식으로 정의될 수 있다.

이렇게 볼 때 '교육'이라는 개념은 명백히 어린 아이들에게 성인으로서의 삶에 중요한 지식, 이해, 기술을 갖추도록 준비시키는 '학교교육'보다 더 많은 것을 의미한다고 볼 수도 있고 더 적은 것을 의미한다고 볼 수도 있다(Carr, 2003: 16). 교육이 더 많은 것을 의미한다고 볼 수 있는 것은, 학교교육을 통해 아이들은 성인 생활에 필요한 특정 지식이나 기술, 태도 등을 익히되, 이것들을 그것 자체로 가치롭게 여기는 마음을 내면화하지 않고도 익힐 수 있기 때문이다. 즉, 학교교육을 성공적으로 받았다고 해서 반드시 교육된 상태가 되는 것은 아니라는 것이다. 교육받은 상태는 특정 지식이나 기술, 태도의 단순한 습득이나 내면화 그 이상을 의미하기 때문이다. 다른 한편, '교육'은 '학교교육'보다 더 적은 것을 의미한다고도 볼 수 있다. 왜냐하면 인간형성과 관련된 본질적 가치를 거의 지니고 있지 않더라도 특정 내용이나 활동들의 경우는 순전히 도구적인 이유만으로도 학교에서 반드시 다루어질 필요가 있기 때문이다. 예를 들어 컴퓨터 기술이나 성교육과 같은 실용교과는 미래 사회의 구성원으로 준비되기 위해서 필수적으로 배워야 할 것들이지만 인간형성으로서의 '교육'과는 아무 상관이 없을 수 있기 때문이다. 이런 의미에서 '교육' 혹은 '교육적 활동'은 학교교육의 일부분이기도 하고 학교교육을 넘어선 영역에서 일어날 수 있는 특정 양태의 활동을 가리킬 수도 있다.

한편 교육의 목적을 규정할 때 그 목적이 교육 내용이나 활동과 맺는 관계의 성격에 따라 두 가지 구분되는 규정방식이 있을 수 있다. 교육의 '내재적' 목적과 교육의 '외재적' 목적이 바로 그것이다. 교육의 내재적 목적은 그 목적의 추구가 다른 활동을 위한 수단이 아닌, 규정되는 교육의 개념 혹은 교육적 활동 자체와 내적으로 연결되어 있는 경우를 말한다. 예컨대 교육의 목적을 합리적 마음의 개발이라고 할 경우, 후자는 다른 활동을 위한 수단이 아니라 그 자체로 가치가 있는 것이며 교육활동 자체가 바로 합리적 마음의 발달 과정으로 기술될 수 있기 때문에 그것은 바로 교육이라는 개념의 일부분을 이룬다. 즉, 특정 교육의 목적이 관련된 교육의 개념과 '논리적, 개념적' 관련성을 가질 때 우리는 이를 교육의 내재적 목적이라고 부른다. 이러한 교육의 내재적 목적으로는 합리성의 개발, 지식의 형식의 추구, 개인적 자율성 신장, 인간적 성장, 민주시민성 개발 등을 들 수 있다. 다른 한편, 교육의 외재적 목적은 활동의 목적이 교육의 본질적 목적 즉, 인간의 성장이 아닌 다른 목적을 성취하는 일에 관심을 가진다. 예컨대, 교육의 목적이 개인의 사회계층 이동이나 출세, 혹은 국가경제발전이라고 말할 때, 이러한 목적은 교육적 활동이나 개념 자체와 아무 상관이 없고, 후자는 전자를 위한 순전한 수단이 된다. 이때 사회계층 이동 혹은 국가경제발전이라는 목적은 교육이라는 활동이나 개념과 내적, 논리적 관련성을 갖는다기보다는 오히려 '사실적, 경험적' 관련성을 갖는다고 볼 수 있다.

교육의 목적과 관련하여 이렇게 두 가지 구분되는 수준의 개념적 대비에 기초할 때, 인간적 실천의 두드러진 한 양태로서의 교육의 개념은 교육의 내재적 목적과 밀접한 관련성을 가진다. 그러나 학교교육의 목적과 관련하여 성찰해 볼 때, 특히 이것이 발휘하는 광범위한 사회적 기능과 개인의 미래 삶에 미칠 수 있는 영향력을 고려할 때, 학교교육이 지니는 교육의 외재적 목적을 과소평가해서는 안된다. 그러나 이것이 곧 학교교육의 운영과 실천에서 교육의 내재적 목적이 부차적으로 다루어져도 된다는 것을 의미하는 것은 아니다. 19세기 서구 근대국가의 성립 이후 학교교육은 하나의 공적 제도로서 매우 중요하고 많은 교육 외적 기능을 수행해 왔다. 그럼에도 불구하고 학교는 본질적으로 근대 사회의 대표적인 '교육' 기관이다. 그리고 공교육 교사로서 우리가 학교의 사회적 기능이나 교육 외적 기능과 별도로 우리 자신의 역할을 상상하기는 어렵다고 하더라도, 교육 내재적 목적의 실현에 관심을 기울이지 않는다면 우리 스스로는 '교육자'로 불릴 수조차 없을 것이다. 그리하여 앞에서 언급된 동창생, 재학생, 그리고 일부 진보적 학부모가 기대하는 교육의 목적을 순전히 도구적이고 외재적인 성격의 것으로만 규정하며 폄하할 필요는 없다. 오히려 이들의 기대 이면에 깔려있는 교육에 대한 가정을 이상적으로 명료화해 보는 것은 교육의 내재적 목적의 실현을 위해 필수적일 것으로 보인다. 왜냐하면 이를 통해 우리는 교사로서 교육의 내재적 목적들 간에도 서로 상충하는 가치 지향성이 있을 수 있다는 것을 발견하고, 상호 경쟁하는 교육에 대한 기대들 간의 경중을 교육적 관점에서 제대로 가늠하고 판단할 수 있기 때문이다.

동창생들과 일부 보수적 학부모들이 옹호하는 '지식중심 교육'은 서구나 우리나라의 전통적 교육에서 엘리트나 사대부 계층을 위한 교육의 전형으로 이해될 수 있다. 서구의 경우 고대 희랍의 플라톤 철학으로까지, 동양의 경우 공자의 유교사상으로까지 거슬러 올라가는 전통이라고 말할 수 있다. 서양에서는 인간의 마음을 자유롭게 한다는 의미에서 '자유(교양)교육(liberal education)'이라 불리고, 우리 전통에서는 인문적 소양을 쌓는다는 의미에서 '인문(교양)교육'으로 불린다. 교육의 목적은 새로운 세대에게 이전 시대의 문화와 지식을 전달하여 이들로 하여금 기존 문화를 보존할 수 있게 할 뿐만 아니라 새로운 문화와 지식의 창달에 공헌하도록 준비시키는 것이다. 이러한 교육적 전통은 단순히 글을 읽고 쓰며 셈을 하는 기초 문해력뿐 아니라 다양한 교과의 기본적 사실과 체계적 지식의 습득을 통하여 비판적으로 사고하고 문제를 해결하는 능력 등 고차적 사고능력의 습득을 포함하여 고도의 학술적 능력(academic ability)의 개발을 일차적 목적으로 한다.

학생들이 옹호하는 자유로운 활동과 경험에 기반한 교육은 '학생중심 교육'을 대표하는 진보적 교육관으로 이해될 수 있다. 이 교육관은 권위주의나 강제성, 기존 규범에의 순응으로부터의 자유를 추구하기 때문에 서구의 진보적 교육개혁가들의 상상력에 많은 영감을 주었다. 엄격한 훈육이나 처벌, 두려움이라는 교육적 방법 대신에 친절함, 관용, 협력, 존중이라는 긍정적 교육방법을 소개한 후 점차 좀 더 강제적인 작업과 훈육이 학교활동에 소개된다. 자유롭고 비형식적이며 우호적인 학교 환경이 만들어지며 학생들은 사회적으로 수용될 만한 방식으로 자신을 표현하도록 독려된다. 이러한 학생중심 교육관에서는 자아실현, 자아존중감, 정서적 안정, 창의적 표현, 개인적 흥미와 재능의 개발과 같은 교육목적을 지향한다. 우리나라의 경우 1990년대 등장한 열린교육운동이 이 교육관을 따른다고 볼 수 있다.

마지막으로 일부 진보적 학부모들이 주장하는 '사회중심교육'은 기본적으로 교육이란 한 사회의 생존과 적절한 기능을 위해 필요하다는 입장을 전제한다. 그러나 이것은 교육을 단순히 사회 유지와 발전을 위한 '도구'로 보는 외재적 교육관과는 차별화된다. 왜냐하면 보다 거시적인 교육적 안목이 그 이념 안에 포함되어 있기 때문이다. 위에서 소개된 지식중심교육도 어떤 의미에서는 이 관점과 대치되지 않는다. 이 두 관점이 함께 동의하는 것은 지식전달은 그 사회를 보존하고 발전시킬 수 있는 가장 좋은 방법 중의 하나라는 가정이고, 지식을 가진 사람이 많을수록 사회 전체의 일반적인 복지는 개선될 것이라는 가정이다. 그러나 사회중심교육은 대체로 지식중심 학교교육이 취하는 지나친 학문지향성과 엘리트주의에 대한 반발에서 등장한 것으로 이민자들로 새롭게 세워진 나라인 실천지향적인 미국의 교육 전통에서는 아주 중요한 역할을 해 왔다. 그리하여 시민으로서의 책임, 직업준비, 민주적 태도의 개발, 건강, 개인적 · 사회적 적응, 윤리적 가치와 행동, 타자의 복지에 대한 관심, 그리고 사회에 대한 비판과 변혁 등을 핵심적 교육의 목적으로 한다. 이것은 진보주의 교육관의 한 갈래로서 학교교육이 사회변화를 위한 핵심적 동력이 될 수 있다는 희망적 가정을 가지고 있다. 최근 우리나라에 등장한 혁신학교운동도 이 교육관과 맥을 같이 한다고 볼 수 있다.

2. 교육내용의 성격

그러면, 이렇게 다양하고 상호 경쟁하는 교육의 목적 중 어느 것이 더 중요한 학교교육의 목적이 되어야 하는가? 학교는 '전통적인 주지교과'의 전수를 목적으로 해야 하는가, 아니면 사회의 변화를 반영하고 학생들이 지각하고 요청하는 필요를 충족시키는 목적을 추구해야 하는가?

전통적으로 학교교육에서는 지식중심의 교육, 즉 주지교과가 중시되어 왔다. 이러한 전통적 교육관에 따르면 언어, 과학, 수학, 사회 교과는 단순히 대학에서의 학업을 가능하게 하는 학술적 기초 능력의 방편이기 때문에 중요한 것은 아니다. 이것은 대학에 진학하지 않는 학생들에게도 필수적인데, 왜냐하면 주지교과는 미래 사회를 살아갈 시민으로서 모든 젊은이들이 공유해야 할 공통의 지식적 기초를 제공할 뿐 아니라 특정한 정신 능력을 개발시키기 때문이다. 다시 말하면 효율적으로 사고하고 자신의 생각을 타인에게 효과적으로 전달하고 소통하며, 적절한 판단과 가치를 분별할 수 있는 능력을 갖게 만든다는 것이다. 즉, 이러한 교과지식 교육은 미래 시민이라면 누구나 공통으로 배워야 할 권리와 의무가 있는 '일반교육'(general education)으로서의 성격을 가진다는 것이다.

그러나 많은 이들이 주지교과의 이러한 일반 교육적 가치를 인정한다고 하더라도, 대부분의 학생들이 그 교과 내용을 이해하기 어려워하고 잘 배우지 못한다면, 그리고 무엇보다도 대부분의 학생들이 고등학교를 졸업할 때까지 왜 그 교과를 배워야 하는지 알지 못한 채 졸업한다면 주지교과 중심의 지식교육을 여전히 모든 학생들에게 강요해야 하는 것일까? 영국의 교육학자 G. H. Bantock(2009: 32)은 이러한 주지교과는 읽고 쓰는 능력에 기초한 소수의 상류계층의 "고급문화(high culture)"로서 구술적 의사소통 방식에 익숙한 "서민문화(common culture)"에 속한 대부분의 아이들에게는 적합하지 않다고 주장한다. 오히려 이러한 추상적인 주지교과 내용들은 이 아이들로 하여금 세상과 소통하는 자신만의 구체적인 방식으로부터 소외시키고 그 내용들에 충분히 입문하지 못하게 함으로써 실패와 좌절을 내면화하게 만든다는 것이다. 그리하여 모든 이를 위한 교육이 되어야 할 학교교육은 소수를 제외한 대부분의 아이들에게는 소외의 경험과 좌절의 경험만을 안겨주고, 학교교육의 내용은 이들의 삶과 무관한 것으로 남게 된다는 것이다.

그리하여 Bantock(2009)은 학교의 교육과정과 내용은 학생들의 삶과 관련되는 내용으로 구성되어야 한다고 주장한다. 이 말은 오직 한 가지 양식의 교육과정이나 교육내용만으로는 엘리트 문화에 속한 이들과 서민문화에 속한 이들을 모두 만족시킬 수 없다는 것이다. Bantock에 따르면 주지교과 내용은 전자 집단에게만 적절할 뿐이기 때문에,

후자 집단을 위한 교육 과정과 내용은 새롭게 선정되고 설계되어야 한다. 후자를 위해서는 교육내용이 이들의 삶이나 방식과 관련될 필요가 있는데, 사고와 감정이 결합되는 직접적인 경험과 활동, 참여를 통한 교육이 될 필요가 있다는 것이다. 이러한 방법을 통해 점차 좀 더 정련되고 심오하며 고차원적인 방식으로 세계를 만나는 일반교육의 궁극적 목적으로 이들을 안내할 수 있다고 본다.

학생의 구체적 삶이나 필요와 관련된 내용을 학교교육의 주요 내용으로 하자는 Bantock의 주장은 분명 주지교과내용 중심의 학교교육이 갖는 계급 편향성을 드러내고 이 문제를 해결하기 위한 하나의 대안을 제시한다. 그리고 이것은 학교교육의 내용과 교육과정을 학생이 속한 계급이나 문화적 특성에 따라 다르게 구성하자는 주장으로까지 확대해석될 수 있다. 그러나 이러한 주장을 따를 경우 교육기회의 균등한 분배나 사회이동과 같은 민주주의적 이상은 어떻게 되는 것인가? 사실 낮은 계급에 속한 아이들은 고급문화를 전수하는 학교교육을 통해 사회이동의 기회를 갖는 것이 아닌가? 그리고 학교교육은 사회적으로 서로 구분되는 계층과 계급의 아이들에게 이 사회적 구분의 경계를 넘어 상호 소통하는 문화와 공동체를 형성해 나갈 수 있도록 공통의 문화를 제공해야 하지 않는가?

3. 교육과정의 정치적 성격의 이해

학교교육은 모든 어린 아이들에게 성인의 삶을 준비시키기 위하여 개인적으로 충족적이고 사회적으로 책임감 있으며 경제적으로 생산적인 삶을 살 수 있도록 하는 지식과 기술, 가치를 가르치는 것을 목적으로 한다. 앞에서 제시된 문제사례에서는 이 목적을 달성하는 서로 다른 노선의 교육관들이 상호 경쟁하고 있다. 교육에 연루된 이해 당사자들에 따라 최소 세 가지 교육관이 소개되었다. 전통교과지식을 중시하는 동창생들의 학술적 교육목적, 학생들이 옹호하는 개인적 자율성과 잠재적 재능 개발을 강조하는 개인성장을 위한 교육목적, 그리고 진보적 학부모들이 기대하는 시민성 및 사회적 적응을 위한 직업 중심의 교육목적이 그것이다. 그러면 위 문제사례의 박교장은 상호 경쟁하는 이러한 교육관들을 절충하는 하나의 교육과정을 마련할 수 있는가?

캐나다의 교육철학자 Kiern Egan(2008)은 근대 학교교육의 역사는 상호 충돌하는 세 가지 교육 이념 간의 끊임없는 절충의 역사였다고 기술한다. 학문적 성취를 위한 주지주의적 교육, 개인적 성장을 위한 교육, 사회화를 위한 교육. 이 세 가지 형태의 교육은 서구 근대 학교교육의 이념으로서, 몇 백 년에 걸쳐 서로 경쟁하기도 하고 상호 절충되기도 하며 근대적 학교제도의 교육과정 및 교육실천의 원리를 형성해 왔다는 것이다. 여기서 우리는 이 세 가지 교육 이념이 학교교육의 장에서 그 실현을 위해 상호 경쟁하거나 상호 협력해 온 방식에 주목할 필요가 있다. 위 문제사례의 일부 진보적인 학부모들처럼 정치인이나 사업가들이 학교에서 가르치는 내용이 사회적으로 좀 더 필요한 지식이나 직업 기술과 관련되어야 한다고 요구하거나, 보수주의자들이 학문적 지식의 습득에 더 집중해야 한다고 요구할 때, 우리는 이를 가리켜 다양한 교육이해 당사자들의 요구 간에 긴장이 발생했다고 표현한다. 좋은 교육 정책가나 행정가는 이 긴장을 완화하기 위해 모든 주요 이해 당사자들의 요구가 적절하게 충족될 수 있는 균형 지점을 찾으려 한다.

Egan에 따르면, 사실 그 세 가지 교육 이념은 각각 그 자체로는 현실에 실현되기 어려운 많은 결함을 가진다. 그리하여 현실의 학교교육과정의 구성과 운영에서는 이 세 가지 이념들 중 하나는 다른 두 이념을 지원하거나 제한하는 방식으로 작동해 왔다는 것이다. 다시 말하면 각 이념은 다른 두 가지 이념의 현실 적용이 초래한 문제들을 해결하기 위해 제시되고 제안되었다는 것이다. 학문적 이상의 교육이념은 개인 발달의 이상을 지원해 왔고 학교교육의 지나친 사회화 기능에 제동을 걸었다. 또한 사회화 이념은 개인의 발달이라는 교육적 이상을 지향하도록 요청하였고 학문적 이상이 지닌 지나친 주지주의 교육에 제재를 가하여 사회화 과정을 다양화 할 것을 요청하였다는 것이다. 비록 이 세 가지 교육의 이념은 개념적으로는 상호 양립 불가능하지만 이런 방식의 현실적 절충을 통해 근대 학교교육제도를 지속시켜 왔다는 것이다.

이처럼 학교교육을 위한 교육과정 구성과 운영은 본질적으로 절충적일 수밖에 없다. 우리나라의 국가수준 교육과정은 최근 변화하는 시대적 요구에 발 빠르게 대응하기 위해 수시 교육과정 개정을 법제화 했다. 그리하여 모든 학생들이 이수해야 할 필수과목으로 특정 주지교과가 주어지는 한편, 학생들의 선호에 따라 선택할 수 있는 선택 과목이 특정 학년부터 주어지기 시작했다. 또한 일반 인문계 고등학교에서는 최근 진로와 직업 관련 수업 시수를 확장해 나가고자 한다. 물론 우리나라 국가수준 교육과정 문서에 명시적으로 제시된 교육목적이 서로 다른 이해 당사자들의 상호 충돌하는 교육적 관심과 교육관 간의 절충적 반영물이라고 보기는 어렵다. 오히려 여러 이해 당사자 간의 교육적 관심과 기대 간의 절충은 단위학교 수준의 교육과정 운영에서 가장 적절히 실현될 수 있을 것이다. 자신의 학교 공동체를 이끌어 갈 그 학교만의 고유한 교육적 비전을 구상하고 추구할 때 학교장과 교사는 그 학교가 처해 있는 객관적 환경과 배경에 비추어, 특히 학생들의 계급적, 문화적, 사회 · 경제적 배경과 특징, 그리고 지역사회의 필요 및 요청에 비추어 그 비전을 재조정해 가며 학교수준의 교육과정을 절충적으로 구성하고 적절히 운영해 나갈 필요가 있을 것이다.

4. 나가며

이 장에서는 상호 경쟁하는 다양한 교육의 목적들을 개념적으로 검토해보고 이것이 학교교육과정의 운영과 어떤 식으로 연관되는지 살펴보았다. 특히 교육과 학교교육, 그리고 교육의 내재적 목적과 외재적 목적 간의 개념적 구분을 통하여 교육의 다양한 이념들이 근대적 제도로서 학교교육의 사회적, 정치적 기능과 어떻게 연결되고 상충하는지 고찰하였다. 이를 통하여 학교에서 가르치는 교육내용이나 교육과정의 원리가 전통과 사회적 합의에 따른 특정 교육 이념뿐만 아니라 교육 이해 당사자들의 요구와 시대적 필요에 의해 어떻게 영향을 받고 또 영향을 받을 수밖에 없는지 살펴보았다. 이러한 쟁점의 검토는 미래 교육이 요구하는 교사들에 의한 단위학교 수준의 교육과정 구성과 운영의 교육적 의의와 한계에 대해 생각해 보게 한다. 아래의 추가적 질문을 통해 이 문제를 좀 더 구체적으로 성찰해 볼 수 있기를 바란다.

심화질문

- 교육 이해 당사자들의 개별적 관심과는 별도로 모든 사람이 동의해야만 하는 공교육의 목적이 있을 수 있는가? 있다면 그것은 무엇이어야 한다고 생각하는가?
- 우리는 교과서의 내용이 보편적 진리를 담보한다고 더 이상 말하기 어려운 시대를 살고 있다. 그러면 국가수준의 교육과정과 이를 실현하기 위한 교과서의 내용은 어떻게 구성되고 결정되어야 한다고 보는가?

참고문헌

Eagan, K. (2008). *The Future of Education: Reimaging our schools from the ground up*. New Haven & London; Yale University Press; 김회용, 곽덕주(공역) (2014). **상상력 교육: 미래의 학교를 디자인하다.** 서울: 학지사.

Carr, D. (2003). *Making sense of education*. London & New York: Routledge.

Walker, D. F & Soltis J. (2009). *Curriculum and aims* (5th ed.). New York: Teachers College Press.

PART_Ⅱ

교육과정, 그리고 교수와 학습

들어가는 말

교사라면 누구나 학생을 잘 가르치고 싶어 할 것이다. 어떻게 하면 잘 가르칠 수 있을까? 이 질문에 답하는 것은 간단하지 않다. 가르치는 내용과 학생의 특성에 따라서 잘 가르치는 방식이 달라질 수 있을 뿐만 아니라 학습 결과를 평가하는 방식에 따라서 교수의 효과가 달라진다. 예컨대, 어떤 교사가 과학시간에 학생이 자기주도적으로 문제를 탐구하고 협력적으로 지식을 생성하도록 도왔다고 했을 때, 강의식 수업에 비해서 교사 자신과 학생들의 만족도는 높을 수 있다. 그러나 기말시험에서 과학 교과에 대한 흥미나 탐구역량을 평가하지 않고 단순한 지식의 암기만 평가한다면, 학생의 학업성취도가 낮게 나타날 수 있고, 학부모는 그 수업에 대해서 부정적인 생각을 가질 것이다. 교사가 수업을 일련의 정해진 절차에 따라서 기계적으로 하는 것으로 생각한다면 큰 잘못이다. 수업을 준비하고 실행하는 과정에서 교육과정, 학생의 특성, 교수방법, 테크놀로지, 평가 등 다양한 요소를 고려해야 하고 학생들과 상호작용하는 과정에서 계획한 내용을 수정하거나 새로운 결정을 수시로 내려야 한다. 이처럼 복잡한 수업상황을 고려한다면, 모든 상황에 적합한 단일의 효과적인 교수방법을 찾기 보다는 다양한 상황 속에서 어떻게 적응적으로 학생들을 가르칠 수 있을지를 고민하는 것이 더 바람직할 것이다. 이러한 고민을 돕기 위해서 제2부에서는 아래의 다섯 가지 주제를 중점적으로 다루고 있다.

제4장은 수업 전문가로서 교사가 어떤 지식과 입장을 가져야 하는지에 대해 논의하고 있다. 이 장은 복잡하고 유동적인 수업상황에서 교사는 자신이 계획한 대로 수업을 할 수 있는지에 관한 물음에서 시작하여 어떻게 하면 교사에게 필요한 전문성을 계발할 수 있는지를 논의한다. 교육과정이라는 말을 들었을 때 많은 사람이 국어, 영어, 수학 등의 교과를 생각하는데, 교육과정의 의미를 교사와 학생의 총체적인 경험으로 확대함으로써 교사가 예측하지 못한 수업상황도 교육과정의 일부로 여기는 것이 필요하다. 교사는 교과서에 나오는 이론적 지식만을 획득할 것이 아니라 교수 · 학습 과정에 필요한 실천적 지식을 경험으로부터 배우고 다른 교사들과 협력적 학습공동체를 구성하여 탐구 입장(inquiry as stance)을 신장하고 교수 · 학습에 관한 새로운 지식을 생성하기 위해 노력해야 한다.

제5장은 다양한 학습자에 대한 이해를 돕기 위한 이론과 실천방안을 제시한다. 교사는 수업 상황에서 다양한 특성을 가진 학습자를 만나게 되는데, 자신이 기대했던 것과 다른 학생들의 행동을 보고 쉽게 이해하지 못하는 경우가 많다. 자신의 관심 분야에 대한 학습 열의가 넘치지만 다른 학생들과 잘 어울리지 못하는 학생이 있는가 하면, 반대로 모든 일에 무기력한 태도를 보이고 수업에 전혀 참여하지 않는 학생도 있다. 부모의 지나친 간섭 때문에 자신감이 없고 불안해하는

학생도 있고, 언행이 폭력적이고 교실 분위기를 험악하게 만드는 학생도 있다. 이러한 학생들과 바람직한 교육적 관계를 형성하기 위해서는 먼저 학생들의 인지적, 정서적, 행동적 특성들을 이해하고 공감할 수 있어야 한다. 그리고 이 학생들이 학습에 흥미를 가지고 능동적으로 참여할 수 있도록 돕는 것이 필요하다.

제6장은 잘 가르치는 것의 다양한 의미를 살펴보고 사전지식이 다른 학습자를 어떻게 하면 잘 가르칠 수 있을지를 논의한다. 우리는 평소 어떤 교사가 다른 교사보다 더 잘 가르친다고 하거나 어떤 교수법이 다른 교수법보다 더 효과적이라는 이야기를 한다. 그런데 잘 가르친다는 것의 의미는 개개인이 가지고 있는 지식과 배움에 대한 신념에 따라서 달라진다. 특히, 무엇을 유의미한 학습결과로 보는가에 따라서 잘 가르치는 것의 의미는 다양할 수 있는데, 시험성적을 높이는 교수법이 잘 가르치는 것인지에 대해 비판적으로 검토해 볼 필요가 있다. 그리고 이 장에서는 교사가 수업시간에 사전지식 수준이 다양한 학습자를 어떻게 하면 잘 가르칠 수 있는가에 대한 질문을 제기한다. 만약 교사가 평균적인 지식수준을 가정하고 수업을 한다면, 몇몇 학업성취 수준이 낮은 학생들은 내용이 너무 어렵다고 생각할 것이다. 반면에, 학업성취 수준이 높은 학생들은 이미 알고 있는 내용에 대해서 크게 흥미를 느끼지 못할 것이다. 이러한 문제를 해결하기 위해서 맞춤형 교육에 대한 더 많은 관심이 필요하다.

제7장은 첨단 테크놀로지를 교육에 활용하는 것이 필요한지와 어떻게 하면 효과적으로 활용할 수 있는지에 관한 질문을 제기한다. 첨단 테크놀로지가 교육적으로 새로운 변화를 가져올 것이라는 주장이 있는가 하면, 테크놀로지 그 자체는 아무런 효과가 없다는 주장도 있다. 디지털 교과서가 기존의 서책형 교과서보다 더 유용하다고 생각하

는 교사도 있지만, 본질적인 측면에서 아무런 차이가 없다고 생각하는 교사도 있다. 오히려 스마트폰이나 태블릿 PC를 수업시간에 사용할 경우 학생의 건강에 부정적인 영향을 미치고 인터넷 중독을 강화시킬 우려가 있다고 주장한다. 교사는 이처럼 다양한 관점을 고려하면서 수업시간에 어떤 테크놀로지를 사용할지 여부와 어떻게 활용할지를 결정한다. 이 장에서는 교사가 유의미한 학습을 촉진하기 위해서 테크놀로지를 어떻게 효과적으로 활용할 수 있는지에 대한 설명과 예를 제시한다.

제8장은 학습의 결과에 대한 평가와 교수·학습을 촉진하기 위한 평가를 비교하면서 좋은 평가란 무엇인가에 대한 질문을 제기한다. 교육분야에서 평가만큼이나 많은 사람이 관심을 가지고 있는 주제는 없을 것이다. 이는 평가결과가 대학진학과 밀접하게 관련되어 있기 때문이다. 학교에서 교사는 중간고사와 기말고사뿐만 아니라 수업과정에 다양한 방식으로 학생들의 학습 수준을 평가하고 그 결과를 교수·학습의 증진과 학생의 진로지도 등을 위해서 활용한다. 교사들 중에는 학생이 교육과정이 정한 성취기준을 얼마나 달성했는지를 평가하는 성취평가제에 찬성하는 사람이 있는가 하면, 상급학교 진학을 위해 학생들 간의 학업성취도 차이를 시험을 통해 객관적으로 비교할 수 있어야 한다고 믿는 사람도 있다. 후자는 전자보다 더 어렵게 시험문제를 출제하고 준거참조평가보다는 규준참조평가를 더 선호할 것이다. 이 장에서는 학습결과에 대한 평가뿐만 아니라 학습을 위한 평가와 학습으로서의 평가가 존재하며, 평가결과를 교수·학습의 증진과 맞춤형 교육을 위해서 활용하려는 노력이 꾸준히 이루어지고 있다는 점을 강조하고 있다.

이상의 다섯 장은 실제 교사가 수업을 준비하고 실행할 때 꼭 생각해 보아야 할 도전적인 주제를 담고 있다. 각 주제는 서로 밀접하게 관련되어 있기 때문에 한 장을 읽으면서 다른 장의 내용을 같이 고민해 보는 것이 필요하다. 즉, 잘 가르치기 위해서는 교수방법뿐만 아니라 학생들의 특성, 교육과정, 평가방법, 테크놀로지 활용 방안 등을 종합적으로 고려하는 것이 필요하다. 어느 한 측면만을 강조한다면 장님이 코끼리의 일부분을 만지고 그 부분이 코끼리 전체를 나타내는 것으로 말하는 것과 같은 잘못을 범할 수 있다. 그런 점에서 잘 가르치는 교사가 되기 위해서는 고도의 전문성과 함께 교육의 다양한 측면들을 하나로 아우를 수 있는 자신만의 교육 철학과 신념을 가져야 한다.

CHAPTER_ 4

수업 전문가로서 교사가 갖추어야 할 지식과 자세

학교 교사들은 흔히 교원양성기관에서 교직을 수행하기 위한 상당한 전문적 지식을 구축했을 것이라고 가정된다. 따라서 교사들은 발령을 받은 순간, 적어도 교과 수업에 대해서는 나름의 자신감과 설렘을 안고 교실에 들어선다. 그러나 교실에서의 매 순간은 교사들이 당초 기대했거나 예견한 바의 상황이 아닌 경우가 많다. 오히려 어느 편인가 하면, 교사가 맞닥뜨리는 수업 상황은 불확실하고 미리 예견할 수 없는 성격의 것이어서, 사전에 무장한 지식이나 계획만으로는 대처하기 어렵다. 따라서 교사들은 자신들이 가지고 있는 이론적인 지식과, 교직의 경험이 쌓이면서 현장에서 터득한 실천적인 지식을 동원하여 수업을 이끌어가고 있다고 할 수 있다. 이러한 상황에서 교사들은 자신들이 수업의 매 순간 내린 판단과 결정이 교육적인 것인지에 대해 자신감을 갖기 어렵다. 이 장에서는 교사들이 처해 있는 이러한 수업 맥락을 이해하고, 수업 전문가로서 교사들이 갖추어야 할 지식과 자세를 검토해 보고자 한다.

문제 사례

(OO중학교 2학년 영어과 김교사의 저널)

오늘 수업 시간에 다룰 내용은 3단원 본문 학습을 위한 'Vocabulary(어휘) 익히기' 부분이었다. 나는 교과서에 제시된 단어들을 학생들이 보다 잘 익힐 수 있도록 수업을 계획하고 관련 수업 자료들을 준비하여 교실로 향했다.

수업이 시작되고 단어 설명이 이어졌다. 나는 학생들의 반응을 유도하며 단어의 뜻을 설명하였다. 'hide(숨다)'라는 단어가 나왔을 때였다. 갑자기 유민(가명)이라는 아이가 손을 번쩍 들더니, 이 단어의 뜻을 설명해 보겠다고 나섰다. 그러더니 교실 앞으로 나왔다. 유민이는 자신의 몸을 교탁 밑으로 숨기면서 친구들 앞에서 매우 빠르고 능수능란한 영어로 한참동안 단어의 뜻을 설명하기 시작하였다. 아이들은 유민이가 하는 말을 알아듣지 못하는 눈치였다. 나는 순간 당황하였다. 내가 이 아이가 하는 말을 일일이 다 번역해 주어야 하는 것일까? 어느 순간에 이 아이의 말을 끊어야 할까? 이 아이의 능수능란한 영어 실력을 칭찬해주어야 할까? 내가 이 아이를 칭찬한다면 다른 아이들이 혹여 불편해 하지는 않을까?

나는 유민이의 이야기를 도중에 끊고, 유민이가 전하려던 바를 대강 요약하여 전체 아이들에게 전달해 준 다음, 유민이에게 박수를 쳐 주자고 했다. 그러나 박수를 쳐주는 아이들의 눈치는 시큰둥해 보였다.

나중에 확인해 보니 유민이는 어렸을 때부터 미국에서 10년을 살다 온 터라 우리말보다 영어가 편한 아이였다. 이 아이에게는 영어 시간에 배우는 모든 것들이 자신에게는 너무나 쉬운 내용이었으므로 수업 시간에 한번 발언권을 얻게 되면 신이 나서 친구들이 알아듣지 못하는 영어로 계속해서 무언가를 말하는 아이였던 것이다. 오늘 유민이의 발표에 대한 내 대처는 적절한 것이었는지, 앞으로 수업에서 유민이를 어떻게 대해야 할지 잘 모르겠다.

토론질문

1. 이 수업 상황은 김 교사가 사전에 예측하고 준비할 수 있는 것이었을까?
2. 김 교사가 직면한 수업에서처럼 예측하기 어려운 수업 상황에서 교사들이 수업을 잘하기 위해 필요로 하는 지식은 무엇인가?
3. 교사들은 자신들의 수업에서 실제로 필요로 하는 지식을 교원양성기관에서 미리 다 배울 수 있을까? 만약 미리 배울 수 없다면 교사들의 실천적 지식은 어떻게 구축해야 하는가?
4. 만약 내가 김 교사라면 이러한 상황에서 어떻게 수업을 진행했을까?
5. 김 교사의 수업 상황을 고려할 때, 모든 학생들을 위한 공통의 기준으로 제시된 국가교육과정(혹은 교과서)을 어떻게 바라보고 해석 및 적용해야 할 것인가?

1. 수업 실제의 맥락과 특징: "계획한 대로 가르칠 수 있는가?"

위의 사례에서 김 교사는 영어 시간 전에 미리 해당 수업에서 다루어야 할 내용을 인지하고, 이를 어떻게 운영할 지에 대한 계획을 세운 것으로 보인다. 김 교사가 다루고자 한 영어 내용은 국가교육과정에 명시되어 있는 것이나, 교사들은 흔히 그들에게 주어진 영어 교과서를 통해서 이러한 내용을 확인하게 된다. 김 교사 역시 영어 교과서에 제시된 대로 수업 진도를 맞추어왔으며, 위 사례 수업 시간에는 본문에 들어가기에 앞서 본문에 나온 "Vocabulary 익히기"를 배울 차례임을 확인했을 것이다. 또한 김 교사는 수업 전에 교과서에 제시된 내용을 숙지하고 이를 위한 수업 활동을 미리 계획했을 것이다. 김 교사는 이미 사범대학 시절에 중학교 영어 교과에서 다루어야 할 내용에 대해 공부한 바 있기 때문에, 이 내용으로 수업을 계획하는 데에 어려움이 없다. 더군다나 국가에서 제공하는 교육과정 해설서나 교사용 지도서에 이 내용을 어떻게 가르쳐야 하는가에 대한 안내가 제공되어 있기도 하고, 좀 더 풍부한 활동을 희망할 경우에는 여러 교수 · 학습 자료 지원용 웹사이트를 뒤지면 관련 활동 자료들을 얻을 수도 있다.

그러나 위 사례에서 보듯이, 김 교사는 실제 영어 수업에서 계획한 대로만 가르칠 수 없는 상황을 마주하게 된다. 김 교사의 당황스러움은 예상치 못한 유민이의 돌출된 행동 때문인 것으로 보인다. 김 교사는 수업 전에 계획한 대로 교과서에 제시된 여러 단어들의 뜻을 학생들의 반응을 유도하며 설명하고자 한다. 그러나 유민이는 이들 단어를 이미 알고 있을 뿐만 아니라 단어의 의미를 몸으로 직접 표현해 보이면서 아이들이 알아듣기 힘든 영어로 능수능란하게 설명해 낸다. 유민이의 방식은 왜 김 교사를 불편하게 했는가? 유민이의 방식은 문제가 있는 것인가? 유민이가 제시한 방식을 의미 있게 살릴 수는 없는 것인가? 앞으로 영어 수업에서는 유민이를 어떻게 다루어야 하는가? 위 사례에서 김 교사는 유민이의 돌발 행동에 대한 당황스러움과 함께 다른 학생들의 눈치를 보느라 나름의 적절한 선에서 유민이의 발표를 마무리 짓는다. 그러면서도 김 교사는 자신의 판단과 행동이 적절한 것이었는지, 그리고 앞으로 동일한 사태가 발생할 경우 어떻게 대처해야 하는가에 대해 고민을 한다.

위 사례에서 볼 수 있듯이, 교실에서 이루어지는 수업 상황은 미리 예측하기 어렵다고 할 수 있다. 이러한 수업 상황에서 교사들은 김 교사의 경우처럼 늘 매우 불확실하고 실제적인 문제들에 직면하게 된다. 불확실하고 실제적인 문제들은 대개 다음과 같은 일반적인 특성을 지닌다(Reid, 1978: 42).

① 반드시 대답되어야 할 문제들이다.

② 결정이 내려지는 근거가 불확실하다.

③ 이들 문제들에 대한 답은 항상 기존 상태를 고려해야 한다.

④ 각 문제는 우리가 결코 완전하게 서술하기 어려운 매우 구체적인 시간과 맥락 속에 놓여 있다.

⑤ 이들 문제들은 경쟁하는 목표와 가치들 사이에서 어떤 결정을 내리도록 요구한다.

⑥ 선택한 특정 해결책의 결과를 결코 예견할 수 없다.

⑦ 이들 문제에 답할 때, 의존하게 되는 근거는 선택한 행위가 그 자체로 바람직하다는 점을 입증할 수 있는 증거가 아니라, 그 행위가 모종의 바람직한 사태를 야기할 것이라는 가정이다.

수업 실제에서 직면할 수 있는 이러한 불확실하고 예측하기 어려운 문제들은, 교사들이 많은 일반화된 이론적 지식으로 무장한다고 해서, 혹은 미리 치밀하게 계획한다고 해서 충분히 해결될 수 있는 것은 아니다. 이러한 문제들은 그 성격상 수업 실제, 즉 교수 · 학습 과정의 실제적인 맥락에서 즉각적인 선택, 결정, 행위를 요구하는 것이기 때문에 이러한 실제에 대한 이해와 탐구를 통해서 만이 그 해결책을 모색할 수 있다. 따라서 교사들이 수업 실제에서 당면할 수 있는 문제들에 적절히 대응하기 위해서는, 교과 수업과 관련된 이론적 지식 못지않게 이러한 실제적 문제들을 탐구하는 데에도 관심을 가질 필요가 있다.

2. 교육과정과 수업의 관계: "교육과정은 수업 이전에 모두 계획될 수 있는가?"

교원양성기관의 교직과목으로서의 '교육과정' 수업 시간에 "교육과정을 무엇이라고 생각하느냐?"고 물어보면, 대부분의 학생들은 국어, 영어, 수학 등의 교과를 열거하거나 이들 교과가 배열되어 있는 수업 시간표를 떠올린다. 현장 교사들의 경우도 크게 다르지 않다. 교사들 역시 국가교육과정상의 교육내용이나 교과들을 교육과정이라고 생각한다. 예비교사든 현장교사든 간에 많은 사람들에게 교육과정은 교실에서 행해지는 수업 그 자체보다는, 수업을 위해서 사전에 계획되고 조직된 것, 달리 말하면 교과를 의미하는 것으로 이해되어 왔다. 그러나 교육과정을 교과와 관련된 것만으로 보는 관점은 교사들의 역할을 계획되고 조직된 것, 즉 교과 지식의 전달에만 초점을 두게 함으로써 수업의 실제적 맥락 및 이러한 맥락에서 일하는 교사들의 실천을 이해하기 어렵게 할 가능성이 있다.

교육과정이라는 용어는 본래 라틴어 '쿠레레(Currere)'에서 유래한 것으로, 이는 '달려가야 할 코스'를 의미하는 것이었다. 언뜻 보기에 이 의미는 매우 명쾌한 것 같으나, 그 초점을 어디에 두는가에 따라 교육과정에 대한 이해는 크게 달라질 수 있다. 달리 말하면, '달려가야 할 코스'에서 그 초점을 명사, 즉 '코스'에 둘 것인지, 아니면 동사, 즉 달려가는 '과정'에 둘 것인지에 따라 교육과정을 규정하는 실제적 의미와 이해에는 큰 차이가 있는 것이다(소경희, 2012). '코스'에 초점을 두게 되면, 교육과정은 수업과는 구분되는 것으로서 수업이 따라야 할 혹은 수업을 통해 도달해야 할 산물로 이해된다. 이러한 산물은 흔히 학과 코스(course of study)로 언급되며, 학교의 학과 코스는 주로 학문에 기반을 둔 교과들을 의미한다. 다른 한편으로 '과정'에 초점을 두게 되면, 교육과정은 수업과 구분할 수 없는 것으로서 수업 동안에 일어나는 교사와 학생 간의 상호작용과 관련된 과정이라고 할 수 있다. 이 경우, 교육과정은 교사들이 수업을 조직하고 운영하기 위해 하는 활동일 뿐만 아니라 그 수업에서 학생들에게 실질적으로 일어나는 것과 관련된 활동이다.

교육과정은 위에서 언급한 두 가지 초점, 즉 '코스'와 '과정' 양 측면을 모두 함의할 수 있는 것으로 이해될 필요가 있다. 실제로 최근 교육과정 학자들은 교육과정의 의미에 대해 미리 계획하여 수업을 위해 제공한 '학과 코스'로뿐만 아니라 '개인의 삶의 과정(the course of one's life)', 즉 교수 · 학습 과정에서 교사와 학생들이 경험한 것으로도 정의내릴 수 있다고 보고 있다.

그러나 19세기 즈음에 '교육과정'을 번역한, 영어로 '커리큘럼(curriculum)'이라는 단어가 사용된 이후, 교육과정은 주로 공식적인 '학과 코스'를 의미하는 것으로 사용되어 왔다. 특히 교육과정이 하나의 학문 분야로 체계를 잡아갈 무렵인 20세기 초반부터는 학교의 '학과 코스'를 학문에 기반을 둔 교과와 관련시킴으로써 교육과정은 주로 여러 교과목을 열거해 놓은 것으로 이해되었다. 이후 최근까지도 교육과정은 교수 · 학습이 일어나고 있는 과정, 즉 교실에서의 실천과 관련되기보다는 주로 교과와 관련된 것으로 이해되는 경향이 있다. 예컨대 과학 교육과정은 과학 수업 시간을 위해 제공된 과학 교과 혹은 과학 교과서를 의미했으며, 과학 교사들 및 이들의 수업은 이러한 과학 교과(서)를 가르치기 위한 수단으로 인식되고 있다. 교육과정의 라틴어 어원에 비추어볼 때, 교육과정에 대한 이러한 이해는 교육과정의 의미를 주로 미리 계획되고 조직된 '학과 코스' 측면에서만 강조한 것으로서 교육과정의 의미에 담겨있는 또 다른 측면, 즉 '과정'에 초점을 맞춘 활동을 온당하게 취급하지 않은 것이라고 할 수 있다.

교육과정을 '학과 코스' 측면에서만 이해하는 이러한 경향은 우리나라의 교원양성기관의 교육과정에도 그대로 반영되어 있다. 교원양성기관의 교육과정이 주로 교과 혹은 교과가 모태로 하고 있는 학문적 지식을 다루는 데에 많은 시간과 노력을 경주해 오고 있는 점은 이를 여실히 드러낸다. 서두에서 제시한 사례에서 김 교사의 경우, 사범대학에 다니는 동안 영어교사에게 필요한 것으로 고려되는 지식을 습득했다고 볼 수 있다. 김 교사가 대학에서 교사가 되기 위해 습득한 것은 주로 중등학교에서 다루어지는 영어 교과에 대한 이론적 지식이며, 이러한 지식에 토대를 둔 임용시험을 거쳐 중등학교 교사가 될 수 있었다. 그러나 중등학교 교사 경력이 4년차가 되었음에도 불구하고, 김 교사에게 수업 상황은 늘 예측하거나 계획한 대로 진행되지 않는다.

김 교사는 매수업마다 즉각적인 판단과 결정을 내려야 할 불가피한 순간들을 만나게 되며, 각 순간에 자신이 내린 판단과 결정이 올바른 것이었는지에 대해 확신이 서지 않음을 느낀다.

수업 상황에서 김 교사가 겪는 어려움과 불안감은 교육과정의 의미를 좀 더 확대된 것으로 이해하게 되면 덜어질 수 있다. 교육과정이 수업 전에 미리 계획될 수 있는 고정된 어떤 것이 아니며, 수업 또한 계획된 것을 단순히 실행으로 옮기기만 하는 행위가 아니라는 점을 인식할 필요가 있는 것이다. 다시 말하면 교육과정을 수업과 구분되는 것으로 보는 제한적인 관점에서 탈피하여 교육과정의 의미를 수업에서 실제로 이루어지는 과정까지 포함하는 것으로 확대할 필요가 있다. 교육과정을 미리 계획되고 조직된 교과 지식을 다루는 것에 한정시키지 않고 교수 · 학습 과정에서 교사와 학생이 경험하는 것으로까지 확대해서 이해하게 되면, 수업에서 맞닥뜨리게 될 예측불가능한 상황은 피해져야 할 것이 아니라 당연한 것으로 해석될 수 있다. 교수 · 학습 과정에서 취해지는 여정과 진전 과정은 미리 예언하기 어려운 성격의 것이기 때문이다.

물론 교사에게는 수업에서 마땅히 따라야 할 무언가 분명한 틀이나 산물, 즉 정해진 코스나 다루어야 할 지식이 확정되어 있는 편이 심리적으로 편안할 수 있다. 그러나 실제 우리의 수업 맥락이나 상황은 이미 지적한 바 있듯이 계획된 것이 일대일로 실행되기가 어렵다. 이 점에서 교육과정의 의미를 교수 · 학습 과정에서 교사와 학생들이 지속적으로 겪는 교육적 경험 혹은 과정의 총체로 확대해 보는 것이 교실에서의 실천을 이해하는 데에 좀 더 적절한 것이라고 할 수 있다. 이와 관련하여 "교육과정이 학생들을 예견된 결과보다는 예견되지 않은 결과로 이끌수록 더 교육적인 것이다"(Stenhouse, 1975)고 주장하는 어느 교육과정 학자의 지적을 곱씹어 볼 필요가 있다. 교육과정의 의미를 이렇게 확대해서 이해할 경우, 교사들이 갖추어야 할 지식은 그들이 다루게 될 교과 수업과 관련된 이론적 지식을 축적하는 데에 국한되어서는 안 될 것이다.

3. 교사 지식과 교사 학습공동체: "교사도 지식을 생성할 수 있는가?" "어떻게?"

교사라는 직업이 갖는 전문성은 그들이 담당하고 있는 교과 수업과 관련한 지식을 얼마나 소유하고 있는가에 그 기반을 두는 경향이 있다. 앞에서 우리는 김 교사의 사례를 통해 교사들이 교과 수업에 대한 이론적 지식만으로는 수업 실제에 적절히 대응할 수 없음을 알 수 있었다. 그렇다면 교사들이 잘 가르치기 위해서 좀 더 갖추어야 할 지식은 어떤 성격의 것이며, 이러한 지식은 어떻게 구축할 수 있는가?

학교교육에서 교사들의 주된 임무는 '가르치는 일(teaching)'이며, 그 일의 핵심은 외부 전문가들에 의해 연구되고 개발된 지식을 전달하는 것이었다. 따라서 잘 가르치는 교사가 되기 위해서는 '수업 실제에 적용하기 위한 지식(knowledge-for-practice)'을 가능한 한 많이 습득해야만 하는 것으로 가정되었다. 여기서 '수업 실제에 적용하기 위한 지식'이란 이미 세상에 알려진 것, 즉 최소한 대학의 연구자나 학교 밖 외부 전문가에 의해 개발된 것을 의미하며, 이것은 여러 학교와 교실 맥락에의 일반적인 적용을 염두에 두고 구축된 지식이라는 점에서 '이론적 지식(theoretical knowledge)'이라고 할 수 있는 것이다(소경희, 2009:

Cochran-Smith & Lytle, 1999). 교사가 잘 가르치기 위해서 갖추어야 할 지식과 관련하여 가장 오랫동안 주목을 받아 온 것은 바로 이러한 성격의 이론적 지식이었다. 교원양성기관에서 제공하는 교과별 전공 과목들 이외에 교육철학 및 교육사, 교육과정, 교육평가, 교육심리 등과 같은 교직이론 과목들이나, 교과교육론, 교과교재연구 및 지도법 등과 같은 교과교육 과목들에서 다루어지는 것이 이러한 이론적 지식에 해당한다고 볼 수 있다. 흔히 교사들은 직전 교육과 현직 교육을 통해 이러한 이론적 지식을 습득하여 이를 자신들의 수업 실제에서 적용해야 하는 것으로 가정되었으며, 이 점에서 교사들은 지식의 생산자라기보다는 소비자로 간주되어왔다.

그러나 교직에 들어선 지 얼마 지나지 않아 새내기 교사들은 그들이 대학에서 습득한 이론적 지식이 그들의 수업 실제에 그대로 적용되기 어렵다는 사실을 발견하게 된다. 교사들이 직면하는 교실 장면에는, 교실마다의 독특한 상황적 맥락이 존재할 뿐만 아니라 이론적 지식으로 사전에 철저히 무장한 교사들조차도 당혹하게 만들 수 있는 예상하지 못한 상황이 비일비재한 것이다. 이는 이론적 지식의 한계를 드러내는 것으로, 교사들이 잘 가르치기 위해서는 이론적 지식뿐만 아니라 자신들이 직면하는 불확실한 교실 상황을 다룰 수 있는 지식도 습득해야 할 필요가 있음을 시사한다. 이 경우, 새내기 교사들은 그들 주변의 유능한 경력 교사들이 실제로 어떻게 수업하고 있는가에 눈을 돌리게 된다. 이는 수업을 잘하는 노련한 교사들의 수업 실제에는 뭔지 모를 실천적 지혜가 있을 것이라고 보기 때문이다. 그리하여 새내기 교사들은 유능한 교사들이 그들의 수업 실제에서 판단과 선택을 어떻게 하는지, 교실 딜레마를 어떻게 해결해 가는지, 그리고 자신들의 실제를 어떻게 개선해 가는지 등을 배우고자 한다. 이처럼 교실

상황을 적절히 다루는 지식은 유능한 경력 교사들의 행동, 결정, 판단 속에서 발견할 수 있다. 즉, 오랜 교직 경험을 가진 유능한 교사들의 수업에서 우리는 암암리에 '수업 실제에 구현되어 있는 지식(knowledge-in-practice)' (Cochran-Smith & Lytle, 1999; Schön, 1983, 1987)을 볼 수 있는 것이다. 이러한 형태의 지식은 암묵적이긴 하지만 교사들의 실천 맥락 속에서 구축된 매우 실제적이고 상황적인 성격의 지식이라는 점에서 '실제적 지식(practical knowledge)'이라고 불릴 수 있다(Carter, 1990; Fenstermacher, 1994). 실제 학교 현장에서 교사들이 필요로 하는 지식은 직접적이고 실제적인 측면이 많다는 점을 염두에 둘 때, 새내기 교사들이 유능한 경력 교사들과의 교류를 통해 이들의 수업 실제에 구현되어 있는 실제적 지식을 배우는 것은 매우 의미 있다고 할 수 있다.

한편, 최근 들어 교사들에게 필요한 지식과 관련하여 앞서 언급한 것과 근본적으로 다른 입장을 취하는 관점이 대두되고 있다. 앞에서 제시한 수업 실제에 적용하기 위한 지식(즉, 이론적 지식)이나 수업 실제에 구현되어 있는 지식(즉, 실제적 지식)은 모두 수업 당사자인 새내기 교사의 입장에서 보면 자신이 구축한 것이 아니며, 따라서 습득하고 소비해야 할 성격의 것이다. 이 경우 교사들은 외부 전문가들의 이론적 지식을 습득하거나 유능한 경력 교사들의 실천적 지혜에 해당하는 것을 전수받아 이를 자신들의 실제에 적용해야 할 것으로 가정된다. 그러나 이러한 관점은 교사들로 하여금 주어진 수업 상황 및 이와 관련된 이론이나 지식을 당연한 것으로 받아들이게 하며, 교사를 실행가 혹은 소비자로만 보게 하는 문제를 안고 있다. 이에 대해 최근에는 교사들이 기존 지식이나 이론의 소비자만이 아닌 새로운 지식의 제공자 혹은 생산자가 될 수 있으며, 이를 통해 기존의 수업 실제, 나아가 학교 문화를 근본적으로 변형시킬 수 있다고 보는 관점이 대두되고 있다. 이 관점에서는 수업 실제와 관련하여 이전에 논의된 것과는 전혀 다른 차원의 지식, 즉 '수업 실제에 대한 지식(knowledge-of-practice)'이라는 새로운 범주의 지식을 구분해 내고 이를 교사들 스스로가 자신들의 수업 실제에 대해 구축해 낸 지식이라고 본다(Cochran-Smith & Lytle, 1999, 2009). 그러나 교사들이 자신들의 수업 실제에 대한 지식을 생성한다는 것이 어떻게 가능할 수 있는가?

교사들의 지식 생성과 관련하여 최근에 주목되고 있는 것은 교사들 간의 협동적인 학습공동체의 구축 노력이다. 교사들이 외부 지식의 소비자만이 아니라 지식의 창출자가 될 수 있다고 보는 최근 관점에서는 교사들이 '탐구 입장(inquiry as stance)'을 취할 필요가 있다고 본다(Cochran-Smith & Lytle, 1999, 2009). 교사들이 탐구 입장을 취한다는 것은 교사들이 그들의 주된 일, 즉 수업 실제에 대해 비판적이고 역동적이며 유동적인 인식 및 존재 방식을 취한다는 것을 의미한다. 특히 탐구 입장은 함께 일하는 교사들의 모임 속에서 여러 교사들이 지식과 그것의 실제와의 관계에 대해 갖는 입장을 서술하기 위해 사용된 개념이다. 따라서 '탐구 입장'은 교사 개별적인 입장이 아닌, 교사들 간에 이루어지는 집단적 노력, 즉 집단적인 입장에 강조를 두며, 이 점에서 교사들이 공동체의 맥락 속에서 함께 탐구할 필요성을 강조한다. 공동체의 맥락에서 교사들은 서로 간의 대화와 협동적인 해석을 통해 자신들의 암묵적 지식을 좀 더 가시화하고, 기존 수업 실제를 의문시하며 좀 더 적절한 대안을 고려할 수 있는 틀을 생성할 수 있기 때문이다. 이 점에서 교사들 간의 협동적인 학습공동체는 교사들이 수업 실제에 대한 지식을 생성할 수 있는 핵심적인 맥락이 될 수 있다.

학습공동체에서 교사들 간의 탐구는 교사 자신들의 수업 실제에 대한 경험, 가정, 신념을 확인하고 비판하는 것으로부터 시작할 수 있다. 학습공동체에서 교사들은 자신들의 가정에 도전한다거나, 수업 실제의 두드러진 쟁점들을 규명하고 문제를 제기한다거나, 자신들의 학생이나 교실, 학교 등을 연구한다거나, 교육과정을 구성하고 재구성해 본다거나, 더 나아가 교실이나 학교, 사회를 변형시킬 기회를 갖게 되는 것이다. 교사들은 바로 이러한 기회를 통해 자신들이 탐구한 것을 이론화하고, 이를 좀 더 큰 사회적 · 문화적 · 정치적 쟁점들과 연결시킴으로써 수업 실제에 대한 자체적인 지식을 생산해 낼 수 있게 된다.

탐구 입장을 취하는 교사들이 학습공동체 속에서 구축하는 이론이나 틀은 교사 자신들이 처한 특정한 장소, 시간, 상황을 반영하고 그 맥락에 고유한 의미를 가진다는 점에서 '국지적 지식(local knowledge)'이라고 할 수 있다(Cochran-Smith & Lytle, 1999). 이러한 국지적 지식은 외부 전문가들이 만든 이론적 지식과 유능한 경력 교사들의 실제에 함의되어 있는 실제적 지식, 심지어 교사 자신들이 가지고 있는 지식과 실제를 문제시함으로써 구축될 수 있는 것으로서, 이론적 지식이나 실제적 지식의 어느 한편에 속할 수 있는 성격의 것이 아니다. 학습공동체에서 교사들 간에 구축된 국지적 지식은 그들이 처한 즉각적인 상황과 관련되나 이론화의 과정을 거친다는 점에서 이론적 지식과 실제적 지식이 변증법적으로 통합된 형태라고 할 수 있다.

학습공동체에서 교사들 간에 이루어지는 지식 생성 노력, 그리고 이를 통해 구축된 수업 실제에 대한 국지적 지식은 교사의 가르치는 활동, 즉 수업 행위를 이전과는 다른 방식으로 볼 수 있게 한다. 일반적으로 실제(practice)는 해당 분야의 일을 행하거나 수행하는 것을 언급하는 용어로 사용되며, 흔히 이론이나 연구와의 관계를 나타내거나 이들과의 대조를 나타내기 위해 사용된다. 그리고 여기에는 실제라는 것을 실천적인 혹은 유용하고 즉각적이며 기능적인 것과 같은 것으로 보는 관점이 내재되어 있다. 그러나 '탐구 입장'에서 실제는 단순한 실천 혹은 실행의 의미로만 이해되지 않는다. 이 입장에 따르면, 가르치는 일에 가담한다는 것은 교사들이 자신들의 수업 실제에 대한 문제제기와 탐구에 기반을 둔다는 점에서 단순한 행위가 아닌, 행위와 비판적 이론화 간의 변증법적 관계를 수반한다고 본다(Britzman, 1991; Cochran-Smith & Lytle, 1999; Freire, 1970). 이는 이론과 실제 간의 관계에 대해 기존과는 전혀 다른 입장을 취하는 것으로서 교사들이 지식을 생성할 수 있는 연구자 · 탐구자가 될 수 있음을 보여줄 뿐만 아니라 교사들의 행위가 그들이 생성해 낸 이론에 기반을 둘 수 있음을 보여주는 것이라고 할 수 있다. 더군다나 이 입장은 교사들이 생성해 낸 지식이 기존의 수업 실제에 가정된 관점, 이론, 정책 등에 대한 비판적인 성찰 및 문제 제기를 토대로 이루어진다고 봄으로써 교사가 학교교육의 근본적인 변형을 위한 주체가 될 수 있음을 제기한다.

4. 나가며

이 장의 초점은 교사가 수업 전문가가 되기 위해서는 어떤 자세와 역할을 취할 필요가 있는지를 살펴보는 데 있었다. 이를 위해 교사들의 핵심적인 행위의 장(場)이라고 할 수 있는 수업 실제가 어떠한 맥락적 특징을 가지고 있는지, 교육과정과 수업의 관계를 어떤 관점에서 바라보아야 하는지, 그리고 교사가 갖추어야 할 지식과 자세가 무엇인지 등이 검토되었다.

이 장의 서두에서 제시한 사례에서 김 교사가 경험하듯이, 교사들이 일하는 맥락은 예측 불가능한 실제적인 문제들로 둘러싸여 있으며, 교사들은 늘 즉각적인 판단과 행동을 요청하는 순간들에 직면해 있다. 따라서 교사들은 대학 시절에 배웠거나 여러 학자들의 책을 통해 탐독한 이론적인 지식 이외에 수업 상황에 즉각적으로 대처할 수 있는 기예, 즉 실제적인 지식을 필요로 한다. 그러나 교사들이 이러한 이론적 지식이나 실제적 지식을 쌓는데 몰두하는 것만으로는 우리 교육이 안고 있는 문제를 개선하는 데에 한계가 있다. 우리의 교육을 개선하기 위해서는 교사들이 좀 더 자신들의 수업 실제에 대해 성찰하고 이를 통해 좀 더 현장 맥락에 적절한 지식을 구축함으로써 수업 실제를 변형하려는 노력을 할 필요가 있는 것이다. 이러한 필요는 교사들에게 주어지거나 당연시 되어온 환경이나 맥락에 대해 끊임없이 문제를 제기하고 더 나은 것을 향해 고민하고 탐구하는 자세를 취할 것을 요청한다.

교사가 교육 개혁의 주체가 되어야 한다는 당위론적인 주장이 우리 사회에 회자된 지 이미 오래되었다고 할 수 있다. 이제는 이러한 주장이 학교 현장에서 실질적으로 그 힘을 발휘할 때가 되었다고 본다. 이를 위해서는 교사들이 그들이 서 있는 맥락, 즉 수업 실제의 인식론적 · 존재론적 주체로서 위치지워질 필요가 있다. 교사들이 그들의 일, 즉 '가르치는 일'과 관련하여 이미 만들어진 지식을 단순히 소비하는 데에 머물지 않고 나름의 지식을 생성해내려는 노력을 게을리 하지 않을 때 그들은 비로소 학교교육 개혁을 위한 실질적인 주체로서 우뚝 설 수 있을 것이다.

아래의 추가적인 질문들에 대한 탐색은 이 장의 논의를 좀 더 구체적으로 발전시킬 수 있을 것이다.

심화질문

- 교사도 자신의 수업실제에 대한 지식을 생성할 수 있다고 볼 때, 교사들이 수업과 관련하여 생성해 낼 수 있는 지식으로는 어떤 것들이 있을 수 있는가?
- 교사들이 수업실제에 대한 지식을 생성하기 위해 구축한 학습공동체는 구체적으로 어떻게 운영될 수 있을 것인가?
- 교사가 학교교육 개혁을 위한 실질적인 주체가 되어야 한다는 말은, 수업에 임하는 교사에게 무엇을 기대하고 있는 것인가?

참고문헌

소경희 (2009). 교사학습(teacher learning) 이해를 위한 이론적 기초 탐색. **교육과정연구, 27**(3), 107-126.

소경희 (2012). 역량중심 교육을 위한 교육과정 설계 방안으로서 '과정-탐구' 모형 활용의 가능성과 의미 탐색. **교육과정연구, 30**(1), 59-79.

Britzman, D. (1991). *Practice makes practice: A critical study of learning to teach*. New York: State University of New York Press.

Carter, K. (1990). Teachers' knowledge and learning to teach. In W. Houston(Ed.), *Handbook of research on teacher education* (pp. 291-320). New York: Macmillan.

Cochran-Smith, M. & Lytle, S. (1999). Relationships of knowledge and practice: Teacher learning in communities. In A. Iran-Nejad & P. Pearson (Eds.), *Review of research in education* (pp. 249-306). Washington, DC: American Educational Research Association.

Cochran-Smith, M. & Lytle, S. (2009). *Inquiry as stance: Practitioner research in the next generation*. New York: Teachers College Press.

Fenstermacher, G. (1994). The knower and the known: The nature of knowledge in research on teaching. In L. Darling-Hammond (Ed.), *Review of research in education* (Vol. 20, pp. 3-56). Washington, DC: American Educational Research Association.

Freire, P. (1970). *Pedagogy of the oppressed*. New York: Sea-bury Press.

Reid, W. (1978). *Thinking about the curriculum: The nature and treatment of curriculum problems*. London: Routledge & Kegan Paul.

Schön, D. (1983). *The Reflective Practitioner: How professionals think in action*. New York: Basic Books.

Schön, D. (1987). *Educating the Reflective Practitioner: Toward a new design for teaching and learning in the professionals*. San Francisco: Jossey-Bass.

Stenhouse, L. (1975). *An introduction to curriculum research and development*. London: Heinemann.

CHAPTER_ 5

다양한 학습자 유형과 학습전략

교실에서 교사가 만날 수 있는 학생들은 천차만별하다. 학생들이 학습과 관련해서 서로 다른 강점과 약점들을 가지고 있음에도 불구하고 학교와 교실 상황에서 보다 선호되고 있는 학습자 유형이 있다. 분석적이고 논리적인 사고를 하는 학생, 교사의 말에 순응하고 학교에서 규칙을 잘 지키는 학생, 새롭고 특이한 생각보다 누구나 수긍하고 받아들일 수 있는 생각을 하는 학생, 학습동기가 충만한 학생, 책임감이 강하고 품행이 바른 학생 등 일반적으로 모범이 되는 이상적인 학생의 모습이 있다. 모든 학생들이 교사가 바라는 모범적인 학생들이면 더할 나위 없이 좋겠지만 교사가 만나는 학생들은 다양한 개성, 재능, 선호 경향, 가정 및 사회적 환경을 가지고 있고 예측 불가능하다.

어떤 아이는 자신이 관심 있는 것에 대해서는 호기심이 많고 열의가 높으며 적극적으로 참여하지만 그 외의 것에 대해서는 무관심하고 집중하지 못해 동료 학생들이나 교사에게 별로 환영 받지 못한다. 또한 어떤 아이는 매사에 자존감이 낮고 자신의 능력을 불신하며 무엇을 하고 싶어 하는 욕구도 없다. 한편, 무남독녀 외동딸로 태어나 부모님의 극진한 보호 속에서 그 부모가 딸의 학습과 학교생활에 극도로 간섭하고 관여함으로써 교사의 지도가 어려운 경우도 있다. 언어적, 물리적 폭력으로 동료 학생들과 교사 모두에게 위협을 느끼게 하고 불안감을 조성하는 아이도 있다.

이런 학생들은 부모와 교사가 생각하는 이상적인 학생의 모습이 아니다. 그러나 오늘날 교실과 학교에서 종종 만날 수 있는 학생들임에

문제 사례

김 교사는 중학교 초임 과학 교사다. 김 교사는 교사로서 이루고 싶은 꿈과 희망을 가득 안고 교직 생활을 시작하였지만 임용된 지 얼마 되지 않아 교육현장이 녹록하지 않음을 깨닫고 좌절과 불안을 느끼고 있다. 교실에는 너무나 다른 각양각색의 학생들이 있었기에 매일 이렇게 다른 유형의 학생들과 어떻게 하면 즐겁게 공부하고, 의사소통하고, 상호작용해야 하는지 고민하고 있다.

특히 신애(가명)는 여러 면에서 신경이 많이 쓰인다. 그는 누구보다도 창의적이다. 과학에 대한 관심과 호기심이 많고 수업시간에 이해가 안 되는 부분이 있으면 곧바로 찾아와 물어보고 적극적으로 자신의 생각과 의견을 피력한다. 그러나 신애는 수업시간에 주의력이 산만하고, 다른 교우들을 전혀 신경 쓰지 않고 질문하고 응답하기 때문에 수업 진행에 방해가 되고 진지한 교실 분위기를 해치고 있다. 다른 학생이 발표할 때 끼어들어 질문을 하거나 시시때때로 떠오르는 자신의 생각을 가감 없이 적극적으로 말하고 표현하지만 자신이 관심 있는 과학 외의 다른 과목 시간에는 엎드려 자거나 과학 책을 꺼내어 읽는 등 주변 사람들의 시선을 전혀 신경 쓰지 않는다. 번뜩이는 아이디어로 김 교사를 종종 놀라게 하지만 남을 의식하지 않는 독립적이면서도 자유로운 영혼을 가지고 있는 듯한 신애의 태도에 학생들의 원성과 부정적인 반응들이 나타나기 시작했다. 최근 들어 신애가 말을 할 때마다 학생들은 야유를 보내거나 은근히 따돌리기 일쑤다.

한편, 민호(가명)는 매사에 자신감과 의욕이 없고 무기력하게 보인다. 과학을 좋아하지 않는 학생들도 실험 수업을 할 때만큼은 재미있어 하고 집중하는데 민호는

는 틀림없다. 교사는 학생들이 동일한 모습을 가질 수 없음을 인정하고 이들의 천차만별한 개성과 특성들을 이해하면서 이에 적합하고 효과적인 학습 활동을 제공함으로써 최선의 학습 결과를 이끌어낼 수 있

실험 시간에도 멀리 다른 곳을 보고 있거나 다른 학생들이 옆에서 하는 것들을 말없이 지켜볼 뿐 언제나 묵묵부답이다. 수업 시작 전부터 엎드려 있거나 김 교사가 물어봐도 반응이 없고 수업 시간 내내 지루해하는 민호는 공부를 포기하고 때로는 인생을 아예 포기한 것 같은 생각마저 들게 만든다. 과제를 해오는 일도 없고 꿈이나 장래 희망을 물어봐도 모두 관심 없고 싫다는 반응뿐이다. 특별히 나쁜 행동을 하는 것도 아닌데 교무실에는 민호를 포기했다는 교사들이 많다. 민호가 무엇을 좋아하고 관심 있어 하는지 민호 자신을 포함해서 아무도 모르는 것 같다.

토론 질문

1. 신애처럼 자신이 관심 있어 하는 것에 대해서는 아이디어가 많고 열의가 넘치며 비상한 능력을 보이지만 학급에서 주의를 산만하게 하고 또래 친구들에게 따돌림을 당하고 환영 받지 못하는 학생들을 교사는 어떻게 대해야 하는가?
2. 창의적인 잠재성은 뛰어나지만 학업 성취 수준이 이에 미치지 못하는 학생을 만났을 때 교사는 학생의 재능계발을 위해서 어떻게 해야 하는가?
3. 민호가 자신의 능력을 긍정적으로 인식하고 자신감을 가지고 공부에 관심을 가질 수 있도록 하기 위해서 김 교사는 어떠한 노력을 기울여야 하는가?
4. 무기력한 학생들의 학습에 대한 흥미와 관심, 의욕을 높일 수 있는 방법에는 어떤 것이 있을까?

도록 노력해야 한다. 학생들의 재능이 계발 과정 중에 있음을 고려했을 때 이들이 개별적으로 가지고 있는 강점과 약점을 올바르게 이해하고 진단하는 것은 재능계발을 위해서 무엇보다도 중요하다. 이 장에서는 오늘날 교실에서 빈번하게 만날 수 있는 두 가지 학습자 유형을 살펴보며 이들을 도울 수 있는 방법을 찾아보자.

1. 창의성과 창의적인 학생

가. 창의성이란 무엇인가?

창의성은 학자들에 의해서 다양하게 정의되어 왔다. 창의성 연구의 대표적인 학자인 Torrance(1974)에 의하면, 창의성이란 갈등 상황에서 문제를 해결해야 할 때 문제를 인식하고 발견하고 해결하기 위해서 노력하는 과정 전체와 관련이 있다(이선영, 2014a, 2014b 재인용). Torrance는 창의성의 핵심 능력을 확산적 사고로 인식하고 유창성, 독창성, 유연성, 정교성을 이것의 하위 요소로 꼽는다. 유창성이란 아이디어가 많은 것, 독창성은 남들이 생각하지 못한 새롭고 기발한 것을 떠올리는 것, 유연성은 경직되지 않고 다양성을 인정하는 것, 정교성은 세부 사항들을 간과하지 않는 것을 지칭한다.

창의성은 오랜 기간 동안 확산적 사고능력과 매우 밀접한 개념으로 인식되어 왔지만 점차 개인이 가지고 있는 특성이나 능력만을 지칭하는 것이 아니라 사회, 문화적으로 부과되는 개념으로 이해되고 있다. 예를 들어, Plucker와 동료들(2004)은 창의성이란 특정한 사회에서 새롭고 유용하다고 인정받는 결과물을 만드는 개인과 집단에게서 보여지는 능력과 과정 간의 상호작용으로 정의하였다. 창의성이 독창적이고 독특한 것으로 사회적으로 적합하고 유용한 지식과 물건을 만들어내는 능력으로 이해되면서 개인적 차원에서뿐만 아니라 사회적 차원에서의 창의성에 대한 관심이 높아졌다. 뿐만 아니라 창의성을 인간의 특별한 생존 능력으로 인식한 학자들은 창의성이 근본적으로 가치를 포함하고 인간을 다른 개체와 구별해주는 특성이자 가장 인간답게 해주는 것이라고 주장한다. 이는 창의성이 개인적인 특성일 뿐만 아니라 사회적 가치와 체계가 이것의 성격을 규정한다고 보는 것으로 창의성을 사회적 체계의 산물로 이해하는 관점과 일맥상통한다.

나. 창의적인 학생들은 누구인가?

창의적인 학생들은 확산적 사고 능력이 뛰어나다. 확산적 사고 능력이란 자유롭게 상상력을 발휘하면서 다양한 문제들을 해결하기 위해서 많은 생각과 아이디어를 생성해 내는 능력을 가리킨다. 확산적 사고 능력이 뛰어난 학생들은 많은 양의 아이디어를 만들어낼 수 있고, 남들이 생각하지 못한 새롭고 독특한 생각을 하며, 경직되지 않고 가변적인 사고 양식을 보이고, 정보와 지식 등을 보다 구체적이고 정교하게 만들어가는 능력을 가지고 있다. 따라서 창의적인 학생들은 확산적 사고를 통해서 문제에 대해서 가능한 많은 해결책을 제시하고 독창적이면서도 문제 상황에 적합한 구체적인 해결책을 제시하는 경향이 있다.

창의적인 학생들의 사고 과정에서 주목할 만한 특성은 넓은 범위의 주의력 체계를 가지고 있다는 점이다. 주의력 체계가 넓은 사람들은 기대하지 않은 단서를 더 많이 포착한다. 창의적인 학생들은 주의력 체계가 넓기 때문에 새로운 정보를 보다 쉽게 받아들이고 이것을 자신이 기존에 가지고 있던 개념 체계 속으로 구조화시킴으로써 문제를 해결하는 과정에서 주변 단서들을 쉽게 활용할 수 있다. 창의적인 문제해결을 위해서는 소수의 핵심 자극보다 다수의 주변 자극들을 광범위하게 활용하는 것이 중요하다. 주의를 기울이는 범위가 넓어 주변 자극을 차단하지 못하는 학생들의 경우, 종종 주의력이 산만하거나 집중력이 떨어지는 것으로 보일 수 있지만 이들의 머리 속에 다양한 생각들이 연결망을 형성하면서 독창적이고 상황에 적합한 해결책을 찾아가고 있음을 잊지 말기로 하자.

창의적인 학생들의 성격 특성을 이해하는 것은 창의성 교육을 시작하는 데 매우 중요하다. 창의적인 학생들은 호기심이 많고 독립적이며 열정적이면서 위험을 감수하는 모험심이 강하다. 이들은 자신이 잘하는 것에 대해서는 극도의 몰입과 자신감을 보이지만 자신의 관심 밖 영역에 대해서는 무관심하고 집중하지 못하며 심지어 이를 거부하고 나태해지는 모습까지 보이기도 한다. 창의적인 사람들은 종종 양립할 수 없을 것 같은 반대되는 성격 특성들을 동시에 가지고 있다. 가령, 외향적이면서 내향적이고, 영리하지만 아이처럼 극도로 순진무구하기도 하며 에너지가 넘치지만 혼자 있기를 좋아하는 성향을 보인다. 풍부한 상상력, 탁월한 문제해결 능력, 자율과 독립에 대한 강한 욕구 등은 창의적인 학생들에게서 나타나는 또 다른 성격 특성들이다.

창의적인 학생들은 교사와 학교에서 환영받지 못하는 성격 특성들을 가지고 있기도 하다. 관습, 규칙, 법규에 대한 무관심과 저항, 완고함, 권위와 통제에 대한 반감, 자기중심적 성향, 비협조적, 변덕스러움, 냉소적, 사소한 것에 대한 무관심 등이 그 대표적인 특성들이다.

이 밖에도 공격성과 타인에 대한 무관심, 정서적 민감성과 극도의 흥분성이 창의적인 학생들이 보일 수 있는 부정적인 특성들이다.

위에서 살펴본 것처럼 창의적인 학생들이 보이는 다양한 성격 특성들은 이들을 종종 힘들고, 까다롭고, 교사와 학교의 권위에 도전하고 자기 멋대로 행동하는 학생들로 인식하게 한다. 예를 들어, 많은 교사들은 창의적인 학생들의 과도한 에너지와 열정, 산만하고 민감한 성향을 주의력결핍 과다행동장애(Attention Deficit Hyperactivity Disorder: ADHD)로 간주하는 경향이 있다. 창의적인 학생들 중 다수가 한 가지 과제에 집중하지 못하고 충동적이며 에너지가 넘치고 때로는 과도하게 흥분하면서 자신의 의지대로만 행동하려는 성향을 보이기 때문에 ADHD 증상을 보이는 아동과 유사하게 보일 수 있다. 그러나 창의성이 높은 아동이 반드시 ADHD 증상을 가지고 있는 것은 아니며, 반대로 ADHD 성향을 보이는 아동이 언제나 창의적인 아동은 아니기에 창의성 교육에 앞서 창의성과 ADHD 개념에 대한 올바른 이해와 구분이 선행되어야 한다.

다. 창의적인 학생들을 어떻게 가르쳐야 할까?

신애와 같이 창의적인 학생들은 확산적(발산적)으로 사고하는 데는 뛰어나지만 이를 수렴하고 종합하는 데는 종종 어려움을 겪는다. 자신의 관심 분야 밖의 교과목에 대해서는 흥미가 없고 주의력이 산만하여 수업 시간에 집중하지 못하고 호기심이 많아 끊임없이 질문하고 교사의 말에 순응하기보다는 자신의 생각을 고집하는 성향이 있어, 많은 경우 낮은 수준의 학업 성취를 보인다. 독특하고 기발한 아이디어와 사고력으로 뛰어난 업적과 수행을 보일 수도 있지만 자율적이고 독립적이며 법이나 규칙, 전통, 권위 등에 순응하지 않고 자기중심적이며 독단적인 성향을 보일 수 있기에 교사나 친구들과의 관계 형성과 유지에 어려움을 겪고 학교에서 갈등을 유발하는 경우가 많다. 따라서 교사는 창의적인 학생들이 가지고 있는 인지적, 학문적, 정의적, 사회적 강점들을 극대화시키는 동시에 단점들을 극복할 수 있는 학습전략들을 가르쳐주고 이를 수업 시간에 활용해 볼 수 있는 방안들을 강구해야 한다. 창의적인 학생들의 학습 증진에 효과적인 몇 가지 학습 전략들을 살펴보기로 하자.

'유의미 학습'이란 새로운 정보를 기존에 가지고 있는 정보들 중 유사하거나 관련 있는 것들과 연결시켜 저장하게 함으로써 이후 필요한 정보의 인출을 용이하게 하는 학습으로 반복적인 시연보다는 '이해'를 강조한다. 창의적인 학생들은 반복적 시연에 쉽게 지루함을 느끼고 이에 벗어나려는 성향을 보이기에 교사는 단순한 시연이 아닌 이해의 과정으로 수업을 구성해야 한다. 학생들로 하여금 자신이 가지고 있는 기존 지식을 활성화하여 수업에 적용하게 하거나 학생들의 이해를 돕는 동영상이나 음악, 이미지 등을 적극적으로 활용하는 것도 유의미 학습을 촉진하는 데 도움이 된다.

창의적인 학생들에게 '생성효과(generation effect)'를 조장하는 학습 전략을 가르치는 것도 중요하다. '생성효과'란 학생 스스로 무언가를 구성하여 학습함으로써 얻게 되는 교육적 효과를 일컫는다. 교사는 수업 중에 자신이 가르친 내용을 학생들이 그대로 따라서 필기하고 기억하면서 배우게 하기보다는 재미있고 유의미한 활동을 통해서 학생 스스로 내용을 구성하고 학습할 수 있게 해야 한다. 새로운 아이디어와 개념 등을 공부할 때 학생이 주도적으로 지식과 정보를 정교화시키고

통합하며 재정의하는 과정을 경험할 때 학습 내용을 보다 오랫동안 지속적으로 기억해 낼 수 있다는 것을 명심해야 한다.

'개념지도'는 상이한 개념이나 아이디어들이 어떻게 연결되어 있는지 선이나 단어, 문구 등을 사용해서 구체적으로 표현해 내는 학습법이다. 일반적으로 학습에 대한 이해 정도가 높아질수록 개념지도가 복잡해지고 확장되는 경향이 있다. 개념지도는 창의적인 학생들의 확산적 사고과정을 구체적으로 조직화시키고 이를 바탕으로 문제 해결에 필요한 지식과 정보를 종합하고 수렴시키는 데에 유용한 도구로 활용할 수 있다.

'실행'이란 실제로 수행하면서 경험하고 배우는 것을 지칭한다. 창의적인 학생들로 하여금 교실이나 주어진 학습 환경에서 벗어나 실제로 움직이고 느끼고 공감하면서 체험하는 과정을 통해서 배우게 할 때 보다 효과적일 수 있다. 실행 중 일어나는 역동적인 신체 활동은 학습 내용을 장기적으로 저장하고 기억하는 데에 도움이 된다.

'협동학습'은 창의적인 학생들이 좋아하지 않거나 어려워할 수 있는 학습 전략의 하나이다. 그러나 두 명이 짝을 이루어 한 명이 문제를 해결하고 다른 한 명은 문제해결 과정을 점검하는 방식의 협동학습은 학생들 간의 활발한 상호작용을 통해서 상대방에 대한 이해와 수용뿐만 아니라 혼자서 해결할 수 없는 복잡한 문제들을 풀어내는 데 효과적이다. 협동학습은 창의적인 학생들의 독립적, 개인주의적 성향을 완화시킬 뿐만 아니라 교우들과의 의사소통 기회를 제공함으로써 또래 친구관계 형성에도 긍정적인 영향을 미칠 수 있다. 원만한 또래관계의 형성은 학습에 보다 몰입할 수 있게 되는 계기가 되고 학교생활을 무리 없이 수행해나가는 데에도 도움이 된다.

창의적인 학생들은 학교 학습과 협업을 필요로 하는 상황에서 갈등을 일으킬 수 있기 때문에 원활한 대인관계 형성에 필요한 의사소통 기술을 배우는 것이 필요하다. '의사소통기술'은 타인에 대한 이해와 수용의 폭을 넓혀주고 협동 의식을 고취시키는 데 효과적이며 경청하기와 공감하기를 주요 활동으로 포함하고 있다. 경청하기는 의사소통에서 가장 기본이 되는 요소이다. 창의적인 학생들에게 (1) 눈을 맞추고 정중한 태도로 친구들의 이야기를 듣기, (2) 친구들의 입장에서 상황과 어려움을 이해하며 이야기 듣기, (3) 친구들의 감정을 확인하면서 이야기 듣기, (4) 친구들의 감정에 대한 이유 듣기의 방식으로 경청하는 방법을 가르치고 이를 반복적으로 연습하게 하는 것이 중요하다. 공감하기란 타인의 감정을 이해하고 이를 수용하는 것이다. 친구들의 이야기에 고개를 끄덕이며 들어주기, 친구들의 상황을 이해하고 감정을 이입해보기, 공감을 나타내주는 말과 표정을 지어보기 등의 방식으로 창의적인 학생들의 공감 능력을 조장해보는 수업 활동들을 구성해보는 것도 필요하다.

2. 학습된 무기력과 무기력한 학생

'학습된 무기력'은 개인적인 실패 경험, 대인관계 문제, 건강 악화 등 부정적인 사건들이 누적되어 이후에 일어날 사건과 그것의 원인에 대해서 매우 수동적이고 무기력하게 인식하고 행동하는 경향을 가리킨다. 더불어 실패를 자신의 능력 부족으로 인식하고 자신의 실제 행동과 행동으로 나타나는 결과 간에 연관성이 없다고 인식하기 때문에 무기력감이 안정적이고 지속적으로 나타난다. 따라서 학습된 무기력에 빠진 학습자는 만성적인 동기 및 자신감 저하를 보이고 매사에 수동적이고 부정적이며 만성적인 불안과 우울증 등 정서적 어려움을 호소하는 경우가 많다. 학습된 무기력은 동기, 귀인, 자기 효능감과 밀접하게 연관되어 있다. 이들 개념에 대해서 간략히 살펴보도록 하자.

'동기(motivation)'란 행동을 유발시키고 지속시키며 목표를 향해 나아가도록 하게 하는 힘이다. 특히 '학습동기'란 학습활동을 긍정적으로 인식하고 이에 적극적으로 참여함으로써 무언가를 이루고자 하는 마음 상태를 가리킨다. 다수의 연구들을 통해서 학습동기와 학업성취 간에 높은 상관관계가 있는 것으로 나타났다. 학습 동기는 외재적 동기와 내재적 동기로 구분된다. 공부와 관련해서 외재적 동기를 가지고 있는 학생들의 경우, 공부하는 것을 최종 목표를 달성하기 위한 수단으로 여기지만, 내재적 동기를 가지고 있는 학생들은 공부하는 것 자체를 즐거워하고 그것을 최종 목표로 삼는다. 외재적 동기와 내재적 동기는 오랜 시간 동안 상호 독립적인 것으로 간주되어 왔고 많은 연구들을 통해서 내재적 동기가 높은 학생들이 외재적 동기가 높은 학생들보다 뛰어난 성취를 보인다고 밝혀졌다.

학생들의 학습동기 유형(예: 외재적 혹은 내재적)이나 그 동기의 높고 낮음의 수준보다 심각한 문제는 공부에 대한 의욕 자체가 없는 경우다. 외적인 보상이나 처벌, 부모나 교사의 압력에 의한 강제된 학업, 누적된 실패 경험과 잘못된 귀인 등으로 학습에 대한 흥미나 관심, 의욕, 목표, 그리고 자신감을 상실한 경우 학생들은 학습에 대한 동기 자체가 없는 무동기 상태의 무기력한 학습자가 되어버릴 수 있다. 무기력한 학생들은 학습뿐만 아니라 생활 전반에 걸쳐 무기력 상태에 빠질 수 있기에 교사의 각별한 주의가 필요하다.

학습자는 성공이나 실패를 경험했을 때 그것의 이유를 여러 요인들에서 찾는데, 능력, 노력, 난이도, 학습 분위기, 건강, 운 등이 대표적인 귀인 요인이다. '귀인(attribution)'은 책임 소재, 안정성, 통제 가능성이라는 세 가지 차원으로 설명할 수 있다. 책임 소재는 원인이 어디에 있는가에 관한 것으로 가령, 능력과 노력은 학습자 안에 있는 요인들이고, 과제의 어려움, 열악한 학습 분위기, 운 등은 학습자 밖의 요인들이다. 안정성은 노력이나 운처럼 변하는 불안정적인 것과 능력처럼 변하지 않는 안정적인 것으로 구분된다. 통제 가능성은 원인을 개인적으로 통제할 수 있는지에 관한 것으로, 통제 가능성과 불가능성, 이 두 가지로 나뉜다. 실패의 원인을 노력으로 귀인하는 경우 노력은 통제 가능한 것이지만, 과제의 어려움이나 운으로 귀인하는 경우 이것은 통제 불가능한 것으로 보인다. 학습자가 부정적인 일에 대해서 습관적으로 내적이고 안정적인 것으로 귀인하는 경우, 극도로 낮은 수준의 자아개념과 자존감, 그리고 낮은 수준의 의욕과 열정을 보이는 무기력한 학습자가 될 수 있다.

'자기효능감(self-efficacy)'은 과제를 수행할 때 필요한 일련의 행동들을 구성하고 완수해내는 자신의 능력에 대한 믿음이다. 일반적으로 자기 효능감이 높은 학생들은 도전적인 과제를 좋아하고 도전감을 느낄수록 더 많은 노력을 기울이며 인내심을 가지고 끝까지 과제를 수행하고 자신이 반드시 성공할 것이라고 믿는다. 뿐만 아니라 실패의 상황에서도 스트레스와 불안을 조절하고 이에 적절히 대처할 수 있는 기술과 전략을 사용할 수 있다. 그리하여 이들은 자기 효능감이 낮은 학생들보다 높은 수준의 학업 수행을 보인다. 반면, 자기효능감이 낮은 학생들은 도전적인 과제를 회피하고 목표를 달성할 수 없다는 생각이 들면 쉽게 포기하며 실패 상황에서 스트레스를 많이 받고 극도로 불안감을 느낀다. 이들은 학습에 도움이 되는 효과적인 전략들을 적절히 사용할 줄 모르고 전반적으로 자신이 무능하다고 생각하는 경향이 있다.

자기효능감은 과거의 성과 경험, 모델관찰, 언어적 설득, 생리 및 심리상태 등의 영향을 받는데, 이들 중 유사한 과제에 대한 과거의 성과 경험이 가장 많은 영향을 미친다. 언어적 설득 효과는 제한적이지만 교사처럼 중요한 사람의 격려는 학생들의 자기효능감을 높이는 데 효과적이다. 피로감과 배고픔 등의 생리적 요소는 과제와 직접적인 연관이 없음에도 불구하고 자기 효능감에 부정적인 영향을 미치며, 걱정과 불안, 우울 등의 심리적 상태도 과제 집중력을 떨어뜨리고 자기효능감을 저하시키는 요인이 된다.

앞의 문제사례에서 제시된 민호와 같은 무기력한 학생들은 일반적으로 자기 효능감이 낮다. 이들은 학교에서 친구들과 교사로부터 소외감을 느끼고 가정에서도 충분한 관심과 사랑을 받지 못하는 경우가 많다. 학교에서 누적된 지속적인 실패 경험과 가정에서의 무관심과 소외감은 학습에 대한 효능감뿐만 아니라 전반적인 자기효능감에도 부정적인 영향을 미친다.

가. 무기력한 학생들을 어떻게 가르쳐야 할까?

무기력한 학생들의 가장 큰 문제점은 학습동기와 자기효능감이 낮다는 것이다. 교사는 무기력 학생들이 학습에 대한 동기와 자신감, 성취감을 경험할 수 있는 학습전략들을 고안하고 이를 효과적으로 사용할 수 있도록 도와줘야 한다. 학습에 대한 흥미와 관심, 자신감을 갖게 하고 학습을 지속시키는 데 도움이 되는 대표적인 학습전략으로 외적, 내적 강화물의 활용과 모델링이 있다.

학습동기가 낮은 학생들에게 외적 강화물은 긍정적인 행동을 유발시킬 수 있다. 외적 강화물에는 물질적인 보상, 칭찬, 격려 등이 있으며 학생들에게 이를 단기적으로 제공하여 활용하는 것이 필요하다. 무기력한 학생들을 위해서 교사가 고려해 볼 수 있는 외적 강화물에는 토큰 경제와 긍정적인 메시지가 있다.

첫째, '토큰 경제기법'이란 교실에서 바람직한 행동을 했을 때 교사가 학생에게 토큰을 주는 것으로 학생 스스로 선택하였거나 교사가 선택한 물건이나 특권 등이 토큰으로 사용된다. 예를 들어, 무기력한 학생이 발표를 하거나 숙제를 해올 때, 지각을 하지 않을 때, 조별 활동을 잘 수행할 때 합의하에 만들어진 규칙과 보상에 따라 교사가 학생에게 스티커를 준다. 교사는 스티커를 10개 이상 모은 학생에게 상을 주거나 교실에서 자리를 바꿀 때 우선적으로 선택권을 주는 식으로 토큰 경제를 활용할 수 있다. 토큰은 효과적인 외적 강화물의 대표적인 예로 무기력한 학생들에게 학습활동에 참여할 수 있도록 하는 촉매제가 될 수 있다.

둘째, 교사가 제공하는 칭찬과 격려 등의 긍정적인 메시지는 무기력한 학생들에게 중요한 의미를 가진다. 교사는 학생이 잘한 것에 대해서 구체적으로 언급하면서 칭찬하고 격려하며 학생의 손을 잡아주거나 어깨를 다독이면서 신뢰와 정서적 지지를 보여줄 수 있다. 이것은 무기력한 학생들의 자신감과 자존감을 높일 것이다. 교사의 학생에 대한 긍정적인 메시지는 지속적이면서 일관성이 있어야 효과적이다.

'내적 강화물'은 행동을 유발하고 촉진시키는 긍정적인 감정을 가리킨다. 과제 수행 후에 느끼는 안도감, 만족감, 기쁨, 쾌감, 지적 성취감 등이 대표적인 예이다. 일반적으로 내적 강화물은 외적 강화물보다 학습동기를 유발, 지속, 촉진시키는 데 효과적이다. 무기력한 학생들의 학습에 대한 흥미와 관심을 유발하기 위해 우선적으로 고려할 수 있는 내적 강화물로 성공 경험이 있다. 교사는 학생들이 학교에서 많은 성공 경험을 가질 수 있도록 도와줘야 하며 이를 위해서 학생들의 수준을 고려한 구체적인 수업 목표를 세우고 이들이 가지고 있는 선행 지식을 충분히 활용할 수 있는 방안을 강구해야 한다. 예를 들어, 조별 과제 수행 시 성공 경험을 조장할 수 있도록 구성원들을 구성하고 자료를 충분히 제공한다거나 게임기반 학습을 통해서 공부하는 과정이 재미있을 수 있음을 깨닫게 하는 방법이 있다. 연구결과, 교육용 컴퓨터 게임이 학생들의 학습에 대한 자신감 회복과 성취 욕구를 증가시키는 것으로 나타났다. 그러므로 게임기반 학습이 무기력한 학생들의 동기를 증진시킬 수 있도록 다양한 방법을 강구하는 것이 필요하다. '귀인재훈련' 프로그램을 통해서도 성공과 실패의 경험에 대해서 적절하게 귀인하게 함으로써 자기효능감을 높이고 내적 동기를 높일 수 있다. 무기력한 학생들의 경우, 성공했을 때 이를 자신의 능력과 잠재력처럼 내적이고 안정적인 요인의 결과로 인식하게 함으로써 이후에도 성공할 수 있음을 스스로 믿고 예측할 수 있도록 독려해야 한다. 반대로 실패했을 경우, 잘못된 목표 설정, 노력 부족 등 변화와 개선, 통제 가능성이 있는 요인들로 귀인시킴으로써 실패 경험에서 벗어나 발전 가능성을 모색할 수 있도록 해야 한다.

무기력한 학생들에게는 종종 성공한 모델의 부재나 실패한 사람에 대한 모델링이 나타난다. 모델링(modeling)은 자기효능감을 증진시키는 대표적인 전략으로 특히 '대처모델(coping model)'과 교사의 '신념 모델링(belief modeling)'은 학습에 대한 무기력을 해결하는 데 효과적이다.

학생들은 자신과 유사한 좌절과 어려움을 경험한 또래 친구가 그것을 점진적으로 극복하면서 과업을 성공적으로 완수해 내는 모습을 보면서 성공의 과정이 누구에게나 쉽지 않음을 간접적으로 배우게 되고 과업에 대한 인내심과 성취를 위한 노력의 필요성을 깨달을 수 있다. 뿐만 아니라 성취한 모델과는 달리 또래 모델은 노력하는 과정 자체를 점진적으로 보여주기 때문에 학습에 필요한 세부 정보와 전략을 제공해 준다. 무기력한 학생이 공감할 수 있는 또래 친구는 '대처모델'의 대표적인 예이다. 교사는 무기력한 학생들이 공감할 수 있는 대처모델을 찾아 이들이 어떻게 좌절과 어려움, 장애와 실패를 극복했는지 보여주고 이것이 학생들의 학습에 긍정적인 동기로 작용할 수 있도록 노력해야 한다.

교사의 신념과 발전하는 교사의 모습 자체도 무기력한 학생들에게 모델링의 주요 대상이 될 수 있다. 교사가 자신의 지속적인 성장을 위해서 끊임없이 노력하고 발전하는 모습을 보이는 것은 학생들의 학습 태도와 동기에 긍정적인 영향을 미친다. 교사의 귀인방식과 지능과 능력에 대한 관점 역시 학생들의 학습 동기와 귀인에 많은 영향을 미치는 것으로 나타났다.

3. 나가며

이 장에서는 창의적인 학생과 무기력한 학생의 모습을 통해서 교사, 특히 초임 교사가 경험할 수 있는 어려움과 갈등 상황을 제시해 보았다. 앞의 문제 사례에서 제시된 창의적인 신애와 무기력한 민호, 이들은 현재 학생들의 다수를 차지하는 유형이라고 볼 수는 없지만 주변에서 쉽게 만날 수 있고 앞으로 더 자주 만날 수 있는 학습자 유형이다. 각각의 유형은 창의성, 학습된 무기력과 동기처럼 학교뿐만 아니라 사회적으로 중요한 이슈가 되고 있는 개념과 문제들을 포함하고 있다. 학습자는 나름대로 학습 상황에서 구별되는 강점과 약점들을 가지고 있기에 교사는 먼저 이들의 욕구와 특성을 올바르게 이해하고 진단한 뒤 이들의 강점을 최대한 끌어내 주고 약점을 보완할 수 있는 학습 방안들을 제시해 주어야 한다. 전통적으로 학습에 대한 이론과 실천은 교육학, 특히 교육심리학 분야에서 매우 중요한 부분을 차지해 왔다. 이 장은 교사, 특히 교직 생활을 시작한 지 얼마 되지 않은 초임 교사들에게 도움이 될 만한 내용의 학습자 유형과 학습증진 전략들을 선정하여 제시하였기에 일반 교육심리학 교재에서처럼 관련 주제들을 상세히 다루지는 못하였다.

교사는 매일 다양한 유형의 학생들을 만나고 누구보다도 이들의 학습을 증진시키기 위해서 고민한다. 하루가 다르게 역동적으로 급변하는 현대 사회는 예전과는 다른 유형의 학습자와 인재상을 요구하고 있다. 수학, 과학영재, 창의적인 사람, 인성을 갖춘 사람, 융합 인재 등 교육을 통해서 육성해야 하는 인물상은 단기간에 쉼 없이 변해왔다. 교육에서 그리고 사회에서 이상적으로 간주하고 추구하고 있는 학생 혹은 학습자의 모습이 너무나 명백하게 제시되고 부각되고 있는 지금, 우리는 개별 학생들이 가지고 있는 개성과 특성, 잠재적 능력과 재능을 무시한 채 모범적인 것으로 인정받는 학습자의 모습만을 닮아가려 하고 있다. 뿐만 아니라 이들을 위한 맞춤형 교육이 최선인 것으로 믿고 있다. 우리는 정작 교실에서 만나는 다양한 학습자 군(群)에 대해서 얼마나 알고 있는가? 개성 있는 학습자의 잠재적인 능력을 알아보고 끄집어내주고 이를 발판으로 자신의 재능과 끼를 마음껏 발휘할 수 있도록 독려해주는 교육이 학습자 중심교육이자 행복교육이며 미래교육의 지향점이 아닐까?

본 장에서는 다루지 않았지만 학교에서 만날 수 있는 또 다른 유형의 학습자들이 있을 수 있다. 아래 질문을 중심으로 교사로서 이들을 도울 수 있는 방법에 대해 함께 논의해 보고 탐색해 보자.

심화질문

- 부모의 자녀교육에 대한 관여와 간섭이 심한 학생의 경우, 학생 스스로 의사결정을 하고 자기주도적으로 학습할 수 있는 힘을 기를 수 있게 하기 위해서 교사는 어떻게 해야 하는가?
- 언어적, 물리적 폭력 성향을 보이는 학생들이 폭력적인 언행을 하는 이유는 무엇일까? 체벌이 금지된 현재의 교육상황에서 교사가 학생들의 폭력성을 줄이고 학습능력을 높일 수 있는 방법은 무엇이 있을까?

참고문헌

이선영 (2014a). 창의성 계발과 교육을 위한 이론적 모형 탐색. **교육심리연구, 28**(2), 353-369.

이선영 (2014b). 영재성과 창의성 개념간의 관계를 통해서 본 영재성과 창의성: 동질적인 개념인가? 이질적인 개념인가? **영재와 영재교육, 12**(1), 107-127.

Csikszentmihalyi, M. (1996). *Creativity: Flow and the psychology of discovery and invention*. New York, NY: Harper Collins

Davis, G. S, Rimm, S. B., & Siegle, D. (2011). Education of the gifted and talented (6th ed). New York: Pearson.

Eggen, P., & Kauchak, D. (2013). *Educational psychology: Window sonclassrooms* (9th ed.). Upper SaddleRiver, NJ: Pearson.

Ormrod, J. E. (2014). *Educational psychology: Developinglearners* (8thed.). Upper Saddle River, NJ: Pearson.

Pintrich, P. R., & Schunk, D. H. (2002). Motivation in education: Theory, research, and applications (2nd ed.). Englewood Cliffs, NJ: Prentice-Hall.

Plucker, J. A., Beghetto, R. A., & Dow, G. T. (2004). Why isn't creativity more important to educational psychologists? Potential, pitfalls, and future directions in creativity research. *Educational Psychologist, 39*, 83-96.

Torrance, E. P. (1974). *The Torrance Tests of Creative Thinking : Technical- norms manual*: Bensenville, IL: Scholastic Testing Services.

CHAPTER_ 6

잘 가르치는 방법

교육적 만남 속에서 많은 교사가 “어떻게 하면 더 잘 가르칠 수 있을까?”를 고민한다. 이 질문에 답하기 위해서 자발적으로 수업연구에 참여하기도 하고, 대학원에 진학하기도 하며, 인터넷을 통해 다른 교사와 유용한 정보를 공유하기도 한다. 교육부도 우수한 교수방법과 학습 자료의 확산을 위해서 정기적으로 교원연수를 실시하고, 인터넷을 통해 전국의 교사들이 서로 정보를 공유할 수 있도록 돕고 있다. 그러나 잘 가르치는 방법에 대해서 다양한 견해가 존재하고 교육목적과 상황에 따라서 교수법의 효과가 달라지기 때문에 최상의 교수법을 찾는 것은 쉬운 일이 아니다. 이 장에서는 잘 가르치는 방법에 관한 다양한 시각을 우수한 교사의 특성, 교수 · 학습활동, 학습의 결과 측면에서 논의하고자 한다. 먼저 다음 사례를 읽고 사전지식 수준이 다양한 학생들이 한 교실에 있을 때 어떻게 하면 잘 가르칠 수 있을 것인가에 대해 생각해 보자.

문제 사례

고등학교에서 근무하고 있는 김 교사는 2년 차 화학교사이다. 김 교사는 복도를 지나가다가 우연히 어떤 학생이 "화학은 너무 어려워. 외워야 하는 공식들이 너무 많아. 화학은 포기했어."라고 말하는 것을 들었다. 김 교사는 평소 자신이 고등학생 시절에 배웠던 방식으로 수업시간에 화학 개념과 원리를 설명하였는데, 예상과 달리 자신의 설명을 잘 이해하지 못하는 학생이 많았다. 특히, 몇몇 학생들은 중학교에서 배우는 매우 기초적인 개념조차 이해하지 못하였다. 이 학생들은 종종 수업시간에 책상에 엎드려서 잠을 자거나 딴짓을 했다. 김 교사는 자신이 잘 못 가르치는 것 같아서 죄책감이 들었고, "이 학교 학생들의 수준이 내가 고등학교 다닐 때보다 낮은 것 같은데, 더 쉽게 가르쳐야 하나?"라고 생각했다.

그러나 이런 생각은 오래가지 못했다. 수업을 끝마치고 교실을 나가려고 하는데 한 학생이 "선생님, 이번 달 시험 범위의 내용을 다 배울 수 있을까요?"라고 질문을 하였다. 이 학생은 수업진도가 늦어져서 전국적으로 실시되는 모의고사에서 자신이 좋은 성적을 못 받을 것을 걱정하였다. 성적이 우수한 몇몇 학생들을 위해서는 기초적인 개념을 설명하기보다는 시험 범위 안에서 예상되는 문제를 어떻게 효율적으로 해결할 수 있는지 설명하는 것이 더 도움이 될 것이다. 마치 학원 강사나 과외교사가 학생의 시험성적을 올려주기 위해서 수업을 하는 것처럼 말이다.

김 교사는 이런 고민을 같은 학교에서 물리를 가르치고 있는 최 교사에게 털어놓았다. 최 교사는 15년의 교직경력이 있고 교육청에서 실시하는 교육자료전과 연구대회에서 여러 번 수상하였다. 최 교사는 학생들의 시험성적을 높이기 위해서

1. 잘 가르친다는 것의 의미는 무엇인가?

잘 가르치는 것은 교사의 주요한 책무 중의 하나이다. 위 사례에 나

노력하기보다는 학생들이 과학의 원리를 이해하고 실생활에 적용할 수 있도록 수업을 해보라고 조언을 하였다. 만약 학생들이 시험성적을 높이기 위해서 교과서의 내용을 기계적으로 외우기만 한다면, 과학원리를 스스로 탐구하는 능력을 키워줄 수도 없고 교과서에서 배운 내용이 실생활과 어떤 관련성이 있는지도 이해하기 어려울 것이다. 김 교사는 최 교사의 조언에 동의하면서도 한편으로는 학생들의 다양하고 현실적인 요구도 이해할 수 있었다. 만약 당신이 김 교사라면, 어떤 수업을 하겠는가?

토론질문

1. 잘 가르친다는 것의 의미는 무엇인가?
   가. 잘 가르치는 교사의 특성은 무엇인가?
   나. 효과적인 교수·학습을 위해서 수업시간에 무엇을 해야 하는가?
   다. 잘 가르치는지를 판단하기 위해서 무엇을 학습결과로 볼 것인가?

2. 사전지식 수준이 다양한 학생들을 잘 가르치는 방법은 무엇인가?
   가. 사전지식은 왜 중요한가?
   나. 다양한 학생을 위해 어떻게 맞춤형 교육을 할 수 있는가?

오는 김 교사는 누구보다 더 잘 가르치고 싶은 의욕이 넘치는 교사이다. 그렇기 때문에 수업시간에 학생들의 반응에 주의를 기울이고 경험이 많은 선배 교사에게 조언을 구하고 있다. 그 과정에서 학생들이 생각하는 잘 가르치는 것의 의미와 선배 교사가 말하는 잘 가르치는 것의 의미가 서로 다르다는 것을 발견한다. 잘 가르치는 것의 의미는 교사, 학교행정가, 학생, 학부모 간에 서로 다를 뿐만 아니라 교사들 간에도 종종 이견을 보인다. 예컨대, 교과 내용에 대해 풍부한 지식을 가지고 있는 교사가 잘 가르치는 교사라는 주장이 있는가 하면, 학생에 대한 애정과 관심이 우선되어야 한다는 관점도 있다. 또한, 학생에게 지식을 명료하게 잘 전달하는 것이 중요하다는 주장이 있는가 하면, 학생이 스스로 문제를 해결할 수 있도록 촉진하는 것이 교사의 주요한 역할이라는 시각도 있다. 특히, 무엇을 주요한 학습결과로 보는지에 따라서 잘 가르치는 것의 의미는 달라진다. 위 사례에서 보듯이, 시험 성적을 높이는 것과 과학적 탐구능력을 높이는 것 중에서 무엇을 학습결과로 보는지에 따라서 잘 가르치는 방법에 대한 판단은 달라질 것이다. 잘 가르치는 교사가 되기 위해서는 잘 가르치는 것에 대한 다양한 관점을 이해하고 비판적으로 성찰하는 것이 필요하다.

가. 잘 가르치는 교사의 특성은 무엇인가?

일반적으로 잘 가르치는 교사는 교과에 대한 풍부한 지식을 가지고 있고, 교과내용을 흥미롭고 이해하기 쉬운 방식으로 가르친다. 그런데, 단순히 내용지식을 많이 알고 있다고 해서 잘 가르치는 교사가 될 수 있을까? 앞에서 나온 사례에서 김 교사는 자신이 고등학생 시절에 배운 방식으로 수업을 하는데 왜 학생들이 그 내용을 잘 이해하지 못하는지 의문을 제기한다. 김 교사는 어떤 지식이 부족한 것일까?

만약 교사가 자신이 가르치는 교과에 대한 지식이 부족하다면 학생의 질문에 잘 응답하지 못할 것이다. 내용지식이 잘 가르치는 교사가 되기 위한 필요조건이긴 하지만, 많이 알고 있다고 해서 항상 잘 가르치는 것은 아니다. Shulman(1986)에 따르면, 잘 가르치는 교사가 되기 위해서는 교과의 내용에 대한 지식뿐만 아니라 그 내용을 학생에 대한 이해를 바탕으로 효과적으로 가르칠 수 있는 교수내용지식(pedagogical content knowledge)이 필요하다. 예컨대, 수학 시간에 정사각형의 한 변의 길이가 두 배로 증가하면 면적이 어떻게 변할지 예측하도록 했을 때 많은 초등학생들이 면적도 두 배로 증가할 것이라고 생각한다. 잘 가르치는 교사는 학생들이 왜 이러한 실수를 하는지 이해하고 오개념(misconception)을 변화시키기 위해서는 어떠한 예와 설명이 효과적인지에 대한 교수내용지식을 가지고 있어야 한다.

그리고 학생들의 인지적, 사회정서적 역량이 어떻게 발달하는지, 언제 학습이 잘 이루어지는지, 왜 학습에 대한 동기가 낮은지 등에 대한 이해가 필요하다. 학습은 밀리세컨드 단위로 두뇌에서 일어나는 활동이면서 동시에 몇 시간 단위로 개인이나 그룹 단위로 일어나기도 하고, 수년 혹은 수십 년에 걸쳐 학교와 사회 속에서 학습이 이루어진다. 또한, 인간의 학습과 발달은 일정한 규칙에 따라 선형적으로 이루어지는 것이 아니라 학생을 둘러싼 다양한 요소들이 서로 상호작용하면서 역동적으로 변화하는 특성을 가진다. 이처럼 복잡하고 역동적인 학습현상을 깊이 있게 이해하고 교육을 개선하기 위해서 최근에 학습과학(learning sciences)이라는 융복합연구 분야가 등장하였다. 학생이 수업 중에 겪는 다양한 어려움을 이해하고 개별 학생의 관심과 필요를 고려한 맞춤형 교육을 하기 위해서 교사가 학습과학 지식을 갖추는 것이 필요하다.

교사의 지적인 측면 이외에도 학생에 대한 높은 관심, 교육에 대한 열정, 낙천적 성격, 리더십, 공평성, 사명감 등이 잘 가르치는 교사의 특성에 포함된다. 잘 가르치는 교사는 지적으로 유능할 뿐만 아니라 인격적으로도 학생의 모범이 되어야 한다. 그런 이유에서 우리는 존지를 받거나 체벌을 심하게 하고 특정 학생을 편애하는 교사에게 잘 가르친다고 말하지 않는다. 교사의 인격적 측면 중에서도 교사의 지식과 학습에 대한 신념은 가르치는 방식과 밀접한 관련이 있다. 만약 교사가 학생이 스스로 지식을 구성한다는 인식론적 신념(epistemological belief)을 가진다면 학생 중심의 탐구활동을 촉진하기 위해 노력할 것이다. 반면에, 학생은 교사로부터 지식을 수동적으로 받아들인다는 신념을 가진 교사는 강의식 교수법을 더 선호할 것이다. 또한, 학생의 능력이 노력을 통해 변할 수 있다고 믿는 교사는 그렇지 않은 교사보다 교육격차를 줄이기 위해서 노력할 것이다. 학생의 능동적 참여와 고차적 사고를 촉진하는 교수 · 학습 활동이 저성취 학생에게도 효과적이라는 연구결과가 있지만, 많은 교사가 학습자 중심 교육은 저성취 학생에게 너무 어려워서 적합하지 않다고 생각한다. 이러한 교사의 신념은 학생을 변화시키는 힘이 있는데, 이를 피그말리온 효과(Pygmalion effect)라고 한다. 이 용어는 고대 그리스 시대에 피그말리온이라는 왕이 자신의 이상형을 처녀상으로 조각하고 사랑의 여신인 아프로디테에게 간절히 기도하였는데, 그 결과 조각상이 사람으로 변해 피그말리온과 결혼하여 행복하게 살았다는 신화에서 유래하였다. 마찬가지로, 교사가 학생의 실제 능력과 상관없이 학생에게 어떤 기대를 가지고 있는지에 따라서 학업성취도가 높아지거나 낮아질 수 있다. 이러한 현상을 자기 충족적 예언(self-fulfilling prophecy)이라고 부르기도 한다. 잘 가르치는 교사라면 학생의 개인적 특성이나 부모의 직업에 따라서 편견을 가지지 않고 모든 학생에게 높은 기대를 가지고 각자가 자신의 잠재력을 최대한 계발할 수 있도록 도와야 할 것이다.

나. 효과적인 교수 · 학습을 위해서 수업시간에 무엇을 해야 하는가?

잘 가르치는 교사는 그렇지 못한 교사와 다른 방식으로 수업을 준비하고, 학생을 가르치고, 교수 · 학습과정을 성찰할 것이다. 만약 앞에 나온 사례에서 초임교사인 김 교사와 15년의 교사경력을 가진 최 교사의 수업을 관찰한다면 어떠한 차이를 발견할 수 있을까? 비록 경력이 많다고 항상 잘 가르치는 것은 아니지만, 두 교사의 행동이나 학생들의 반응 속에서 차이를 발견할 수 있을 것이다. 수업 중에 교사는 교과내용을 설명하고, 학생에게 질문을 하고, 토론을 촉진하고, 학생의 수행에 대한 피드백을 제공하는 것과 같은 여러 가지 활동을 한다. 학생이나 동료교사로부터 잘 가르친다고 인정을 받는 교사의 활동을 면밀하게 관찰하여 그 공통점을 찾는다면, 잘 가르친다는 것이 어떤 교수활동을 지칭하는지 알 수 있을 것이다. 예컨대, 잘 가르치는 교사는 새로 배우는 내용과 학생이 사전에 알고 있는 내용을 잘 통합할 수 있도록 돕고, 학생의 눈높이에 맞게 구체적인 예와 비유를 사용해서 설명한다. 질문과 토론을 통해서 학생의 참여를 촉진하며, 학생의 과제수행에 대한 피드백을 적시에 제공한다. 또한, 수업 전에 가르칠 내용과 학생의 특성을 고려하여 교수 · 학습 자료를 체계적으로 준비하고, 수업 중에는 학생의 지식과 동기 수준을 고려하여 가르치는 방법을 적응적으로 수정하고, 수업 이후에도 어떤 점을 개선해야 할 것인지를 반성적으로 성찰할 것이다.

잘 가르치는 교사에 대한 관찰과 면담을 통해서뿐만 아니라 교수 · 학습 이론과 경험과학적 연구를 통해서 효과적인 교수 · 학습의 특성을 살펴볼 수 있다. 학습이 어떤 조건에서 더 효과적으로 이루어지는

지, 교수활동이 학습과 어떤 연관이 있는지에 대한 연구가 활발하게 이루어지고 있다. Gagné(1985)는 정보처리이론에 기반하여 학습을 위해 필요한 학습자의 내적 인지과정을 9단계로 제시하고 각 단계에 적합한 교수활동을 제시하였다. 효과적인 학습을 위해서 교사는 수업 초기에 (1) 학생의 주의를 획득하고, (2) 학습목표를 제시하며, (3) 선수학습내용을 상기시켜 주어야 한다. 이러한 교수활동을 통해서 학생은 수업내용에 대한 기대감을 형성하고 새로 학습할 내용과 사전지식을 통합할 수 있는 준비를 하게 된다. 그 다음으로, 교사는 본격적으로 학습목표에 맞게 (4) 학습내용을 제시하고, (5) 학습안내를 제공하며, (6) 배운 내용을 적용해서 과제를 수행하도록 하고, (7) 학생의 수행에 대해서 피드백을 제공한다. 이러한 과정을 통해서 학생은 새로 학습한 내용을 유의미하게 부호화하고 다른 지식과 통합하여 장기기억(long-term memory)에 저장한다. 수업을 마무리하는 단계에서는 학생이 학습목표를 달성했는지 (8) 수행평가를 실시하고, 학습내용을 오래 기억하고 다른 상황에도 적용할 수 있도록 (9) 파지와 전이를 촉진한다. 이러한 교수활동은 학생의 내적 인지과정과 잘 일치하기 때문에 지식이나 기술을 획득하고 태도를 변화시키는 데 효과적일 것이다.

그러나 Gagné가 제시한 9가지 수업사태는 교사가 학습내용을 잘 선정하고 조직하여 학생에게 전달하는 데 초점을 두고 있다는 점에서 학생의 자율성과 능동적 지식구성을 간과한 측면이 있다. 최근 교육계에서는 자기주도적 학습과 창의성에 관한 관심이 증대되고 있는데, Gagné의 9가지 수업상태에서는 학생이 스스로 학습을 계획하고 점검하며, 새로운 시각에서 문제를 정의하고 해결할 수 있는 기회가 매우 부족하다. 예컨대, 수학시간에 초등학생에게 두 자리 수 덧셈을 가르칠 때 교사가 어떻게 문제를 해결할 수 있는지 시범을 보이고 학생에게 그 절차를 따라 하게 할 수도 있고, 반대로 학생에게 친숙한 문제 상황을 주고 스스로 문제를 해결하도록 한 다음에 교사가 설명을 할 수도 있다. 전자를 교수자 주도 교육이라고 하고 후자를 학습자 중심 교육이라고 한다. 학습자 중심 교육에서 학생들은 더 다양한 방식으로 문제를 표상하고 능동적으로 해결방안을 탐색할 수 있다. 학생은 구슬을 하나씩 세어서 문제를 해결할 수도 있고, 수막대를 이용하여 10개씩 묶어 볼 수도 있고, 일의 자리에서 반올림을 하는 대신에 어떤 수를 더했다가 뺄 수도 있다(예: 17+8=17+3+8−3=25). 그 이외의 다양한 방식으로 문제에 접근할 수 있으며, 자신의 문제풀이 과정과 교사의 설명을 서로 비교해 볼 수 있다. 교사의 설명을 수동적으로 받아들이도록 하는 것보다는 학생이 스스로 생각할 수 있는 기회를 많이 주는 것이 학습내용을 오래 기억하고 깊이 이해하는 데 더 효과적일 수 있다.

Chi(2009)는 선행문헌을 검토하여 학습활동을 상호작용적(interactive), 구성적(constructive), 능동적(active), 수동적(passive) 활동으로 범주화하고 각 활동의 첫 글자를 이용해서 ICAP 모형을 제안하였다. 이 모형에 따르면, 상호작용적 활동에서 수동적 활동으로 갈수록 학습 효과가 점차 감소한다. 교사의 설명을 듣거나 동영상을 단순히 보고만 있다면 소극적인 학습이 이루어지는 것으로 볼 수 있다. 반면에, 능동적인 학습은 교사의 설명을 들으면서 노트 필기를 하거나, 밑줄을 긋거나, 이해하기 어려운 부분을 반복해서 읽는 것과 같이 학생의 활동이 함께 이루어질 때 나타난다. 학생이 칠판에 적혀 있는 주요 개념과 원리에 대한 설명을 노트에 필기하도록 하거나 과학실에서 교사가 시범을 보여주고 학생이 그 절차를 따라 하도록 하는 것은 능동적 학습을 촉진한다. 구성적 학습은 학생이 주어진 정보 이상의 지식을 스스로 만든다는 점에서 능동적 학습과 구별된다. 구성적 학습을 촉진하기 위해서 한 단원에서 학습한 여러 개념들 간의 관련성을 개념지도(concept map)를 이용하여 시각화하고, 두 개의 사례를 서로 비교하여 공통점과 차이점을 작성하고, 문제풀이 과정을 보면서 각 단계에 적용된 원리를 스스로 설명(self-explanation)하도록 할 수 있다. 구성적 활동을 통해서 새로 학습하는 내용을 기존 지식과 통합하고, 기존 지식을 더 정교화하고, 잘못 알고 있거나 불충분하게 알고 있는 내용을 확인할 수 있다. 마지막으로, 상호작용적 학습은 둘 이상의 사람이 동일한 주제에 관하여 서로 대화를 할 때 이루어진다. 교사는 토론과 협력적 문제해결을 통해서 학생들 간의 상호작용을 촉진할 수 있고, 일대일 지도를 통해서 학생의 질문에 답하거나 학생의 과제수행에 대한 피드백을 제공할 수 있다. 학생들은 혼자서 생각할 수 없었던 아이디어를 다른 학생 혹은 교사와의 상호작용을 통해서 생각해 낼 수 있고 자신의 관점에 반하는 주장과 근거를 고려할 수 있다는 점에서 상호작용 활동은 구성적 활동보다 학습에 더 효과적일 수 있다. 그러나 만약 두 사람 중의 한 사람만 일방적으로 이야기를 한다면 상호작용적 학습활동이라고 부르기 어려울 것이다.

학생의 구성적, 상호작용적 활동을 촉진하는 대표적인 교수모형으로 문제중심학습(problem-based learning)이 있다. 문제중심학습은 원래 의학교육 분야에서 지식전달 중심의 교육을 탈피하여 학생들이 실제적인 문제를 협력적으로 해결함으로써 환자를 진단하고 처방하는 능력을 향상시키기 위해서 고안되었다(Barrows & Tamblyn, 1980). 최근에는 문제중심학습이 의학교육을 넘어서 초·중등교육을 포함한 다양한 교육 분야에 적용되고 있다. 문제중심학습은 학생들이 일상생활이나 직장에서 직면할 수 있는 실제적이고 비구조화된 문제를 해결하는 과정으로 구성된다. 학생들은 소그룹별로 문제상황을 분석하여 구체적으로 문제를 정의하고 가설적인 해결책을 고안한다. 이 과정에서 문제해결을 위해서 더 알아야 하거나 이해가 부족한 부분을 학습과제로 정하고 조원들 간에 역할을 나누어 자기주도적으로 학습과제를 수행한다. 그리고 각자 학습한 내용을 소그룹에서 다른 학생들과 공유하고 문제를 다시 분석하여 추가적인 학습과제를 찾거나 새로운 해결안을 도출한다. 이러한 과정을 통해서 학습한 내용을 종합하고 최종 해결안을 도출한다. Gagné의 9가지 수업사태와 같은 강의식 교수법과 달리 문제중심학습에서 학생은 자신이 학습할 내용을 정하고, 자료를 검색하고, 수집된 자료를 조직하여 조원들과 공유하고, 협력적으로 문제상황을 이해하고 해결하는 데 능동적으로 참여한다. 교사는 이러한 학습활동이 효과적으로 이루어질 수 있도록 실제적인 문제를 준비하고, 관련 학습자료와 사례를 제공하고, 소그룹 활동을 촉진하고, 그룹 간에 해결안에 대해 피드백을 주는 역할을 수행한다.

문제중심학습은 학생의 구성적이고 상호작용적인 활동을 촉진한다는 점에서 효과적인 교수방법이라고 할 수 있다. 그러나 문제중심학습이 강의식 교수법보다 지식획득에 더 효과적인지에 대해서는 논란이 있다. 강의식 교수법에서는 교사가 문제해결 과정을 먼저 설명하고 학생은 그 예시에 따라서 새로운 문제를 해결하기 때문에 효율적인 문제해결이 가능하나, 문제중심학습에서는 학생이 스스로 문제를 정의하고 해결해야 하기 때문에 상대적으로 실패할 확률이 높고 다양한 해결안을 비교하고 점검하는 데 많은 시간이 소요된다. 이러한 주장은 Sweller(1988)를 비롯하여 인지부하이론(cognitive load theory)을 지지하는 연구자들에 의해서 제기되었다. 인지부하이론에 따르면, 사람이 정보를 처리할 때 작업기억(working memory)의 용량이 제한되어 있기 때문에 많은 양의 정보를 동시에 처리할 수 없다. 제한된 작업기억 용량을 효율적으로 사용하기 위해서는 지식획득과 직접적인 관련성이 적은 활동은 최소화해야 한다. 예컨대, 학습내용과 무관한 시각자료를 제시하거나, 시각자료가 관련 텍스트로부터 멀리 떨어져 있어서 주의가 분산되거나, 멀티미디어 자료에서 동일한 언어정보를 음성과 자막으로 동시에 제공하는 것은 학습과 무관한 외재적 인지부하를 증가시킨다. 마찬가지로 문제중심학습에서 문제의 해결안을 도출하기 위해서 많은 시행착오를 거치는 것은 불필요한 인지부하를 증가시키기 때문에 학습에 부정적인 영향을 미칠 수 있다.

인지부하이론이 일면 타당한 점이 있으나, 학생들이 실패로부터 배울 수 있다는 점을 간과하였다. Kapur(2008)는 문제중심학습에서 학생의 실패경험이 무의미하거나 불필요한 것이 아니라 학습과 전이에 매우 효과적이라는 것을 발견하였다. Kapur가 제안한 생산적 실패(productive failure) 모형에 따르면, 교사가 문제에 대한 설명을 하거나 관련 예시를 미리 제공하는 대신에 학생이 협력적으로 문제를 해결할 수 있도록 충분한 기회를 제공한 다음 학생들의 해결안을 종합하고 피드백을 제공하는 것이 학습내용을 깊이 이해하고 새로운 문제에 전이하는 데 더 효과적이다. 비록 학생들이 문제를 성공적으로 해결하지 못하더라도 문제를 해결하는 과정에서 다양한 방식으로 문제를 표상하고 해결방안을 탐색한다면, 자신의 실패로부터 더 많이 배울 수 있다. 그리고 학생들은 자신이 고안한 해결방안과 교사가 제시하는 해결방안을 비교함으로써 문제해결 과정에서 무엇이 중요하고 자신이 무엇을 생각하지 못했는지 깨달을 수 있다. 또한, 강의식 교수법에 비해서 문제중심학습은 학생들의 흥미와 내적 동기를 유발할 수 있다는 점에서 학습에 더 효과적일 수 있다. 학생들의 삶과 밀접한 관련성을 가지는 실제적인 문제를 사용하고 학생들이 자율적으로 문제를 탐색하고 해결할 수 있는 기회를 제공한다는 점에서 문제중심학습은 학생의 적극적 참여를 촉진한다. Schmidt와 Rotgans(2011)는 문제중심학습과 강의식 교수법에서 학습자의 상황흥미가 시간에 따라 어떻게 변하는지 조사하였는데, 문제중심학습에서 학생들의 상황흥미가 더 높게 유발되고 더 오랫동안 지속되는 것을 발견하였다.

다. 잘 가르치는지를 판단하기 위해서 무엇을 학습결과로 볼 것인가?

우리는 종종 학생의 학업성취도나 만족도를 보고 교사가 얼마나 잘 가르치는지를 판단한다. 앞에서 제시된 사례에서 김 교사가 학생의 시험성적을 걱정하는 것처럼 많은 교사가 학습의 결과에 관심을 가지고 있다. 대학입시가 끝나면 명문대학 입학을 축하하는 플래카드를 고등학교와 학원의 정문에서 쉽게 찾아볼 수 있다. 명문대학교에 많은 학생을 입학시키는 것이 학교와 학원의 자랑이 되는 것처럼 많은 학생을 상위권 대학에 입학시키는 교사가 잘 가르치는 교사로 인식된다. 이러한 경향은 공교육보다 사교육에서 더 심하게 나타나고 있으며, 학생의 시험성적을 높여 줄수록 강사의 인기가 더 높아진다.

학생의 학업성취를 향상시키는 것이 교수활동의 주요한 목표이기 때문에 학생의 시험성적을 향상시키는 교사가 잘 가르치는 교사라는 주장도 일면 타당하다. 그러나 교육의 효과가 다양하며, 장기적이고 점진적으로 나타날 수 있다는 점에서 시험성적을 가지고 교사를 평가하는 것은 부당한 면이 있다. 교사가 학생의 자아실현과 전인적 발달을 위해서 잘 가르쳤다고 하더라도 그 결과를 필기시험으로 타당하게 평가하기 어렵기 때문이다. 마찬가지로 창의융합적 사고를 객관적이고 타당하게 평가할 수 있는 방법이 대학입시에 반영되지 않는다면, 학생 중심의 융합교육을 중·고등학교에서 실행할 유인이 적을 것이다. 그리고 시험성적을 높이기 위한 방법 중에는 교육적으로 바람직하지 않은 경우도 있다. 예컨대, 지리수업에서 교사가 사구의 대표적인 기능들의 첫 글자를 이용해서 학생에게 "태희사지(태풍차단, 희귀생물, 사빈의 모래창고, 지하수)"를 외우게 했을 때 학생들은 객관식 시험에서 성적을 향상시킬 수는 있겠지만, 태안반도에 있는 사구에서 금개구리와 같은 희귀동물을 보더라도 자신이 학교에서 배운 지식을 떠올리기 어려울 것이다. 즉, 시험 성적을 높이기 위한 교수활동은 지식을 깊이 있게 이해하고 학교 밖에서 실제적인 문제를 해결하기 위해 필요한 역량을 향상시키는 데 한계가 있다.

무엇을 교육목표로 생각하는지에 따라서 잘 가르치는 것의 의미가 달라진다. 입시 위주의 학교교육을 비판하는 학자들은 종종 학생들이 학교에서 배운 지식을 학교 밖의 실제적인 상황 속에서 사용하지 못하는 점을 지적한다. 마치 세상을 보거나 문제를 해결하는 데 유용한 도구로서 지식을 획득하고도 시험을 치는 목적 이외에는 그 도구를 사용하지 않는 것과 같다(Brown, Collins, & Duguid, 1989). Brown을 비롯하여 상황인지(situated cognition) 연구자들은 수학자, 과학자, 기술자, 문학가, 역사가 등이 속한 실천공동체의 문화를 내면화(enculturation)하는 과정을 학습으로 정의한다. 추상적인 개념과 원리를 탈맥락적으로 암기하는 것이 아니라 공동체의 문화 속에서 그 지식이 무슨 활동을 위해서 어떻게 사용되는지를 실제적인 참여를 통해 학습하는 것이 필요하다. 예컨대, 과학적 원리를 처음 발견한 사람이 자연현상을 설명하기 위해서 여러 가설들을 세우고 실험을 통해 그 가설들을 하나씩 검증하는 것과 같은 탐구활동에 참여해 봄으로써 그 지식의 가치를 이해할 수 있다. EBS에서 케임브리지대학교 석좌교수인 장하석 교수의 과학철학 강연을 방송한 적이 있다. 장하석 교수는 온도와 같은 과학적 개념을 어떻게 과학자들이 만들고 발전시켰는지를 역사적 맥락 속에서 설명하고 간단한 실험을 통해서 재현하였다. 이 강연은 온도와 같은 간단한 개념도 과학적 필요에 의해서 다양한 가설에 대한 논변과 체계적인 실험을 통해서 형성되었다는 것을 잘 보여준다. 이처럼 실제적인 맥락 속에서 학습자가 유의미한 활동에 참여할 수 있도록 학습환경을 조성하는 것이 필요하다. 그러므로 상황인지의 관점에서 보면, 잘 가르친다는 것은 학생을 공동체의 일원으로 잘 성장시킨다는 것을 의미한다.

2. 사전지식 수준이 다양한 학생들을 잘 가르치는 방법은 무엇인가?

앞에서 제시된 사례에서 어떤 학생은 김 교사의 설명을 잘 이해하지 못해서 수업시간에 잘 참여하지 못하고, 또 다른 학생은 김 교사가 너무 천천히 가르친다고 생각한다. 후자의 학생은 선행학습을 통해서 김 교사가 가르치는 내용을 이미 알고 있을 수도 있다. 교사가 새로운 내용을 가르칠 때 모든 학생이 동일한 방식으로 내용을 이해하지 않는 가장 큰 이유 중의 하나는 사전지식에 있어서 서로 차이가 있기 때문이다. 교사가 말한 내용을 학생이 그대로 기억할 수 있을 것이라고 쉽게 생각하지만, 학생들은 실제로 교사의 말을 자신의 사전지식 혹은 신념에 따라서 재해석하고 자신에게 유의미한 방식으로 받아들인다.

만약 당신이 교사라면 지식수준에 있어서 서로 다른 출발점에 서있는 학생들을 어떻게 가르치겠는가?

가. 사전지식은 왜 중요한가?

학습이 이루어지기 위해서는 새로운 정보가 작업기억 속에서 기존 지식과 통합되어야 한다. 만약 사전지식이 부족하거나 잘못된 지식을 가지고 있다면, 교사나 교과서를 통해 접하는 새로운 내용을 제대로 이해하기 어렵고, 그 결과 학습이 효과적으로 이루어지지 않을 것이다. Vosniadou와 Brewer(1992)는 어린이들이 지구의 모양에 대해 가지고 있는 정신모형(mental model)을 연구하였다. 교사가 "지구가 둥글다"라고 말을 하면, 지구가 평평하다는 사전지식을 가지고 있는 많은 어린이들이 구(sphere)를 생각하기보다는 부침개처럼 납작하고 둥근 모양의 지구를 머릿속에 그린다. 만약, 교사가 "공처럼 둥글다"라고 말한다면, 어린이들은 공처럼 둥근 지구의 중심에 평평한 땅이 있어서 그 위에 사람이 산다고 생각하거나 공의 윗부분에만 사람이 살 수 있다고 생각할 것이다([그림 6.1] 참조). 이러한 잘못된 이해는 지구가 둥글다는 과학적 지식이 어린이들의 사전경험 및 지식과 상반되기 때문이다. 어린이들은 매일 평평한 땅 위를 걸어 다니고, 거꾸로 매달린 물체는 아래로 떨어진다는 것을 자연스럽게 경험했을 것이다. 어린이들은 이러한 경험으로부터 형성된 지식에 기반하여 교사의 설명을 직관적으로 재해석하고 자기 자신에게 유의미한 방식으로 기억한다. 이 예는 학습에 있어서 사전지식의 중요한 역할을 보여주며, 동시에 학습자가 지식을 수동적으로 받아들이는 것이 아니라 능동적으로 구성한다는 것을 나타낸다.

[그림 6.1] 지구의 모양에 대한 오개념

교사는 수업 전에 학생들의 다양한 사전지식을 파악하고 그에 맞게 가르쳐야 한다. 다양한 교수설계 모형들에 있어서 공통적으로 나타나는 활동에는 분석(Analyze), 설계(Design), 개발(Develop), 실행(Implement), 평가(Evaluate)가 있는데, 이러한 교수활동을 가리켜 ADDIE라고 부른다. 교사가 수업을 효과적으로 준비하기 위해서는 기본적으로 ADDIE의 과정을 거쳐야 하는데, 이 중에서 분석 단계를 가장 먼저 실시한다. 학습자의 사전지식 수준을 파악하는 것은 분석단계에서 매우 중요한 요소이며, 그 결과에 따라서 학습목표를 설정하고, 교수 및 학습활동을 설계하며, 학습자료를 개발하여 수업을 실시한다. 마지막으로 평가단계에서는 학습목표의 성취여부를 평가하고 그 결과를 학습자의 사전지식과 비교해 봄으로써 수업이 얼마나 효과적으로 이루어졌는지 판단할 수 있다. 이 과정에서 교사가 학습자의 사전지식을 고려해서 과제의 난이도를 조절하고, 적절한 교수방법 및 학습활동을 선택한다면 학습의 효과를 더 높일 수 있다. 과거에는 ADDIE의 교수설계 활동이 순차적으로 이루어졌지만, 인공지능과 학습분석학(learning analytics)의 발달로 수업 중에 실시간으로 학생의 사전지식 수준과 정서 상태를 분석할 수 있게 됨으로써 교수설계 활동이 병렬적이고 반복적으로 이루어지는 경향을 보인다.

학교에서 배우는 내용은 위계적으로 조직되어 있는 경우가 많기 때문에 개념에 대한 학습이 효과적으로 이루어지지 않는다면, 그보다 복잡한 개념이나 절차 및 원리를 학습하는 것이 매우 어렵다. 예컨대, 과학시간에 열을 가하면 얼음이 물로 변하고, 물이 다시 수증기로 변하는 현상에 관한 과학적 원리를 학습하기 위해서는 먼저 얼음, 물, 수증기가 동일한 입자 혹은 분자로 구성되어 있다는 지식을 가지고 있어야 한다. 만약 분자에 대한 개념과 속성을 잘 이해하지 못하는 학생이 있다면, 열이 분자의 운동과 배열에 어떤 영향을 미치는지 학습하기 전에 분자에 대해서 충분히 이해할 수 있도록 도와야 할 것이다. 만약 교사가 학습자의 사전지식 수준을 무시하고 위계적인 학습내용을 가르친다면, 한 단계의 학습내용을 효과적으로 학습하지 못한 학생은 그 다음 단계의 내용을 학습하는 데도 실패할 것이다. 이런 현상을 학습의 누적적 결손(cumulative deficit of learning)이라고 한다. 학습의 누적적 결손에 대한 보상이 없는 상태로 교육이 계속 이루어진다면 학년이 올라갈수록 학습부진아의 수가 증가하고 소수의 학습자만 교육과정에서 요구하는 학습목표를 성취할 것이다. 그러므로 교사는 새로운 내용을 가르치기 전에 학습자의 사전지식 수준을 확인하고 학습의 누적적 결손을 방지하기 위해서 필요한 내용을 가르쳐야 한다.

그런데, 가르치는 내용에 비해서 학습자의 사전지식이 부족한 것도 문제이지만, 반대로 학습자의 사전지식에 비해서 가르치는 내용의 수준이 낮은 것도 학습자의 흥미를 유발하지 못한다는 점에서 유의미한 학습을 방해할 수 있다. Vygotsky(1978)는 학습자가 혼자서 문제를 해결할 수 있는 실제적 발달수준과 성인이나 우수한 친구의 도움을 받아서 문제를 해결할 수 있는 잠재적 발달수준 사이에 존재하는 근접발달영역(zone of proximal development)에서 학습이 효과적으로 이루어질 수 있다고 하였다. 근접발달영역은 고정되어 있지 않고 학습이 이루어지는 과정에서 지속적으로 변화한다. 학습이 일어나면서 과거의 잠재적 발달수준이 실제적 발달수준으로 변화하기 때문이다. 교사는 학생과의 지속적인 상호작용과 평가를 통해서 근접발달영역을 파악하고, 학생의 수준보다 너무 높거나 너무 낮지 않은 적절한 수준에서 교수 및 학습활동을 설계해야 할 것이다.

나. 다양한 학생을 위해 어떻게 맞춤형 교육을 할 수 있는가?

교사의 눈높이가 아니라 학생의 눈높이에 맞게 교육을 해야 한다는 말을 많이 들어 보았을 것이다. 학생들은 서로 다른 재능과 잠재력을 가지고 있기 때문에 각 학생에게 적합한 맞춤형(personalized) 교육이 이루어져야 한다. 맞춤형 교육을 위해서 교사는 각 학생의 사전지식뿐만 아니라 정의적 특성과 학습요구 등을 고려하여 유연하게 교육과정을 편성하고, 교수방법과 학습속도를 적응적으로 조정해야 한다. 그러나 맞춤형 교육이라고 해서 학생의 요구를 교사가 일방적으로 들어줘야 한다는 의미는 아니다. 맞춤형 교육을 위해서는 교사의 적응적인 수업과 함께 학생의 자기주도적인 학습이 필요하다. 예컨대, 교사가 어떤 학생에게 현재 그 학생의 지식수준에 대한 피드백을 주고 앞으로 학습할 내용에 대한 조언과 함께 관련 자료와 과제를 제공했다고 가정하자. 만약 그 학생이 이전 학습활동에서 충분히 이해하지 못한 점에 대해 복습을 하지 않거나 교사가 제공한 학습과제를 성실하게 수행하지 않는다면, 맞춤형 교육이 성공적으로 이루어지지 않을 것이다. 맞춤형 교육을 위해서 교사는 학생 스스로 학습목표를 세우고, 책임감 있게 과제를 수행하고, 수시로 학습과정을 점검하고 조절할 수 있도록 도와야 한다. 이처럼 교사와 학생이 긴밀하게 상호작용하며 공동으로 학습활동을 계획하고 실행할 때 맞춤형 교육이 이루어질 수 있다.

맞춤형 교육이 학습자의 동기와 학업성취를 향상시켜 줄 것이라는 기대에도 불구하고, 맞춤형 교육을 실행하는 학교는 그렇게 많지 않다. 대부분의 교사가 한 교실에 다양한 수준의 사전지식을 가진 30-40여 명의 학생에게 어떻게 맞춤형 수업을 할 수 있을지 의문을 제기한다. 학교에서는 인적, 물리적, 시간적 제한으로 인해서 개별 학습자의 역량과 요구를 고려한 맞춤형 교육을 실시하는 것이 어렵기 때문이다. 정해진 교육과정에 따라서 혹은 시험일정에 따라서 많은 내용을 짧은 기간 동안 다수의 학생을 대상으로 가르쳐야 하기 때문에 다양한 학습자 개개인의 성장에 초점을 두기보다는 교실 안의 평균적인 학생을 대상으로 가르치는 경우가 빈번하다. 또한, 몇몇 교사들은 모든 학생이 동일한 수업을 받는 것이 교육기회를 균등하게 제공한다는 점에서 더 바람직하다고 생각할 수도 있다. 교사들 간의 긴밀한 협력이 이루어지지 않는다면 개별 학생의 필요를 반영한 유연한 교육과정을 편성하기 어려울 것이다. 그렇다면, 맞춤형 교육은 일반학교에서 실천할 수 없는 이상에 불과한 것일까? 해외의 사례를 통해서 맞춤형 교육의 가능성을 알아보자.

미국의 캘리포니아주와 워싱턴주에 있는 Summit 공립학교는 맞춤형 교육에 중점을 두고 혁신적인 교육을 실시하는 중고등학교 네트워크이다. Summit 학교에서는 맞춤형 교육을 위해서 테크놀로지를 적극적으로 도입하고 블렌디드 러닝(blended learning)을 실시하였다(Childress & Benson, 2014). 예컨대, 2시간의 수학수업에서 교사가 이차방정식의 개념을 소개한 다음에 학습자들이 개별적으로 노트북이나 컴퓨터를 이용하여 진단검사를 받고 자신의 수준에 맞는 온라인 비디오나 학습자료를 추천받아서 개별적으로 학습을 하고, 교사의 일대일 지도를 받거나 다른 학습자와 소그룹 활동을 하였다. 이처럼 학생들은 학교와 가정에서 일주일에 8시간씩 맞춤형 학습시간을 가졌다. 교사들은 대수학과 기하학 같은 기존 교과내용의 구분을 없애고 학생들의 역량에 기반하여 학습과정을 유연하게 재조직하였다. 그리고 Activate Instruction이라는 온라인 학습 플랫폼을 이용하여 학생들의 인지적, 비인지적 역량과 내용지식을 주기적으로 평가하고 학습 프로파일을 분석하여 시각적으로 제시하였으며, 개별 학습자의 특성에 따라서 서로 다른 학습경로를 추천해 주었다. 맞춤형 교육을 위해서 교사가 직접 온라인 동영상 강의와 학습자료를 만들거나 비영리기관인 Khan Academy에서 무료로 제공하는 동영상 강의와 연습문제를 활용하였다. 또한, 학생들의 일대일 지도에 대한 요구가 높아지자 학교에서는 튜터링 공간을 별도로 만들어서 학생들이 원하는 시간에 학습 지도를 받을 수 있도록 하였다. Summit 학교의 학생들은 교사의 도움을 받아서 학습목표를 설정하고, 온라인 학습자료를 이용하여 과제를 수행하고, 지속적으로 자신의 학습과정을 점검하고 조절하였다. 이러한 과정을 통해서 학생들은 자신의 학습에 대해서 더 많은 주인의식과 책임감을 가질 수 있었다. 2003년에 Summit 학교가 설립된 이후로 개별 학생에 대한 깊은 이해와 교사와 학생 간 멘토십(mentorship)은 학교의 주요한 장점으로 남아 있다. 최근에는 학습과학 연구와 증거에 기반하여 모든 학생의 인지역량, 내용지식, 성공습관, 목적의식을 향상시키는 데 중점을 두고 있다.

이러한 해외 사례로부터 우리나라 맞춤형 교육을 위한 시사점을 얻을 수 있다. 첫째, 전통적인 학교교육과 다른 교사의 역량과 신념이 필요하다. 교사는 학생의 내용지식과 인지적, 정의적 특성을 진단하고, 그 결과에 따라서 적합한 교수방법 및 학습과제를 설계할 수 있는 역량을 가지고 있어야 한다. 그리고 여러 교사가 협력적으로 역량 기반의 교육과정을 만들고 학습자의 요구에 따라서 어떤 학습경로와 교수지원을 제공할 것인지 공동으로 계획을 세우는 것이 필요하다. 교사들은 맞춤형 교육의 비전을 공유하고, 모든 학생에게 동일한 교육을 제공하는 것이 아니라 각자가 가지고 있는 잠재력을 최대한 발휘할 수 있도록 맞춤형 학습환경을 제공하는 것이 바람직하다는 신념을 가지고 있어야 할 것이다. 둘째, 맞춤형 교육을 위해 테크놀로지 기반 학습환경을 구축해야 한다. 교실에서 개별 학생들이 디지털 기기와 무선 인터넷을 사용하여 자신의 관심과 필요에 따라 맞춤형 학습을 실시할 수 있어야 한다. 또한 인공지능 기술을 활용하여 학습과정에서 발생하는 데이터로부터 학습자의 역량을 자동으로 평가하고 맞춤형 학습경로와 학습 콘텐츠를 추천해주는 온라인 학습 플랫폼이 필요하다. 교사는 온라인 학습 플랫폼에 제시된 학생들의 참여도와 역량 정보를 참고하여 맞춤형 수업을 설계할 수 있다. 셋째, 학생의 역량을 타당하고 효율적으로 평가할 수 있는 방법을 개발해야 한다. 맞춤형 교육을 위해서는 다양한 측면에서 학생의 강점과 약점을 정확히 파악하는 것이 필요하다. 그러나 지필시험만으로는 창의성, 비판적 사고, 협력 역량 등을 타당하게 평가하기 어렵다. 그리고 학생의 역량이 시간의 흐름에 따라 역동적으로 변화한다는 점을 고려할 때 역량의 변화를 지속적으로 추적할 수 있는 방법을 고안해야 한다. 이러한 평가의 난제를 해결하는 데 인공지능 기술이 유용하게 활용될 수 있을 것이다. 마지막으로, 맞춤형 교육을 지원하는 제도와 문화가 형성되어야 한다. 맞춤형 교육을 위해서 수준별 소그룹 활동과 개별학습을 위한 충분한 시간과 공간이 필요하고, 교사의 전문성 개발과 유연한 교육과정 설계를 위한 물리적, 인적 자원이 지원되어야 한다. 그리고 맞춤형 교육이 입시준비 교육으로 변질되지 않도록 각별한 주의를 기울여야 한다. 시험성적을 최우선으로 생각하는 학교문화 속에서 맞춤형 교육은 개별 학생들의 성적 향상을 위한 수단으로 여겨질 수 있기 때문이다.

이 장에서는 사전지식 수준이 다양한 학생을 잘 가르치는 방법 중의 하나로 맞춤형 교육을 살펴보았다. 그렇지만 맞춤형 교육은 교과지식 이외에도 학생의 전인적 발달에 필요한 인지적, 사회정서적 역량 개발에 효과적으로 활용될 수 있다. 향후 획일적이고 표준화된 학교교육의 한계를 극복하고 개별 학생의 관심과 필요를 반영한 맞춤형 교육을 실시하기 위해서는 교사의 역량과 신념, 테크놀로지 기반 학습환경, 평가방법, 학교제도와 문화에 있어서 획기적인 변화가 필요할 것이다.

3. 나가며

잘 가르치는 교사를 한마디로 정의하기는 어렵다. 교사, 학생, 학부모들은 각자의 신념이나 역할에 따라서 잘 가르치는 교사에 대해서 서로 다른 의미를 부여하기 때문이다. 그럼에도 불구하고, 학생이 전인적으로 발달하고, 자신의 잠재력을 계발하며, 사회의 구성원으로 성장할 수 있도록 돕는 교사를 잘 가르치는 교사라고 부르는 데 대부분의 사람이 동의한다. 즉, 교육에 내재되어 있는 목적과 가치를 구현하는 데 얼마나 기여하는지에 따라서 잘 가르치는 교사를 판단하는 것이 바람직할 것이다. 잘 가르치는 방법은 교육의 목적을 효과적으로 추구할 수 있는 방법이어야 하며, 단편적인 지식을 짧은 기간에 시험 준비를 위해서 습득할 수 있도록 돕는 방법이 되어서는 안 된다. 입시 위주의 사회에서는 시험에서 높은 점수를 얻도록 돕는 것이 잘 가르치는 방법으로 여겨지기 쉬우나, 지식 위주의 필기시험은 학습자의 전인적 역량을 평가하는 데 한계가 있다. 잘 가르치는 것의 의미를 시험 성적에서 찾기보다는 교육의 목적에서 찾는 것이 필요하다.

그리고 교사는 학생의 인지적, 사회정서적 역량을 고려하여 교수방법을 선정해야 한다. 교사가 동일한 설명을 하더라도 학생의 사전지식과 경험에 따라서 서로 다른 지식을 구성할 수 있다. 이런 점에서 텔레비전이나 인터넷으로 제공되는 강의 동영상을 보는 것만으로 학습이 효과적으로 이루어질 것이라고 기대하는 것을 주의해야 한다. 맞춤형 교육을 위해서 교사는 각 학생의 사전지식을 고려하여 흥미롭고 실제적인 과제를 제공하고 학생이 다양한 방식으로 문제를 표상하고 협력적으로 해결책을 탐색할 수 있도록 도와야 할 것이다. 이를 위해서 학생의 내용지식, 역량, 동기 등을 체계적으로 분석하여 학습과정과 결과에 관한 피드백을 제공하고 개별 학생에게 최적화된 학습경로를 추천할 수 있도록 유연한 학습환경을 조성해야 할 것이다. 그리고 학생은 자신의 꿈과 끼를 실현하기 위해서 능동적으로 맞춤형 교육에 참여하고 교사의 도움을 받아서 학습계획을 세우고 자신의 학습과정을 수시로 점검하고 조절할 수 있어야 한다.

이 장의 내용을 종합하면서 아래에 제시된 질문들에 대해서 스스로 생각하고 다른 사람과 논의해 보자.

심화질문

- 창의 · 융합형 인재를 양성하기 위한 교수방법과 학생들의 시험 성적을 높이기 위한 교수방법은 어떤 차이점을 가지는가?
- 학습목표에 따라서 교수방법의 효과가 달라진다고 했는데, 모든 학습목표에 효과적인 교수방법은 없는가?
- 맞춤형 교육을 위해서 학생의 사전지식 이외에 교사가 반드시 고려해야 할 학생의 특성이 있다면 무엇이 있는가?
- 맞춤형 교육을 위해서 인공지능 기술을 어떻게 활용할 수 있는가?

참고문헌

Barrows, H. S., & Tamblyn, R. M. (1980). *Problem-based learning: An approach to medical education*. New York: Springer.

Brown, J. S., Collins, A., & Duguid, P. (1989). Situated cognition and the culture of learning. *Educational Researcher, 18*, 32–42.

Chi, M. T. H. (2009). Active–constructive–interactive: A conceptual framework for differentiating learning activities. *Topics in Cognitive Science, 1*, 73–105.

Childress, S., & Benson, S. (2014). Personalized learning for every student every day. *Phi Delta Kappan, 95*(8), 33–38.

Gagné, R. M. (1985). *The conditions of learning* (4th ed.). New York: Holt, Rinehart & Winston.

Kapur, M. (2008). Productive failure. *Cognition and Instruction, 26*, 379–424.

Schmidt, H. G., Rotgans, J. I., & Yew, E. H. (2011). The process of problem–based learning: What works and why. *Medical Education, 45*, 792–806.

Shulman, L. S. (1986). Those who understand: Knowledge growth in teaching. *Educational Researcher, 15*(1), 4–14.

Sweller, J. (1988). Cognitive load during problem solving: Effects on learning. *Cognitive Science, 12*, 257–285.

Vosniadou, S., & Brewer, W. F. (1992). Mental models of the earth: A study of conceptual change in childhood. *Cognitive Psychology, 24*, 535–585.

Vygotsky, L. S. (1978). *Mind in society: The development of higher mental processes*. Cambridge, MA: Harvard University Press.

CHAPTER_ 7

테크놀로지를 활용한 수업

코로나19 팬데믹 기간 동안 전국적으로 원격수업이 실시되면서 많은 교사와 학생이 테크놀로지의 중요성을 경험하였다. 원격수업은 단순히 교실수업을 대체한 것이 아니라 가르치고 배우는 방식에 유의미한 변화를 가져왔다. 학생들은 자신이 원하는 시간에 교사가 만든 강의 동영상을 자유롭게 학습하고 화상강의 시스템을 활용하여 원거리에 있는 다른 학생이나 교사와 상호작용하였다. 그 결과, 교육을 위해 교사와 학생이 동일한 시간에 동일한 물리적 공간에 있어야 한다는 생각에 변화가 생겼다. 또한, 교육부는 코로나19 팬데믹 이후에도 지속적으로 무선 인터넷과 디지털 기기를 학교에 보급하고 인공지능을 활용한 맞춤형 학습 시스템을 구축하기 위해 많은 투자를 하고 있다. 인공지능, 빅데이터, 메타버스 등의 첨단 테크놀로지가 급속히 발전하고 있다는 점에서 새로운 테크놀로지를 활용하여 학생을 어떻게 가르칠 것인지에 대한 교사의 안목이 중요하다. 이 장에서는 테크놀로지를 수업에 활용하는 것이 교육적으로 어떤 의미를 가지는지 살펴보고, 교수 · 학습을 위해서 테크놀로지를 효과적으로 활용하는 방안에 대해서 논의해 보자.

문제 사례

중학교 사회교사인 박 교사는 평소 스마트폰에 있는 소셜 네트워크 서비스(SNS)를 이용하여 친구들과 자주 대화를 하고, 필요한 정보와 뉴스를 인터넷으로 검색하며, 여행 중에 인상적인 장면이 있으면 스마트폰으로 사진을 찍거나 동영상을 촬영한다. 그 이외에도 스마트폰을 이용해서 일정을 관리하고, 노트필기도 하며, 음악을 감상하고, 가끔 드라마나 영화를 보기도 한다. 박 교사는 스마트폰이 매우 유용하기 때문에 언제 어디에서나 스마트폰을 꼭 가지고 다닌다. 그런데 박 교사의 학교는 학생들의 스마트폰 사용을 엄격히 금지하고 있다. 모든 학생들은 등교와 함께 자신의 스마트폰을 담임교사에게 제출하고 집으로 돌아갈 때 돌려받는다. 만약 스마트폰을 제출하지 않고 사용하다가 적발되면 일주일 동안 스마트폰을 학교에서 압수한다. 이 학교의 교감선생님은 종종 스마트폰을 많이 사용한 학생의 뇌는 마약 중독자의 뇌와 비슷해지고 지능이 떨어지거나 범죄를 저지를 가능성이 높아진다고 학생들에게 겁을 주었다. 그러나 대부분의 학생들은 교사와 학부모의 걱정에도 불구하고 스마트폰을 자신의 가장 소중한 물건으로 여기고 있다. 그 때문에 스마트폰을 압수하려는 교사와 학교에서 몰래 스마트폰을 사용하려는 학생 간에 종종 신경전이 벌어진다. 이러한 모습을 보면서 박 교사는 한편으로는 학생들의 심정이 충분히 이해되면서도, 다른 한편으로는 스마트폰으로 인해 발생할 수 있는 교육적 문제를 방지하려는 학교의 입장도 이해되었다. 얼마 전에도 인근 학교에서 SNS에서 일어난 사이버 학교폭력으로 인해 한바탕 큰 소동이 일어났다.

오랜만에 대학동기들과 저녁식사를 하게 된 박 교사는 대학원에서 교육학을 전공하고 있는 친구에게 스마트폰과 관련해서 자신이 가지고 있던 고민을 이야기하였다. 이 친구는 학교에서 스마트기기를 금지하는 것은 시대착오적인 생각이라고 말했다. 대부분의 학생들이 아주 어렸을 때부터 스마트폰이나 태블릿 PC를 가지고 놀기 때문에 스마트기기에 매우 친숙할 뿐만 아니라, 스마트기기를 사용하면 더 효과적으로 가르칠 수 있다고 하였다. 예컨대, 학교에서 속담을 배운 다음 집에서 그 속담을 잘 나타내는 장면을 사진으로 찍어서 학급 SNS에 공유하고 피드백을 서로 주고받을 수 있다. 또한, 수업 시간에 교사가 질문을 하면 학생들이 자신의 스마트폰을 이용해서 응답을 하고 그 결과를 즉각적으로 알 수도 있다. 친구와 이야기를 하는 사이에 박 교사는 스마트폰을 이용하면 학생들이 좀 더 적극적으로 수업에 참여하고 교사와 상호작용을 할 수 있을 것이라는 생각이 들었다. 더욱이, 대부분의 학생들이 방과 후에 스마트폰을 사용하는데 학교에서 무조건 스마트폰 사용을 금지할 것이 아니라 어떻게 하면 스마트폰을 안전하고 유용하게 사용할 수 있는지를 가르쳐야 한다는 생각이 떠올랐다. 그러나 동시에 '스마트폰을 수업에 사용한다고 했다가 학생들이 스마트폰으로 딴짓을 하거나 교감선생님이 싫어하면 어떻게 하지?'라는 생각과 '지금까지 스마트폰 없이도 수업을 잘 해왔는데, 스마트폰을 수업에 활용하는 것이 꼭 필요한가?'라는 의문이 들었다. 만약 당신이 박 교사라면 학교의 승인을 얻어서 스마트폰을 수업시간에 활용할 것인가?

토론질문

1. 테크놀로지란 무엇인가?
2. 첨단 테크놀로지는 교육을 향상시킬 수 있는가?
3. 유의미 학습을 위해서 테크놀로지를 효과적으로 활용하는 방법은 무엇인가?

1. 테크놀로지란 무엇인가?

앞의 사례에서 박 교사는 스마트폰을 수업에 사용하는 것을 고민하고 있다. 여기에서 무엇을 테크놀로지로 보는지에 따라서 박 교사가 직면한 문제 상황을 다르게 정의할 수 있을 것이다. 많은 사람이 앞의 사례에서 테크놀로지는 첨단 정보통신기기인 스마트폰을 의미한다고 생각할 것이다. 스마트폰은 휴대가 용이하기 때문에 어디든지 가지고 다니면서 인터넷에 접속하여 정보를 검색하고, 사진이나 동영상을 찍고, SNS를 통해 다른 사람과 대화를 하거나 자료를 공유할 수 있는 기기이다. 이 관점에서 본다면 스마트폰의 활용여부는 스마트폰이 얼마나 사용하기 편리하고, 유용하며, 학생들이 선호하는지에 달려 있다. 이미 많은 학생들이 스마트폰을 사용하고 있기 때문에 스마트폰을 활용한 교육에 대해서 높은 자신감과 동기를 가지고 있을 것이다. 그렇기 때문에 위에서 제시된 문제 사례에서 박 교사는 교실에서 스마트폰을 사용하기 위한 무선 인터넷망이 잘 설치되어 있는지, 스마트폰의 운영체제가 달라서 생기는 문제는 없는지, 수업시간에 활용할 수 있는 스마트기기를 학교예산으로 구입할 수 있는지 등을 고민하게 될 것이다. 이처럼 테크놀로지를 하드웨어(hardware)의 관점에서 보면, 좋은 주방용품을 구입하면 요리를 잘 할 것이라고 생각하는 것처럼 첨단 정보통신기기를 학교에 보급하면 교육의 질이 향상될 것이라는 잘못된 기대를 가질 수 있으므로 주의가 필요하다.

테크놀로지를 하드웨어가 아니라 소프트웨어(software) 중심으로 생각해야 한다는 주장도 있다. 테크놀로지를 소프트웨어로 보는 관점에서는 첨단 정보통신기기를 교육에 효과적으로 활용하는 방안에 초점을 두게 된다. 예컨대, 디지털 교과서를 활용하여 맞춤형 교육을 실시할 경우 디지털 교과서를 작동하기 위해 무슨 기기를 사용할 것인가보다는 디지털 교과서에 포함될 내용과 교수방법에 더 많은 관심을 가질 수 있다. 이 관점을 위 문제 사례에 적용하면, 박 교사는 스마트폰을 어떤 목적으로 사용할 것인지, 스마트폰의 특성을 효과적으로 활용하기 위한 교수방법은 무엇인지, 스마트폰을 잘 사용하지 못하는 학생에게 어떤 도움을 줘야 하는지 등을 고민할 것이다. 스마트폰이 컴퓨터와 다른 점은 어디든지 가지고 다니면서 인터넷을 활용해서 다양한 학습활동을 할 수 있다는 점이다. 이러한 특성을 이용하면 학교 밖에서 체험 활동을 하는 동안 학생들은 흥미롭고 유의미했던 경험을 스마트폰으로 촬영해서 GPS(Global Positioning System) 정보와 함께 온라인 커뮤니티에 공유할 수 있다. 교사는 수업시간에 학생들의 사진을 하나의 온라인 지도에 모두 나타내고 각자 어디에서 무엇을 경험했는지 이야기하도록 할 수 있다. 이처럼 스마트폰은 학교 밖에서의 실제적인 경험을 학교 안에서 성찰하고 새로운 학습내용과 연결시키는 데 유용하게 활용될 수 있다.

그러나 앞에서 제시한 두 가지 관점은 테크놀로지를 사용하는 맥락에 대한 고려가 부족하다. 테크놀로지를 하나의 체제(system)로 보는 관점에 따르면, 누가 어떤 목적으로 테크놀로지를 사용하는지에 따라서 테크놀로지의 의미는 크게 달라질 수 있다. 1980년에 개봉한 부시맨(The Gods Must Be Crazy)이라는 영화에서 아프리카 칼라하리 사막을 비행하던 조종사가 무심코 버린 콜라병을 주운 부시맨 부족은 콜라병을 악기처럼 연주하기도 하고, 가죽을 손질하는 도구로 사용하기도 하고, 머리띠에 동그라미 무늬를 새기는 데 사용하기도 하고, 딱딱한 과일의 껍질을 부수는 데 사용하기도 한다. 콜라병이 부시맨 부족에게 다양한 의미를 가졌던 것처럼 스마트폰을 비롯한 첨단 정보통신기기도 교사와 학생의 의도와 맥락에 따라서 다양하게 활용될 수 있다.

활동체제 모형을 제안한 Engeström(1987)에 따르면, 도구를 매개로 한 개별적 활동은 공동체의 문화, 규칙, 역할분담과 밀접한 관계를 맺고 있다([그림 7.1] 참조). 교사가 스마트폰을 이용하여 학생을 가르칠 때 교사는 의식적으로 혹은 무의식적으로 자신이 속한 학교의 문화와 제도의 영향을 받는다. 예컨대, 앞에서 나온 사례에서 박 교사는 스마트폰을 활용한 수업이 학교에서 스마트폰 사용을 금지하는 기존의 규칙과 상충한다는 점 때문에 고민을 하고 있다. 특히, 학생의 건강과 안전을 혁신적인 교수방법보다 더 우선시하는 학교 문화 속에서 학생의 건강에 부정적인 영향을 미칠 수도 있는 스마트폰을 수업에 활용하는 것은 쉬운 일이 아니다. 그 이외에도 학생들이 자율적으로 스마트폰을 이용하여 자료를 검색하거나 협력적으로 문제를 해결한다면 교사는 자신의 역할을 지식의 전달자에서 학습 촉진자로 변경해야 할 것이다. 만약 교사와 학생의 역할이 재정의되지 못한다면 스마트폰을 활용한 수업이 계획대로 이루어지지 못할 우려가 있다. 그러므로 [그림 7.1]에 제시되어 있는 활동요소들 간의 긴장과 상충관계를 고려해서 수업시간에 스마트폰을 활용할 것인지를 결정하고, 활용한다면 무슨 과제를 위해서 어떻게 활용할 것인지 계획을 세워야 할 것이다.

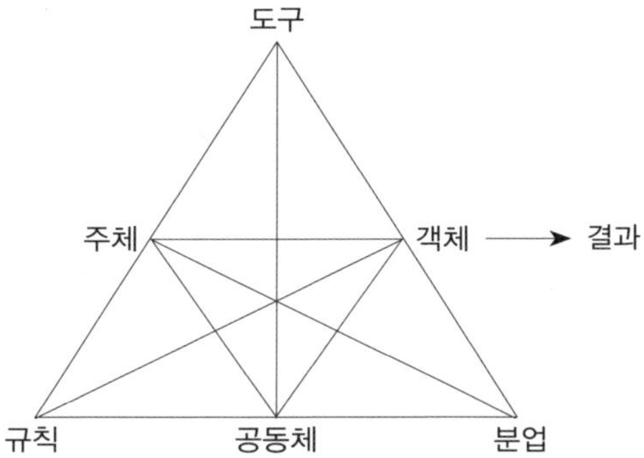

[그림 7.1] Engeström(1987)의 활동체제 모형

많은 사람이 테크놀로지라는 용어를 위에서 살펴본 하드웨어, 소프트웨어, 체제의 관점에서 혼용하여 사용하고 있다. 어떤 관점에서 테크놀로지를 바라보는지에 따라서 동일한 현상도 다르게 설명되고, 테크놀로지의 교육적 활용방안에 관한 의견도 달라질 수 있다. 앞에 제시된 사례에서 박 교사의 고민을 이해하고 문제를 해결하기 위해서는 스마트폰을 체제적 관점에서 바라보는 것이 필요하다. 스마트폰을 하드웨어 그 자체로 보거나 교사가 스마트폰을 수업에서 어떻게 활용하는지에만 초점을 둘 것이 아니라 스마트폰의 교육적 활용이 기존의 학교 공동체와 어떤 관계를 가지는지 분석하고 상충관계를 줄여나가야 할 것이다. 기존의 학교문화, 제도, 규칙 등이 변하지 않은 상태에서 새로운 교수방법이나 매체를 무작정 도입할 경우 교사의 외면을 받거나 원래 계획과 달리 운영될 가능성이 매우 높다.

2. 첨단 테크놀로지는 교육을 향상시킬 수 있는가?

인공지능, 스마트기기, 가상현실을 비롯하여 새로운 테크놀로지가 등장할 때마다 이 기기들을 학교에서 어떻게 활용할 수 있을 것인가에 관한 논의가 있어 왔다. 예컨대, 컴퓨터 보조 수업, 멀티미디어 학습, 웹 기반 학습 등은 컴퓨터와 인터넷의 발달과 밀접한 관련성을 가지고 있다. 최근에는 인공지능을 교육에 활용하는 방안에 대한 관심이 증대되고 있다. 특히, 2022년에 OpenAI가 개발한 ChatGPT에 대한 교육계의 관심이 높은 편이다. ChatGPT는 거대 언어 모델(large language model)에 기반하여 인간과 자연스러운 대화를 할 수 있는 생성형 인공지능으로서 텍스트를 생성하는 데 매우 우수한 성능을 보인다. 이 때문에 학생들이 자신의 과제물을 ChatGPT를 이용해서 작성하는 일이 전 세계적으로 발생하였고 학교에서는 생성형 인공지능의 사용을 금지하거나 윤리적 사용을 강조하였다. 그럼에도 불구하고 ChatGPT가 학생의 다양한 질문에 답을 하고 유용한 정보를 제공할 수 있다는 점에서 많은 사람들이 ChatGPT가 맞춤형 교육에 효과적일 것이라고 기대한다. 이처럼 인공지능을 비롯한 첨단 테크놀로지를 수업에 활용하면 교수 · 학습의 질이 향상될 것이라는 믿음이 있는데, 이 신념은 타당한 것일까? 이 질문에서 테크놀로지는 교수 · 학습 과정을 보조하기 위한 하드웨어를 의미하며, 교육매체와 같은 의미로 종종 사용된다.

교육매체는 교사의 수업을 보조하고 학습을 촉진하는 도구이자 교육환경이다. 앞에서 언급한 첨단 정보통신기기를 비롯하여 칠판, OHP, 모형, 사진, 오디오, 비디오 등도 교육매체에 포함된다. 교육매체의 효과에 대해서는 지금까지 다양한 의견이 제기되었다. 먼저, 각각의 매체는 고유한 기능과 특성을 가지고 있기 때문에 교육매체 자체의 효과를 지지하는 견해가 있다. McLuhan(1964)은 “매체는 메시지이다(The medium is the message)”라고 주장하였는데, 매체가 단순히 내용을 전달하는 것 이상의 기능을 가지고 있다는 것을 의미한다. 예컨대, 동일한 정보라도 라디오를 통해서 귀로 들을 때와 눈으로 신문을 읽을 때 사람들이 정보를 처리하는 방식이 달라진다. 신문을 읽을 때는 필요에 따라서 핵심정보 중심으로 글을 선택적으로 읽거나 반복해서 읽을 수 있고, 전체적인 글의 구조를 파악한 다음 세부적인 내용을 다시 읽을 수 있으므로 라디오를 들을 때보다 더 많은 자율성을 가진다. McLuhan의 주장에 따르면, 새로운 매체를 교육에 활용할 때 그 매체로 인해서 교수 · 학습 과정에 모종의 변화가 일어날 수 있다. 예컨대, 인터넷의 발달로 인해서 오늘날 학생들은 30년 전의 학생들과 비교해서 더 많은 정보에 접근할 수 있으며, 시간과 공간의 제약 없이 동영상 강의를 보고 다른 학생들과 상호작용할 수 있다. 즉, 인터넷의 발달로 학습의 기회가 크게 확대되었다. 이처럼 교육매체의 고유한 특성에 주목한 연구자들은 새로운 매체와 전통적 매체의 효과를 서로 비교하거나 어떤 유형의 학습자에게 무슨 매체가 더 효과적인지에 관한 연구를 실시하였다.

다른 한편에서는 매체의 교육적 효과에 대해서 비판적인 주장이 제기되었다. Clark(1983)는 교육매체의 효과에 관한 선행연구들이 학습내용이나 교수방법의 효과를 제대로 통제하지 못하였고, 그 결과 새로운 매체의 효과가 일관성을 가지지 못한다고 비판하였다. 새로운 매체를 수업에 활용할 경우 학생들이 일시적으로 학습내용에 높은 관심을 가지게 되는데, 이러한 신기효과(novelty effect)는 시간이 지남에 따라서 점차 사라진다. 그리고 Clark는 매체는 운송 수단에 불과하기 때문에 효과적인 교육을 위해서는 수업내용이나 교수방법이 중요하며 교육매체 그 자체는 효과가 없다고 주장하였다. 예컨대, 컴퓨터에서 동영상 강의를 보고 공부한 경우와 교사의 강의를 직접 수강한 경우에 강의 내용이 동일하고 교사와 학생 간의 상호작용이 없다면 컴퓨터기반 학습에서 신기효과 이상의 학습효과를 기대하기 어려울 것이다. 즉, 강의 내용이 중요하지, 그 강의를 어떤 매체로 학습하는지는 크게 중요하지 않다. 마찬가지로, 교과서의 내용을 책으로 읽는 경우와 디지털 교과서로 읽는 경우에 학습효과 측면에서 유의미한 차이가 있을 것이라고 기대하기 힘들다. 만약 디지털 교과서와 서책형 교과서 간에 차이가 있다면, 그것은 교수방법이나 내용의 차이 때문이지 매체의 효과 때문이라고 하기 어렵다. 새로운 교육매체가 등장할 때마다 초 · 중등교육에 혁신이 일어날 것처럼 이야기하면서도 실제로 그러한 변화가 일어나지 않는 이유는 교수방법이나 학습내용에 큰 변화가 없기 때문이다.

위에 제시된 두 가지 상반되는 견해를 통합해서 생각해 보자. 새로운 테크놀로지는 기존의 테크놀로지가 가지고 있지 않은 고유한 특성과 기능을 가지고 있기 때문에 교수 · 학습 과정을 개선하고 새로운 학습환경을 제공해 줄 수 있다. 만약 교사가 첨단 테크놀로지의 잠재력을 교육목적에 맞게 효과적으로 활용한다면, 교수방법과 학습내용에 변화를 가져올 것이고, 그 결과 유의미한 학습을 촉진할 수 있을 것이다. 반면에, 교사가 새로운 테크놀로지의 고유한 특성을 잘 이해하지 못하고 기존의 것과 동일한 방식으로 활용한다면, 학생들의 학습경험과 학업성취도에 유의미한 영향을 미치지 못할 것이다. 최첨단 정보통신기기라고 하더라도 단순히 정보전달의 수단으로 활용된다면 학습효과에 있어서 인쇄물과 크게 다르지 않을 것이다. 새로운 테크놀로지가 교수 · 학습의 기회를 확대시키고 학습경험을 더 풍요롭게 할 수 있는 잠재력을 가지고 있다고 하더라도 교사가 교육내용과 학생들의 특성에 맞게 잘 활용하지 못한다면, 그 테크놀로지의 효과는 미비할 것이다. 그런 이유에서 최근에는 테크놀로지를 수업에 효과적으로 활용하기 위한 교사의 전문성에 대한 논의가 활발하게 이루어지고 있다. Mishra와 Koehler(2006)는 제6장에서 언급한 교수내용지식에 테크놀로지에 관한 지식을 통합하여 테크놀로지 교수내용지식(technological pedagogical content knowledge, TPACK)이 교사에게 필요하다고 주장하였다. 즉, 교사는 특정 내용을 어떤 매체를 활용하여 어떻게 가르치는 것이 학생들의 유의미 학습을 위해서 효과적인지에 대한 전문적 지식을 가지고 있어야 한다.

3. 유의미 학습을 위해서 테크놀로지를 효과적으로 활용하는 방법은 무엇인가?

테크놀로지를 수업에 효과적으로 활용하기 위해 ASSURE 모형을 적용할 수 있다. 이 모형은 교사가 테크놀로지를 선정하고 활용하는 절차를 체계적으로 안내해 주기 위해서 아래의 여섯 단계를 제안하였다. 각 단계의 첫 영문자를 따서 ASSURE 모형이라고 부른다. 교사는 먼저 학습자의 지식, 기술, 적성, 학습양식 등을 확인하기 위해서 학습자를 분석한다(Analyze learners). 그 다음으로, 학습목표와 학습자의 성취기준을 정한다(State standards and objectives). 학습목표는 학습자가 어떤 조건에서 무슨 행동을 어느 정도로 수행할 수 있기를 기대하는지에 관한 구체적인 정보를 포함해야 한다. 그리고 앞의 두 단계에서 분석된 학습자 특성과 학습목표에 따라서 수업전략, 테크놀로지, 매체, 자료를 선정한다(Select strategies, technology, media, and materials). 네 번째 단계에서는 앞에서 선택한 테크놀로지, 매체, 자료를 수업시간에 활용한다(Utilize technology, media, and materials). 그 다음으로, 교사는 학생들에게 질문을 하거나 문제를 해결하도록 함으로써 학습활동에 참여하도록 하고 학습자의 반응에 피드백을 제공한다(Require learner participation). 마지막으로, 학습목표의 성취여부를 판단하기 위해서 평가를 실시하고 그 결과에 따라서 교수 · 학습 활동을 수정한다(Evaluate and revise).

이 ASSURE 모형에서 주목할 점은 테크놀로지를 선정하기 전에 먼저 학습자의 특성을 분석하고 학습목표를 구체적으로 진술한다는 것이다. 만약 교사가 특정 테크놀로지를 먼저 정해 놓고 그것에 부합하는 학습목표를 세우거나 학습내용을 선정한다면 주객전도가 일어날 것이다. 첨단 정보통신기기이기 때문에 무조건 사용할 것이 아니라 학습자의 특성이나 학습목표에 따라서 특정 테크놀로지의 사용 여부와 활용 방식을 결정해야 한다. 예컨대, 동영상 강의는 교사가 설명하는 내용을 잘 이해하고 기억하는 것을 돕기 위해서 유용하게 활용될 수 있지만, 다른 학생과 협력적으로 문제를 해결할 때는 효과적이지 못하다. 앞에 제시된 문제 사례에서 박 교사는 스마트폰의 교육적 활용 여부를 고민하고 있는데, 그 전에 먼저 어떤 학습목표를 성취하기 위해서 스마트폰이 필요한지 생각해야 할 것이다. 학습목표에 따라서 스마트폰의 필요성은 달라질 수 있기 때문이다.

지식을 전달하거나 시험 준비를 돕는 것이 아니라 학생의 유의미 학습(meaningful learning)을 촉진하기 위해서 테크놀로지를 어떻게 활용할 수 있을까? Ausubel(1963)에 따르면, 단순히 지식을 암기하는 기계적 학습(rote learning)과 달리 유의미 학습은 학생이 새로운 지식과 경험을 자신이 기존에 알고 있는 것과 밀접하게 연관을 시켜서 이해할 때 이루어진다. 유의미 학습을 위해 테크놀로지를 다양한 방식으로 활용할 수 있으나(Howland, Jonassen, & Marra, 2012), 이 장에서는 다음의 네 가지 교수 · 학습 활동과 관련해서 테크놀로지의 효과적인 활용 방안을 소개하고자 한다.

첫째, 학습자가 실제적인 맥락 속에서 문제를 해결하거나 지식을 구성할 수 있도록 테크놀로지를 활용할 수 있다. 실제적인 문제상황을 학생에게 텍스트 형태로 제공하는 것보다 비디오로 제공할 경우 더 생생하게 실제적인 맥락을 이해할 수 있다. 예컨대, 앵커드 수업(anchored instruction)의 대표적인 사례인 재스퍼 우드베리의 모험(Adventures of Jasper Woodbury)에서 학습자들은 수학적 지식을 활용하여 흥미롭고 실제적인 문제를 해결한다(CTGV, 1992). 재스퍼와 친구들이 부상을 입은 독수리를 발견하고 최단 시간에 수의사에게 데려가기 위한 방법을 찾는 것과 같은 실제적인 문제상황을 제공하는 데 비디오가 사용되었다. 비디오는 이야기 형식의 복잡하고 실제적인 문제상황을 제시하는 데 효과적이며, 학생들은 비디오의 내용을 분석해서 문제해결을 위한 단서를 수집할 수 있다. 비디오 이외에도 실제적인 맥락을 제공하는 방법으로 3차원 가상세계가 효과적으로 활용될 수 있다. [그림 7.2]에서 볼 수 있는 것처럼 실제적인 3차원 공간 속에서 아바타를 이용하여 주변 환경을 탐색하거나 다른 아바타와 상호작용하고 과제를 수행할 수 있다. 예컨대, 학교폭력과 같은 문제를 3차원 가상교실에서 역할놀이를 통해 해결해 보도록 할 수 있다. 학생들이 가해학생과 피해학생의 역할을 번갈아 가면서 가상세계에서 아바타를 이용하여 역할놀이를 하게 되면 다른 학생의 관점을 더 잘 이해하게 되고 자신의 감정을 조절하고 다른 사람과 사회적으로 상호작용하는 방법을 배울 수 있을 것이다. 이런 점에서 가상세계는 공감과 같은 사회정서적 역량을 개발하는데 유용하게 활용될 수 있다.

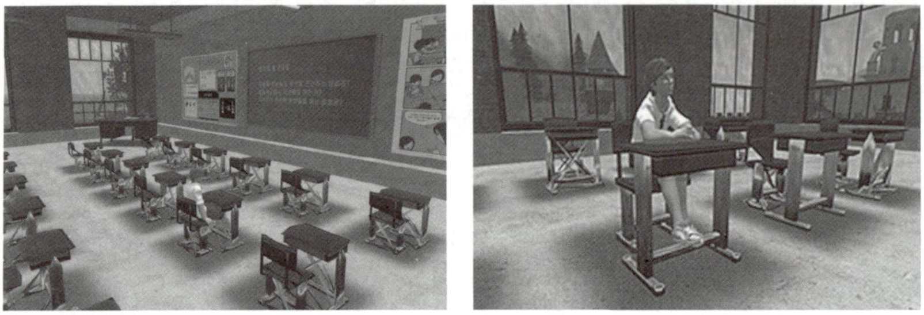

[그림 7.2] 3차원 가상세계의 예시(조영환 외, 2014)

최근에는 가상세계와 함께 증강현실(augmented reality), 라이프로깅(lifelogging), 거울세계(mirror world)를 모두 합쳐서 메타버스(metaverse)라고 부른다. 메타버스는 초월을 의미하는 메타(meta)와 우주 혹은 세계를 의미하는 유니버스(universe)를 합친 신조어로서 현실을 초월한 가상세계를 의미한다. 메타버스는 현실과 가상세계 간의 경계가 점점 없어지는 것을 의미하는데, 증강현실은 현실 세계 위에 가상의 이미지나 정보를 합성하는 기술이고, 라이프로깅은 일상생활 속에서 일어나는 모든 경험과 정보를 텍스트, 영상, 사운드 등으로 저장하고 공유하는 기술이며, 거울세계는 구글 어스(Google Earth)처럼 현실 세계를 있는 그대로 사실적으로 반영한 가상세계를 의미한다. 교사는 메타버스를 활용하여 현실에서 관찰하기 어려운 경험을 제공하고 실제적인 학습을 촉진할 수 있다. 예컨대, 스마트폰의 증강현실 애플리케이션을 박물관의 유물에 비추면 과거 사람들이 유물을 어떤 용도로 사용했는지를 영상으로 보여줄 수 있다. 그리고 코로나19 팬데믹 동안 대면 만남이 어려웠을 때 가상세계에 현실과 유사한 학교를 만들어서 아바타를 이용하여 수업을 하거나 입학식과 같은 행사를 하였다. 교사는 비디오와 메타버스를 활용하여 학습자에게 실제적인 맥락을 제공함으로써 학습 흥미를 높이고 유의미 학습을 촉진할 수 있다.

둘째, 지식을 구성하고 자신의 경험을 성찰하는 데 테크놀로지를 유용하게 활용할 수 있다. 유의미 학습을 위해서 자신의 생각을 다양한 방식으로 표현하고, 새로운 정보를 사전지식과 통합하고, 경험과 지식이 불일치할 때 반성적으로 성찰하는 것이 필요하다. 교사는 학생의 지식을 직접 관찰할 수 없기 때문에 학생이 작성한 글, 그림, 문제 해결안 등을 통해서 학생이 무엇을 알고 무엇을 모르는지 파악할 수 있다. 학생도 자신의 생각을 명시적으로 드러내는 과정에서 자신에게 부족한 지식을 확인할 수 있고 무엇을 더 학습해야 할지에 대한 계획을 세울 수 있다. 이러한 목적에서 지식을 시각적으로 표현하는 도구인 개념지도가 유용하게 활용될 수 있다. 예컨대, 학습자는 CmapTools(http://cmap.ihmc.us)라는 소프트웨어를 이용하여 특정 주제에 대한 개념지도를 만들고 관련 웹페이지, 멀티미디어 자료, 메모를 개념지도 안의 노드와 연결시킬 수 있다. 이 소프트웨어는 단순히 개념지도를 만드는 기능 이외에도 서로 다른 개념지도들의 유사성을 비교하고 다른 학생과 개념지도를 서로 공유할 수 있도록 돕는다. CmapTools를 이용하여 개념지도를 만드는 과정에서 학생들은 자신의 지식을 점검하고, 부족한 지식을 보완하기 위해서 정보를 검색하고, 새로 학습한 개념을 기존의 지식구조와 통합할 수 있다. 또한, 학습이 진행되는 과정에서 개념지도가 변하는 모습을 포트폴리오로 남겨 둔다면 학생들이 자신의 지식 변화를 반성적으로 성찰하는 데 유용하게 활용할 수 있다.

그리고 테크놀로지를 활용하여 창작물을 만드는 활동이 지식을 구성하는 데 효과적이다. 창작물을 만드는 과정에서 학교에서 배운 지식을 능동적으로 활용할 수 있기 때문이다. 예컨대, 매사추세츠 공과대학교(MIT)에서 Scratch라는 소프트웨어를 개발하였는데, 학생들이 컴퓨터 프로그램 명령문을 이용하여 애니메이션이나 게임을 만들고 그 결과를 손쉽게 확인할 수 있다. Scratch는 초등학교 저학년 학생도 사용할 수 있도록 명령어를 블록 형태로 만들어서 편리하게 프로그램 명령문을 작성할 수 있다. 마치 어린이들이 레고 블록을 이용해서 다양한 형태의 건물을 만들 수 있듯이 Scratch에서 제공하는 블록 형태의 명령어를 서로 연결하여 학생이 원하는 애니메이션, 시뮬레이션, 게임 등을 만들 수 있다. 또한, Scratch는 학습자들이 자신이 만든 결과물을 공유하고 토론할 수 있는 온라인 커뮤니티를 제공하고, 다른 학습자가 만든 프로그램을 다운로드 받아서 코드를 변경하여 새로운 프로그램을 만드는 것을 장려하고 있다. 이러한 과정을 통해서 수학적, 공학적 지식뿐만 아니라 체계적인 사고와 디자인 및 문제해결 역량을 향상시킬 수 있다. 우리나라에서는 Scratch와 유사한 기능을 가진 엔트리라는 소프트웨어가 창의융합교육을 위해 자주 활용되고 있다.

셋째, 학생들 간의 상호작용과 협력학습을 돕기 위해서 테크놀로지를 활용할 수 있다. 페이스북, 인스타그램, 유튜브와 같은 소셜 미디어의 발달로 인해서 누구나 자신의 생각과 자료를 온라인에서 쉽게 공유할 수 있는 환경이 조성되었다. 소셜 미디어를 이용하여 시간과 장소의 제약 없이 다른 지역에 있는 학생이나 전문가와 의사소통을 할 수 있다. 그리고 클라우드 컴퓨팅(cloud computing) 기술이 발달하면서 노트북, 태블릿PC, 스마트폰 등 다양한 기기를 이용해서 언제 어디서나 인터넷 서버에 공유된 학습자료와 프로그램에 접근하여 다른 학생과 협력을 할 수 있게 되었다. 예컨대, 구글 드라이브(Google Drive)를 통해 원거리에 있는 학생과 실시간 혹은 비실시간으로 문서, 이미지, 슬라이드 등을 공유하고 공동 작업을 할 수 있다. 구글 문서를 이용할 경우 여러 명이 인터넷에 접속하여 동시에 글을 작성할 수 있고, 다른 사람의 글을 수정하거나 메모를 남길 수 있으며, 히스토리 기능을 이용해서 수정 전의 문서로 되돌아갈 수도 있다.

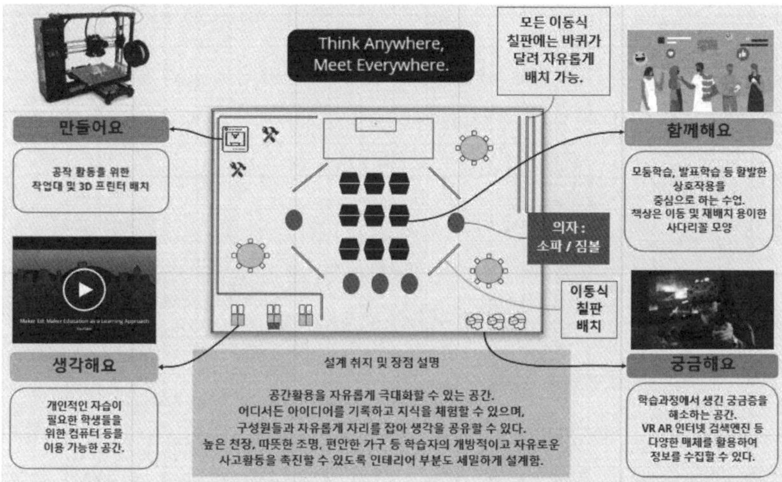

[그림 7.3] 온라인 화이트보드를 활용한 디자인 예시(한예진, 조영환, 2019)

그리고 Miro(https://miro.com)와 같은 온라인 화이트보드를 사용하면 여러 명이 시간과 장소의 제한 없이 시각적 창작물을 협력적으로 생성할 수 있다. 예컨대, [그림 7.3]은 세 명의 학생이 온라인 화이트보드를 이용해서 미래 교실을 공동으로 디자인한 결과물을 보여준다. 온라인 화이트보드에는 온라인 화상회의 기능이 있기 때문에 원거리에 있는 그룹원과 지속적으로 소통을 하면서 디자인을 할 수 있다. 각자가 자신의 생각을 그림으로 표현하거나 도형으로 나타낼 수 있고 마우스 포인터를 이용해서 온라인 화이트보드에 공유된 사물을 구체적으로 지칭하면서 대화를 할 수 있다. 이러한 기능을 사용하면 서로의 생각을 더 잘 이해하고 적극적으로 협력 활동에 참여할 수 있다.

컴퓨터기반 협력학습(computer-supported collaborative learning) 분야에서는 효과적인 온라인 상호작용을 돕기 위해 다양한 전략을 연구하고 있다. 협력학습이 효과적이기 위해서는 모든 그룹원이 적극적으로 참여하여 활발하게 상호작용하고 서로의 의견에 질문을 하거나 상반되는 관점에 대해 논의하는 것이 필요하다. 단순히 다른 사람의 의견에 동의만 한다면 협력학습의 효과를 기대하기 어렵고, 그룹원 중에 무임승차자가 있으면 협력학습에 대한 동기가 크게 줄어들 것이다. 이를 방지하기 위해서 협력학습의 규칙을 모든 그룹원이 사전에 공유해야 한다. 그리고 온라인 대시보드를 이용하여 각 그룹원의 참여도와 상호작용 양상을 시각화하여 피드백과 함께 제공할 수 있다. 참여가 부족한 학생이 있거나 학생들 간의 갈등이 심할 경우에는 교사가 적응적인 지원을 제공해야 한다.

마지막으로, 학생들의 관심과 필요를 고려하여 맞춤형 교육을 하기 위해 인공지능을 활용할 수 있다. 인공지능은 컴퓨터가 추상화, 문제해결, 추론, 학습과 같은 지능적인 업무를 하도록 명령하는 기술이며 1950년대 이후 급속히 성장하고 있다. 인공지능 기술을 활용한 지능형 튜터링 시스템(intelligent tutoring system)은 학습자의 내용지식과 기술을 학습과정에서 지속적으로 분석하여 적합한 교수지원과 피드백을 적시에 제공한다. 이 시스템은 인지과학 및 학습이론에 기반하여 학습자가 컴퓨터 화면에 제공되는 일련의 과제를 수행하는 동안 어떤 문제를 성공적으로 해결하는지 혹은 틀리는지, 어떤 문제해결 단계에서 어려움을 겪는지, 무슨 실수를 하는지, 얼마나 자주 힌트를 보는지 등의 학생 반응을 수집하여 학생이 알아야 하는 내용지식과 비교함으로써 학생의 지식수준을 지속적으로 평가한다. 이러한 수행평가에 기반하여 적시에 질문, 예시, 힌트, 피드백 등의 교수지원을 제공하고 그 다음에 학습할 내용 및 과제를 결정한다. 지능형 튜터링 시스템은 교수자와 학습자 간의 일대일 상호작용을 모방하여 학생의 요구를 잘 반영하도록 개발되었으며, 수학, 과학, 공학, 언어 등의 학습에 효과적으로 활용되고 있다. 지능형 튜터링 시스템은 교사가 일대일로 학생을 가르치는 것보다는 덜 효과적이지만, 한 명의 교사가 여러 명의 학생을 가르쳐야 하는 전통적인 수업방법과 비교했을 때 더 효과적인 것으로 알려져 있다(Du Boulay, 2016). 최근에는 내용지식뿐만 아니라 학생의 메타인지와 감성적인 측면을 고려한 지능형 튜터링 시스템이 개발 중에 있다. 그러나 지능형 튜터링 시스템은 아직까지 소수의 내용영역에 적용이 가능하고 딜레마 문제처럼 정답이 없는 비구조화된 영역의 학습을 지원하는 데 제한점을 가진다.

지난 2016년 3월에 있었던 이세돌과 인공지능 프로그램인 알파고(AlphaGo)의 바둑경기에서 알파고가 4대 1의 큰 승리를 거두었다. 이 경기의 결과에 놀란 많은 사람들이 인공지능이 가져올 미래사회의 변화에 높은 관심을 보였으며, 인공지능 개발에 뒤처지지 않기 위해서 연구와 개발에 더 많은 투자가 이루어져야 한다고 주장하였다. 교육계에서도 "미래에 인공지능이 교사를 대체할 수 있을까?" 혹은 "지능정보화 사회에 학교는 어떻게 변할까?"와 같은 흥미로운 질문이 제기되었다.

인공지능은 세상과 서로 상호작용하는 데 있어서 인간과 매우 유사한 지적인 행동(예: 지각, 언어, 의사결정)을 보이는 컴퓨터 시스템을 말한다. 약 30년 전부터 교육 분야에서 인공지능을 어떻게 활용할 것인지에 관한 연구가 MIT, 카네기멜런 대학 등을 중심으로 해외에서 활발하게 진행되고 있다. 최근에는 머신러닝(machine learning) 혹은 딥러닝(deep learning)이라는 첨단기술을 통해서 주어진 데이터로부터 컴퓨터가 스스로 패턴을 인식하고 규칙을 만들 수 있게 되었다. 이는 어린아이가 여러 마리의 고양이를 보고 나서 고양이의 공통점을 스스로 학습하고 새로운 동물을 보았을 때 고양이인지 아닌지를 알아맞힐 수 있는 것과 유사하다. 인공지능 기술이 점점 더 진화하면서 스스로 주어진 정보를 분석하고 목적을 성취하기 위해서 최적의 해결책을 선택할 수 있게 되었으며, 이러한 능력은 데이터가 축적될수록 더 향상될 것이다.

인공지능은 교육의 다양한 분야에서 활용될 수 있다. 특히, 이 장에서 소개된 지능형 튜터링 시스템은 교육에서 인공지능이 효과적으로 활용된 대표적인 예이다. 일반적으로 학교에서 한 명의 교사가 20명 이상의 학생들을 가르쳐야 하는데, 교사가 모든 학생들의 지적, 정의적, 사회적 발달을 관찰하고 각 학생의 수준에 맞는 교육을 실시하는 것은 현실적으로 매우 어렵다. 이러한 어려움을 극복하고 각 학생의 요구를 잘 반영하여 학습안내와 피드백을 제공하기 위해서 인공지능이 효과적으로 활용될 수 있다. Koedinger와 동료들(1997)은 이미 1990년대 초반에 미국 피츠버그 고등학생들을 대상으로 PAT(Practical Algebra Tutor)라고 불리는 지능형 튜터링 시스템을 사용하여 수학을 가르쳤다. 그 결과, 학생들의 수학 성취도가 PAT를 사용하지 않은 비교집단에 비해서 유의미하게 향상되었다. 인공지능이 교사를 도와서 학생들의 질문에 답하고 개별적으로 피드백을 줄 수 있다면 학생의 학업성취와 만족도가 높아질 뿐만 아니라 교사는 더 많은 시간을 수업 개선을 위한 교육과 연구에 할애할 수 있을 것이다. 그 이외에도

Luckin 외(2016)는 인공지능이 현재 혹은 가까운 미래에 교육을 위해서 다음과 같은 역할을 수행할 수 있다고 하였다.

- 협력학습을 위해서 그룹을 편성하고 협력과정을 점검하고 지원함
- 가상현실 속에서 실제적인 학습환경을 탐색하고 문제를 해결하도록 지원함
- 21세기 역량을 향상시키기 위한 최적의 교수방법을 찾는 데 기여함
- 학습과정을 평가하고 학생의 어려움을 진단하여 적시에 학습지원을 제공함
- 새로운 학습이론을 교육현장에 적용하는 데 기여함
- 평생학습을 위한 동반자 역할을 수행함

이처럼 인공지능이 유의미 학습을 위해 효과적으로 활용된다면 우리나라 학교교육도 크게 개선될 것이다. 교사와 인공지능이 서로 협력하여 학생의 전인적 발달을 위한 맞춤형 교육을 실시할 필요가 있다. 그리고 이 과정에서 윤리적 문제와 기존 교육체제와의 갈등이 발생하지 않도록 주의를 기울여야 한다. 인공지능을 훈련시키는 데 필요한 데이터를 수집하고 활용하는 과정에서 학생의 민감 정보가 외부에 대량으로 유출될 수 있으며, 의도적으로 인공지능 프로그램을 해킹하여 학생 정보를 훔치거나 조작하는 경우도 발생할 수 있다. 그리고 인공지능이 학생의 성취도를 잘못 예측하여 교사가 특정 학생을 학습부진아로 잘못 인식한다면 낙인효과로 인해 학생에게 불이익이 발생할 수도 있다. 이 경우 누구에게 책임을 물을지 불분명하다. 이러한 이슈들을 충분히 고려하면서 학생들의 유의미 학습을 촉진하기 위해 인공지능을 효과적으로 활용하는 방안을 적극적으로 모색해야 할 것이다.

[그림 7.5] 인공지능과 교육

최근에는 학습분석학(learning analytics)의 발달로 빅데이터와 인공지능 기술을 이용하여 학습 패턴을 분석하고, 학습자가 겪는 어려움을 진단하고, 학업성취도나 중도탈락 가능성을 예측할 수 있게 되었다. 디지털 기기를 활용한 학습이 증가하면서 누가, 언제, 무엇을, 어떻게 학습하는지에 대한 데이터를 효율적으로 수집할 수 있다. 예컨대, 온라인 학습 플랫폼에서 수학문제를 해결하면 접속한 시간, 빈도, 규칙성, 문제 유형, 정오답 비율 등을 분석하여 학생에게 부족한 수학지식과 학습역량을 진단하고 성적을 예측할 수 있다. 이러한 정보는 교사가 학생을 더 잘 이해하고 맞춤형 교육을 준비하는 데 유용하게 사용될 수 있다. 향후 학습분석학은 단순히 학생에 대한 정보를 대시보드를 통해 제공하는 것을 넘어서 교사의 수업 개선과 학생의 학습역량 향상에 실질적으로 기여하는 방법을 찾아야 한다. ChatGPT와 같은 생성형 인공지능을 활용하여 맞춤형 수업을 위한 전략과 학습자료를 교사에게 추천하거나 학습분석 결과를 바탕으로 개별 학생에게 맞춤형 학습 상담을 해주는 챗봇을 개발할 수 있을 것이다.

4. 나가며

제6장에서 소개한 잘 가르치는 방법은 이 장에서 논의한 테크놀로지를 활용한 수업과 밀접한 관련성을 가진다. 테크놀로지를 수업에 활용하는 것도 넓게 보면 잘 가르치는 방법의 한 종류이기 때문이다. 이 장에서는 테크놀로지의 의미가 하드웨어, 소프트웨어, 체제의 관점에서 볼 때 어떻게 달라지는지 살펴보았다. 교사의 입장에서는 테크놀로

지를 단순히 하드웨어로 볼 것이 아니라 유의미한 학습을 촉진하기 위해 테크놀로지를 어떻게 활용할 수 있을지에 더 중점을 두어야 한다. 또한, 체제적 관점에서 새로운 테크놀로지가 기존 학교교육에 도입되었을 때 발생할 수 있는 갈등이나 상충관계를 고려해서 수업을 설계하고 교실문화를 변화시켜야 할 것이다. 그리고 첨단 테크놀로지만으로 교육이 향상될 것이라고 믿는 것은 타당하지 않다. 물론, 새로운 테크놀로지는 기존의 테크놀로지와 다른 특성을 가지기 때문에 학생들에게 새로운 학습경험을 제공할 수 있는 잠재력을 가지고 있다. 그러나 이 잠재력을 구체적으로 실현하기 위해서는 TPACK이라고 불리는 교사의 전문적인 지식이 필요하며, 첨단 테크놀로지를 효과적으로 수업에 활용할 수 있는 학교문화와 제도가 정착되어야 한다. 마지막으로, 이 장에서는 유의미 학습을 위해서 테크놀로지를 효과적으로 활용할 수 있는 방안과 사례를 살펴보았다. 컴퓨터, 메타버스, 클라우드 컴퓨팅, 인공지능 등의 테크놀로지를 실제적인 과제를 제공하고, 지식 구성을 돕고, 협력학습을 촉진하고, 맞춤형 교육을 지원하기 위해 효과적으로 활용할 필요가 있다. 여기에서 명심해야 할 점은 테크놀로지를 선택하기 전에 먼저 학생들의 특성과 과제를 분석하여 학습목표를 명확히 해야 한다는 것이다. 학습목표를 먼저 생각하지 않고 테크놀로지 활용 여부를 결정하게 되면 학습목표와 선택된 테크놀로지 간에 부조화가 일어날 수 있기 때문이다. 최근에 인공지능에 대한 관심이 매우 높은데 '인공지능을 위한 교육'이 아니라 '교육을 위한 인공지능'이 되도록 다 함께 노력해야 한다.

이 장의 내용을 종합하면서 아래에 제시된 질문들에 대해서 스스로 생각하고 다른 사람과 논의해 보자.

심화질문

- 새로운 테크놀로지를 수업에 활용하는 것에 대해서 두려움을 가지고 있는 교사가 있을 때 어떻게 테크놀로지를 효과적으로 활용할 수 있도록 도와줄 수 있는가?
- 스마트폰은 학생의 인지발달을 저해하고 중독성이 강해서 절대로 학교에서 사용하면 안 된다고 주장하는 학부모가 있다고 하자. 만약 여러분이 교사라면, 그 학부모에게 무슨 말을 하겠는가?
- 이 장에서는 테크놀로지를 활용한 네 가지 유형의 유의미 학습을 소개하였다. 그 이외에 테크놀로지를 교수 · 학습에 효과적으로 활용할 수 있는 방안은 무엇인가? 전통적인 교수방법과 비교해서 어떤 장점을 가지는지 설명하시오.
- 인공지능이 학교교육에 도입되면 교사의 역할이 어떻게 변할 것인가?

참고문헌

조영환, 김윤강, 황매향 (2014). 3차원 가상세계 역할놀이를 통한 초등학교 예비교사의 문제해결력 증진 방안에 관한 사례연구. **교육공학연구, 30**(1), 45-75.

한예진, 조영환 (2019). 시각화 도구를 활용한 온라인 협력학습 과정 탐색: 디자인 과제를 중심으로. 교육공학연구, 35(3), 787-816.

Ausubel, D. P. (1963). *The psychology of meaningful verbal learning*. New York: Grune & Stratton.

Clark, R. E. (1983). Reconsidering research on learning from media. *Review of Educational Research, 53*(4), 445-459.

Cognition and Technology Group at Vanderbilt (CTGV). (1992). The Jasper experiment: An exploration of issues in learning and instructional design. *Educational Technology Research and Development, 40*(1), 65-80.

Du Boulay, B. (2016). Artificial intelligence as an effective classroom assistant. *IEEE Intelligent Systems, 31*(6), 76-81.

Engeström, Y. (1987). *Learning by expanding: An activity-theoretical approach to developmental research*. Helsinki: Orienta-Konsultit.

Howland, J. L., Jonassen, D. H., Marra, R. M. (2012). Meaningful learning with technology (4th ed.). Boston, MA: Pearson Education; 이영주, 조영환, 조규락, 최재호 공역 (2014). **테크놀로지와 함께하는 유의미학습**. 파주: 아카데미프레스.

Koedinger, K. R., Anderson, J. R., Hadley, W. H., & Mark, M. A. (1997). Intelligent tutoring goes to school in the big city. *International Journal of Artificial Intelligence in Education, 8*, 30-43.

Luckin, R., Holmes, W., Griffiths, M., & Forcier, L. B. (2016). *Intelligence unleashed: An argument for AI in education*. London:

Pearson.
McLuhan, M. (1964). *Understanding media: The extensions of man*. New York: Mentor.

CHAPTER_ 8

학습에 대한 평가, 학습을 위한 평가

많은 사람들이 오늘날 학교가 실패하고 있는 것은 시험 때문이라고 이야기한다. 더 좋은 대학에 입학하기 위해서 치러야 하는 크고 작은 수많은 시험 때문에 학생들이 숨막혀 하고 있으며, 이러한 시험이 학교를, 그리고 교사를 짓눌러서 교육 자체가 불가능해지고 있다는 것이다. 특히 교사로서 주어진 입시제도 하에서 요구하는 평가를 운영하기에 급급해서 자신의 교육철학이나 다양한 수업활동을 반영하는 자신만의 평가를 수행할 수 없다고 하소연한다. 다시 말해서 내신 상대평가체제 아래에서 학생들의 능력을 변별하기에 가장 적합한 평가, 다시 말해서 동점자를 최대한 줄이고 학생들의 점수를 최대한 다양하게 산출할 수 있는 평가를 운영해야만 하기에 교사의 평가자율성이나 평가전문성에 대해 논의할 수 없다는 것이다. 하지만 최근에는 이러한 학생들의 학습결과에 대한 평가 중심의 논의에서 학생들의 학습 및 교사의 교수활동에 도움이 되는 평가에 대한 관심이 고조되고 있다. 이 두 가지 유형의 평가는 어느 하나를 배제하고 다른 하나를 추구해야 하는 상호 배타적인 이념이 아니라, 학교의 교수 · 학습 실제를 통해 함께 추구될 수 있으며 함께 추구되어야만 하는 것이라고 할 수 있다. 이 장에서는 좋은 평가란 어떤 것인지를 다양한 관점에서 살펴보고 그에

문제 사례

최 교사는 2년차 영어교사로, 교육여건 및 주변 경제환경이 매우 열악한 지역의 중학교에 근무하고 있다. 지역환경을 반영하듯이, 이 학교 학생들은 전반적으로 영어능력이 낮을 뿐 아니라, 영어에 자신도 없고 흥미도 없는 학생들이 많다. 이러한 상황에서 최 교사는 학생들이 영어에 흥미를 가질 수 있도록 수업에 게임을 도입하거나 성적이 낮은 학생들이 좋아하는 방식을 수행평가에 과감하게 도입해 가면서 뒤처지는 학생없이 모든 아이들을 끌고 수업을 진행하고자 노력해 왔다.

이렇게 학생들을 열심히 가르쳤지만, 최 교사는 중간고사 문제를 출제하고 채점하는 과정에서 고민에 빠지게 되었다. 먼저, 문제 출제 과정에서 실제 수업에서는 게임 등 다양한 활동을 통해서 공부를 했지만, 막상 중간고사는 지필검사의 형태로 출제해야 하다 보니 수업시간에 시도했던 다양한 활동을 제대로 담지 못하는 기계적인 문항들로 문제를 구성할 수밖에 없어서 최 교사를 고민하게 했다.

게다가 중간고사를 마친 후 채점을 하고 나자, 최 교사는 학생들의 점수를 보면서 다시 한 번 고민에 빠졌다. 중간고사 결과가 학생들의 수업참여도나 성장을 제대로 보여주지 못하는 것 같았기 때문이다. 다시 말해서, 최 교사는 아직 영어 능력이 아주 좋지는 않지만 자신의 수업에서 게임 등 다양한 활동에 열심히 참여했고 학기 초에 비해서 영어능력이 아주 많이 좋아진 학생들이 있음에도 불구하고, 이 학생들의 중간고사 성적이 아직은 이러한 성장을 제대로 반영하지 못하고 있는 것 같아서 고민이었다. 최 교사는 이 학생들이 중간고사 성적을 받고 나서 '나는 해도 안 되는구나' 하고 스스로 포기하게 될까봐 걱정이 됐지만, 이 학생들에게 아직 성적으로 나타나지는 않았지만 그래도 영어능력이 좋아지고 있으니 계속 열심히 하라고 격려를 해주는 일 밖에 해 줄 것이 없었다.

그래서 최 교사는 기말고사 문제를 출제하면서 영어가 너무 어려워서 포기하는 학생이 가급적 없도록, 그리고 수업을 열심히 들었으면 누구나 잘 볼 수 있고 학기 초에 비해서 나아진 영어성적을 스스로 확인할 수 있도록 중간고사보다는 상대적으로 쉬운 문제를 출제했다. 그 결과 많은 학생들이 중간고사 때 보다는 더 좋은 점수를 받았고, 최 교사가 우려했던 학생들, 수업시간에 흥미를 가지고 열심히 했지만 중간고사에서는 낮은 점수를 받았던 학생들도 기말고사에서는 점수가 많이 높아져서 좋아하는 것을 확인할 수 있었다.

하지만 이렇게 되자, 특목고 진학을 준비하고 있는 우수 학생의 부모가 항의를 해왔다. 항의의 요지는 기말고사 문제가 너무 쉬워서 점수가 높게 나왔고 그 때문에 백점 만점인 학생이 많아져서 자신의 자녀가 혼자 두각을 나타낼 수가 없었다는 것이다. 이에 최 교사는 지금 중학교에서는 성취평가제가 시행되고 있기 때문에 교육과정에서 주어진 성취기준을 얼마나 달성했는지에 의해서 성적이 제시될 뿐 석차는 더 이상 중요하지 않다고 설명했지만, 특목고 진학을 준비하고 있는 자신의 자녀에게 쉬운 시험이 불이익으로 다가올 거라는 학부모의 거센 항의는 계속되었다.

만약 당신이 최 교사라면 어떻게 평가를 준비할 수 있을 것인가? 먼저, 교과별 성취기준을 토대로 평가를 준비해야 하지만, 교사가 자신의 수업시간에서 실제 다뤘던 다양한 활동과 내용을 토대로 어느 정도까지 평가의 형태 및 구성에서 자율성을 가지는가? 또한 교과별 성취기준 이외에 시험의 난이도 조절에 대해서는 구체적인 지침이 없는 상황에서, 바람직한 중간고사 및 기말고사의 난이도라는 것이 존재하는가? 그리고 학생들의 수업 참여도나 학기 초에 비해 학생들이 이루어낸 성장을 평가하고 이를 학생들의 학습에 도움이 되는 방식으로 평가를 활용할 수 있는가?

토론질문

1. 좋은 평가란 어떤 평가인가?
2. 학생들의 학습에 도움이 되는 평가란 어떻게 가능한가?

따라 평가의 운영을 실제로 어떻게 설계할 수 있으며, 평가 결과는 어떻게 피드백으로 제공하는 것이 효과적일 수 있는지 논의하고자 한다.

1. 좋은 평가란 어떤 평가인가?

교육평가란 무엇인가? 타일러(R. Tyler)는 교육평가(educational evaluation)는 교육목표의 달성 여부를 판단하는 행위라고 정의하였으며(Tyler, 1942), 교육평가는 교육목표를 설정하고 그에 따라 교육내용을 선정하고 조직하여 교수 · 학습을 실시한 이후에 설정된 목표가 달성되었는지를 확인하고 판단하는 과정이라고 보았다. 이러한 타일러의 정의는 마치 교육목표가 가장 먼저 설정된 다음에 이 목표에 따라서 교수 · 학습이 이루어지고 그 마지막 단계에서 평가가 이루어지는 것처럼 인지될 수도 있겠다. 이 경우 평가는 학생들이 교수 · 학습과정에서 배운 학습목표를 얼마나 잘 달성했는지에 대해 마지막 점검하는 역할, 다시 말해서 평가 결과에 따라 학생들을 이름붙이는 역할을 한다고 해석될 수 있다. 하지만 이에 비해서 교육평가는 교수 · 학습을 개선하고 학생의 학습에 도움을 주는 역할도 해야 한다는 관점도 있다(Bloom, 1968; Cronbach, 1963; Scriven, 1967), 따라서 타일러가 이야기했던 교육목표와 교수 · 학습, 교육평가 간의 관계는 아래 [그림 8.1]과 같이 상호 밀접히 유기적인 관계를 가지면서 역동적으로 순환작용을 하는 것으로 이해되어야 한다. 그렇다면 교육평가가 교수목표 및 교수 · 학습과 유기적 관계를 가지며 역동적 순환과정을 가져야 한다는 것은 보다 구체적으로 교육평가가 어떻게 이루어져야 한다는 것을 의미하는가? 이에 대한 논의는 교육평가의 다양한 유형에 대한 기존 논의를 통해 실마리를 찾아보도록 한다.

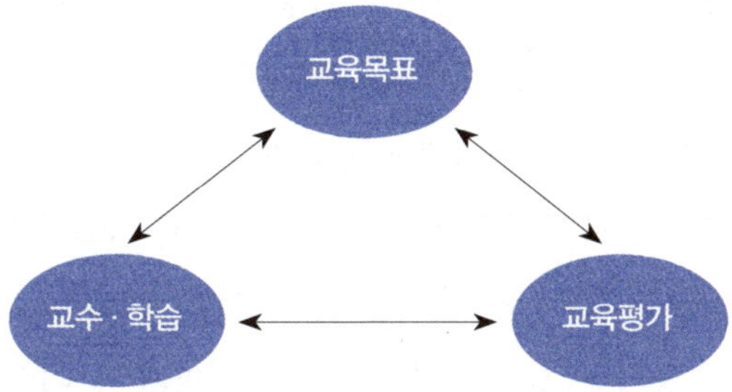

[그림 8.1] 교육목표, 교수 · 학습과 교육평가간 유기적 관계

가. 평가의 목적 및 기능에 따른 평가의 유형

교육평가는 평가가 이루어지는 교수 · 학습 진행 시점에 따라 진단평가와 형성평가, 총괄평가로 구분되거나 혹은 평가에 사용되는 기준 혹은 참조점이 무엇이냐에 따라서 규준참조평가와 준거참조평가, 능력참조평가, 성장참조평가로 구분될 수 있다(성태제 외, 2012). 하지만 교수 · 학습 진행 시점에 따른 평가유형의 구분은 사실 평가결과를 어떤 목적으로 사용하고자 하는지에 따른 구분으로도 연결이 된다고 할 수 있으므로, 여기에서는 평가의 목적 및 기능에 따른 구분으로 간주하여 설명하고자 한다. 학생에 대한 평가는 학습 과정과 학습 결과 중 어느 것에 더 초점을 두어서 평가의 대상으로 삼았는지에 따라서 크게 두 가지 목적과 기능을 가지고 있다고 볼 수 있다. 하나는 학생들의 학습 결과에 대해 시험을 통하여 성적을 부여하고 상위학교 진급 시 학생에 대한 정보를 제공하는 것이고, 다른 하나는 교수 · 학습 상황에서 학생의 학습을 돕기 위해 실행하는 것이다. 이 두 기능은 각각 총

괄평가(summative assessment)와 형성평가(formative assessment)라는 이름으로 많은 교육평가 교재에서 다루어져 왔다. 하지만 최근에는 이러한 평가를 '학습결과에 대한 평가(assessment of learning)'와 '학습을 위한 평가' 혹은 '학습지향적 평가(assessment for learning)'라는 이름으로도 논의되고 있으며(Black & Wiliam, 1998), 특히 캐나다와 미국, 호주를 중심으로 '학습으로서의 평가(assessment as learning)'에 대해서도 활발한 논의가 이루어지고 있다(Earl, 2003, 2007; McMillan, 2014).

'학습을 위한 평가', 그리고 '학습으로서의 평가'에 대한 논의가 주도적으로 이루어지면서 [그림 8.2]에 제시된 바와 같이, 학습결과에 대한 평가 위주로 진행되어온 전통적 학생 평가 패러다임이 미래사회에서 필요한 학생들의 역량을 교사가 제대로 지도하기 위해서는 학습으로서의 평가 위주로 바뀌어야 한다는 주장이 제기되고 있다(Earl, 2003). 실제로 호주 New South Wales(NSW)주 교수 및 교육표준 연구위원회(board of studies teaching & educational standards NSW)에서는 국가 교육과정을 위한 NSW 교수요목을 통해 학교 교육에 있어서 교수와 학습, 평가의 통합적 접근을 장려하고 있다.[1] 여기에서는 학습을 위한 평가와 학습으로서의 평가, 학습결과에 대한 평가가 상호배타적인 것이 아니라 학생들의 성취수준에 대한 정보를 수집하고 학생의 학습을 향상시키기 위해서 개별적으로 혹은 함께 사용될 수 있는 접근이라는 것을 강조하고 있다.

1)http://syllabus.bos.nsw.edu.au/support-materials/assessment-for-as-and-of-learning/

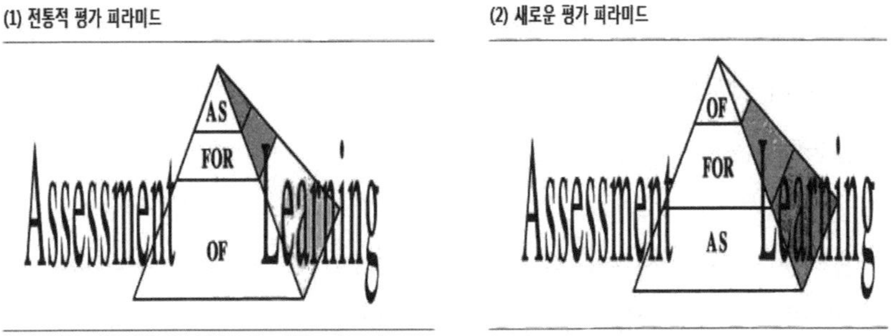

[그림 8.2] 교실에서의 평가 피라미드의 전환

출처: Earl, L. M. (2003). Assessment as Learning: Using classroom assessment to maximize student learning. Thousand Oaks, CA: Corwins.

그렇다면, '학습결과에 대한 평가'와 '학습을 위한 평가', 그리고 '학습으로서의 평가'가 과연 어떻게 이루어질 수 있는지 좀 더 구체적으로 살펴보자. 먼저, '학습결과에 대한 평가'는 학생들의 학습 결과를 교육과정에 근거하여 학생의 학습정도에 대한 증거를 수집하기 위해 실시하는 평가로서, 총괄평가의 성격이 강하다. 학습결과에 대한 평가는 흔히 단원의 끝이나 학기말에 실시되며, 학생들에게 등급 혹은 석차를 부여하기 위해 사용된다. 등급 혹은 석차를 부여하는 데 있어서 학습결과의 평가가 얼마나 효율적인지는 평가활동의 타당도 및 신뢰도에 따라 달라진다. 하지만 학습결과에 대한 평가도 피드백의 성격 및 질에 따라서 학습을 위한 기회를 효과적으로 제공하기 위해 사용될 수도 있다. 이를 좀 더 자세히 살펴보면, 학습결과에 대한 평가는 교육프로그램 배치나 선발 등 학생들의 향후 학습경로를 계획하기 위해 사용되며, 학생과 학부모를 포함하여 다양한 집단에 학생의 학업성취도 수준에 대한 정보를 제공하기 위해 사용되므로, 누가 보더라도 명확한 개념으로 학생의 성취 수준에 대한 정보를 제시하는 것이 요구된다.

둘째로, '학습을 위한 평가'는 평가정보를 통해서 교수과정에서 미리 설정한 교수·학습 계획을 수정하고 학습을 지원하고 돕는 평가의 형성적 기능이 강하다. 다시 말해서, 학습을 위한 평가는 교사가 자신의 교수활동에 대한 피드백을 얻기 위해서 학생들의 지식, 이해, 능력에 대한 정보를 활용하는 것으로, 일반적으로 교수·학습의 전체 과정을 통해 학생의 학습 및 이해 정도를 확인하기 위해 지속적으로 이루어진다. 이를 좀 더 자세히 살펴보면, 학습을 위한 평가는 더 나은 점수를 받기 위해서라기 보다는 학생들이 더 잘 학습할 수 있도록 평가가 돕는다는 학습에 대한 관점을 반영하고 있으며, 향후의 교수·학습 계획을 세우기 위해 수업의 일부로 시행되는 형식적, 비형식적 평가활동을 포함한다. 또한, 학습을 위한 평가는 학생들을 동기화하여 학습향상을 가져오게 할 수 있는 효과적 피드백을 제공하며, 평가에 대한 이러한 접근은 모든 학생은 학습능력이 향상될 수 있다는 교육적 신념을 반영하고 있다. 그리고 학습을 위한 평가를 위해서 학습활동을 위한 명확히 진술된 목표를 담은 교사의 평가 이외에 정규 교실수업의 일부분으로 학생들의 자기평가 및 동료평가, 교사의 성찰 등을 포함하여 실시할 수도 있다.

마지막으로, '학습으로서의 평가'는 학생들이 자기 자신의 평가자가 될 때 이루어진다. 다시 말해서, 학습으로서의 평가는 학생이 스스로 평가하고 평가 정보를 스스로 활용하여 자신의 학습을 진행해 나가는 방식이므로 이는 또 하나의 학습 과정으로서 학습과 평가가 통합된 형태이다. 따라서 학습으로서의 평가는 궁극적으로 학생이 스스로 진단하여(self-diagnosis) 자신의 학습에 대한 깊이 있는 이해(self-understanding)를 통해 자기주도적인 학습을 이끌 수 있도록(self-regulation) 하는 진정으로 학습을 돕는 평가를 의미한다(김수진, 김경희, 임은영; 2013). 이를 좀 더 자세히 살펴보면, 학습으로서의 평가는 학생들이 자신의 학습에 대해 스스로 책임감을 느끼도록 장려하며, 학생들이 자신의 학습에 대해 질문을 던지도록 요구한다. 실제 학습으로서의 평가가 진행되는 과정에서 학생의 성장 및 발전을 도울 수 있도록 교사와 학생은 함께 학습목표를 설정하고, 학생들이 학습의 다음 단계를 이해하도록 돕기 위해서 형식적, 비형식적 피드백과 학생의 자기평가, 동료평가 그리고 성찰을 활용하게 된다. 이렇게 세 가지 유형의 평가, 즉 학습결과에 대한 평가와 학습을 위한 평가, 학습으로서의 평가의 특성을 요약해 보면 아래 〈표 8.1〉과 같이 정리될 수 있다.

〈표 8.1〉 학습결과에 대한 평가, 학습을 위한 평가, 학습으로의 평가의 특징 비교

유형	학습결과에 대한 평가 (assessment of learning)	학습을 위한 평가 (assessment for learning)	학습으로서의 평가 (assessment as learning)
평가의 특징	• 학기말 • 학년말에 시행되는 총괄 평가. • 등급 부여 성적표를 제공하기 위한 평가	• 수업과정에서 지속적으로 학습계획을 세우기 위한 진단적, 형성적 평가	• 학습과정의 하나로 평가 인식 • 자기 또는 동료평가 • 학생이 평가 피드백을 활용하여 스스로 수정할 수 있도록 함
평가 방법 및 결과 활용	• 교사평가 • 준거참조평가(교육과정 기반의 학습목표를 준거화)/규준참조평가(다른 학생들과의 비교) 활용 • 학생의 수행에 대한 정보를 학부모, 학교, 교사 등과 공유 • 교육과정 기준에 근거하여 학생의 수행 수준을 판단할 때 활용	• 교사평가, 학생의 자기평가 및 동료평가 • 준거참조평가 및 성장참조평가(이전 평가에 비해 얼마나 향상되었는지 평가) 활용 가능 • 학습 진도와 개선에 대한 교사의 성찰과 점검 • 형성평가를 토대로 수업조절(교수계획 조정 및 교수과정 수정)	• 학생의 자기평가 및 동료평가 • 능력참조평가 및 성장참조평가 활용 가능 • 학생 자신이 성취 정보를 제공하고 학습향상을 지속적으로 독려 • 이전 학습과 개별 학습목표에 근거하여 학생 스스로 학습준거 설정

유형	학습결과에 대한 평가 (assessment of learning)	학습을 위한 평가 (assessment for learning)	학습으로서의 평가 (assessment as learning)
평가 방법 및 결과 활용	• 등급 부여 및 성적표 제공을 위해 활용		• 학생 스스로 학습과정에 적용하고 이해 확장을 위해 평가 정보 활용 • 과제의 완성도를 높이기 위해 평가 피드백에 응답할 기회를 학생에게 제공

출처: 인지진단이론을 적용한 교육평가의 새 지평(김수진, 김경희, 임은영; 2013)에 제시된 내용을 일부 수정 보완함.

나. 평가의 기준에 따른 평가의 유형

학생에 대한 교사의 평가는 평가의 목적 및 기능에 따라서 학습을 위한 평가와 학습으로서의 평가, 학습결과에 대한 평가로 구분될 수 있지만, 평가의 기준에 따라서도 구분될 수 있다. 이 때 평가의 기준(frame of reference)이란 무엇인가? 평가의 기준이란, 무엇인가를 측정할 때 비교의 대상 혹은 기준으로 삼는 것이다. 예를 들어서 중학교 2학년인 민영이가 수학 시험에서 76점을 받았다면 이 점수는 무엇을 의미하는가? 76점이면 평균보다 잘했다는 것을 의미하는가? 아니면 시험을 못 봤다고 해야 하는가? 76점이라는 점수는 비교의 기준이 무엇이냐에 따라서 다양한 의미로 해석될 수 있다. 이 시험을 같이 본 다른 학생들과 비교했을 때, 민영이는 얼마나 더 잘 한 것인가? 이 점수를 토대로 민영이가 수학시간에 새로 학습한 내용 혹은 능력이 무엇인지 확인할 수 있는가? 민영이는 자신의 수학 실력을 고려했을 때 교사가 기대한 만큼 시험을 잘 봤는가? 민영이의 점수는 지난번 시험에 비해서 수학 실력이 향상되었다는 것을 보여주고 있는가? 이러한 질문들은 각기 다른 평가의 기준, 즉 평가 점수를 해석할 수 있는 방법을 반영하고 있다.

먼저, 규준참조평가(norm-referenced evaluation)는 평가의 기준이 규준집단(norm group)의 점수에 있는 것으로, 이때 규준집단이라 함은 해당 평가점수를 비교하고자 하는 집단으로서, 대부분의 학력검사에서는 함께 시험을 본 전체 학생집단이 될 것이다. 따라서 규준참조평가는 같이 시험을 본 학생들의 점수와 비교했을 때 개별 학생의 상대적 서열이 어느 정도인지를 점수화한 것으로서, 백분위(percentile)나 백분위를 토대로 변환한 T점수 혹은 표준점수 등을 사용하여 점수화한다. 따라서 민영이가 받은 76점이 규준참조평가에 의해 도출된 점수라면, 민영이는 같이 시험을 본 학생들의 점수와 비교했을 때 백분위 76으로 약 76%의 학생들이 민영이보다 낮은 점수를 받았으며, 민영이보다 더 높은 점수를 받은 학생은 24% 있었다는 것으로 해석될 수 있다. 이러한 규준참조평가는 흔히 상대평가라고 일컫기도 하며, 교육과정에 의해 제시된 교육목표를 얼마나 숙지했는지에는 관심이 없고 상대적 서열만을 제시하므로, 지나친 경쟁을 조장하고 교수 · 학습에 대한 충분한 시사점을 도출하지 못한다는 점 등의 단점을 갖는다.

이에 비해서 준거참조평가(criterion-referenced evaluation)는 평가의 기준이 교육과정에 제시된 성취기준(standard)에 있는 것으로, 학습자가 학습해야 할 성취기준을 명세화한 다음, 개별 학습자가 이러한 성취기준을 얼마나 습득했는지에 의해서 점수가 제공된다. 현재 중학교에서는 성취평가제라는 이름으로 준거참조평가가 실시되고 있는데, 아래 〈표 8.2〉에서 확인할 수 있듯이 학생들이 한 학기동안 성취하기를 기대하는 전체 성취기준을 어느 정도나 이해하고 달성했다고 볼 수 있는지에 따라서 학생들의 성적이 제시된다. 따라서 민영이가 받은 76점이 준거참조평가에 의해 도출된 점수라면, 민영이는 수학 교육과정에 포함된 성취기준의 약 76% 정도를 숙지했다고 해석될 수 있으며, 해당 교과에서 배워야 할 학습내용의 약 24% 정도를 숙달하지 못했으므로 완전학습을 위해서는 좀 더 노력해야 한다고 해석할 수 있다. 이러한 준거참조평가는 성취기준의 설정이 어렵다는 단점을 가지나, 학생들이 무엇을 알고 무엇을 모르는지에 대한 직접적 정보를 제공하며, 제공된 정보를 기초로 교육목표와 교육과정, 교수 · 학습을 개선할 수 있는 여지가 있다는 장점을 가진다.

〈표 8.2〉 성취평가제에 따른 성적 기재 방식

성취도	정 의	기준성취율
A	한 학기 동안 학생들이 충실한 교수·학습 과정을 통해 성취하기를 기대하는 전체 성취기준에 대한 이해와 수행이 매우 우수한 수준	90% 이상
B	한 학기 동안 학생들이 충실한 교수·학습 과정을 통해 성취하기를 기대하는 전체 성취기준에 대한 이해와 수행이 우수한 수준	80% 이상 ~ 90% 미만
C	한 학기 동안 학생들이 충실한 교수·학습 과정을 통해 성취하기를 기대하는 전체 성취기준에 대한 이해와 수행이 보통 수준	70% 이상 ~ 80% 미만
D	한 학기 동안 학생들이 충실한 교수·학습 과정을 통해 성취하기를 기대하는 전체 성취기준에 대한 이해와 수행이 다소 미흡한 수준	60% 이상 ~ 70% 미만
E	한 학기 동안 학생들이 충실한 교수·학습 과정을 통해 성취하기를 기대하는 전체 성취기준에 대한 이해와 수행이 미흡한 수준	60% 미만

출처: 중등학교 성취평가제 지원 홈페이지(http://asa.kice.re.kr/achi/meanView.do)

규준참조평가와 준거참조평가가 각기 상대평가와 절대평가라는 이름으로 오랫동안 논의가 진행되어 온 데 비해서 능력참조평가와 성장참조평가는 비교적 최근에 논의되기 시작되었다(Oosterhof, 1994). 능력참조평가(ability-referenced evaluation)는 학생이 지니고 있는 능력에 비추어 얼마나 최선을 다하였느냐, 즉 학생이 최대능력을 발휘하였는가에 평가의 기준이 있는 평가방식이다. 따라서 민영이가 받은 76점이 능력참조평가에 의해 도출된 점수이고, 학생의 능력과 점수수준이 동일한 경우에 80점을 부여했다면, 민영이는 실제 가지고 있는 능력과 비교했을 때 평가결과가 기대보다는 다소 낮았던 것으로 해석할 수 있다. 이러한 능력참조평가는 학생이 지니고 있는 능력에 대한 정확한 정보가 없을 경우 적용에 어려움이 있다는 단점을 지니나, 능력이 낮더라도 최선을 다한 학생이 있을 때 능력에 비하여 많은 노력을 발휘한 점을 고려하여 높은 평가를 함으로써 학습동기를 유발하여 교육목표에 도달할 수 있게 하는 등 학생들의 학습태도를 바람직한 방향으로 유도할 수 있다는 장점을 가진다.

마지막으로, 성장참조평가(growth-referenced evaluation)는 학생들이 교수 · 학습 과정을 통해서 얼마나 학습의 성장을 보였는가에 평가의 기준을 둔다. 학기말에 최종적으로 달성한 성취수준보다는 학기 초의 능력수준에 비추어 학생들이 얼마만큼 능력의 향상을 보였느냐를 강조하는 평가라고 할 수 있다. 따라서 민영이가 받은 76점이 성장참조평가에 의해 도출된 점수이고 민영이가 학기 초에 받은 점수가 50점이었다면, 민영이는 학기 초에 비해서 26점만큼 수학 능력이 향상되었다고 해석할 수 있다. 이러한 성장참조평가는 사전에 측정한 점수와 현재 측정한 점수를 모두 신뢰할 수 있어야 하며, 사전 측정치와 현재 측정치의 상관이 낮아야 한다는 세 가지 조건이 충족되어야만 결과 해석이 타당하다는(Oosterhof, 2001) 한계를 가지나, 개별 학생의 학습을 촉진시키는 데 유용하게 사용될 수 있다는 장점을 가진다.

이러한 평가의 기준에 따른 구분은 앞서 제시된 학습결과에 대한 평가와 학습을 위한 평가, 학습으로의 평가와 연계하여 그때그때 적절한 방식으로 수업장면에서 활용될 수 있다. 앞서 〈표 8.1〉에 제시된 바와 같이, 학습결과에 대한 평가에서는 일반적으로 규준참조평가나 준거참조평가가 주로 사용되고 있으며, 능력참조평가나 성장참조평가의 경우에는 평가의 공정성 문제가 제기될 수 있기 때문에 적용에 어려움이 있다. 반면 학습을 위한 평가에서는 교수과정 전반에 걸쳐 준거참조평가를 적용하여 교육과정에 제시된 성취기준을 어떻게 달성해나가고 있는지 지속적인 점검이 이루어질 수 있으며, 이러한 점검을 통해서 학생들의 학습이 성장하거나 향상되어 나가는 것을 점검할 수 있다는 점에서 성장참조평가를 함께 활용할 수도 있다. 반면, 규준참조평가는 학생들의 분류, 선발 및 배치를 위해 개인차를 극대화하는 데 관심이 있을 뿐 개별 학생의 학습이 얼마나 이루어졌는지, 즉 평가의 교수적 기능을 가지지 못하고 있기 때문에 학습을 위한 평가에서는 사용되지 않는다. 마지막으로 학습으로서의 평가는 학습자 스스로를 평가의 주체로 활용한다는 점에서 다른 평가들과 차별화되기도 하고 어느 정도 학습이 진행되었는지와 더불어 학습자 개인의 학습태도 및 전략을 함께 평가한다는 점에서 차별화되기도 한다. 이 중 특히 학습자가 자신이 학습에 얼마나 최선을 다하고 있는지 그리고 자신의 학습이 어느 정도나 성장을 보이고 있는지 확인해 보는 과정에서 능력참조평가나 성장참조평가가 활용될 수도 있다.

2. 학습에 도움이 되는 평가는 어떻게 가능한가?

일반적인 의미의 '형성평가'로 해석할 수 있는 '학습을 위한 평가'는 학생들의 전반적인 성취 수준을 높이고 학생들 간의 교육격차를 해소하는 데에 있어서 탁월한 효과를 보이는 것으로 여러 연구들에서 확인되고 있다. 먼저, 형성평가의 교육적 효과에 대한 연구들을 종합한 William과 Thompson(2007)은 형성평가의 학생성취에 대한 효과 크기(effect size)는 학급 크기를 줄이는 것이나 교사의 교과 지식을 높이는 것의 효과크기[2)]보다 크다는 것을 보여주었다. 예를 들어, Jepsen과 Rivkin(2002)은 초등학교 학급 규모를 10명 줄였을 때 수학시험을 통과한 학생의 수는 4%가 늘고 읽기 시험을 통과한 학생은 3%가 늘었다고 한다. 또한 Hill, Rowen과 Ball(2005)의 연구는 교사의 수학 지식이 1 표준편차만큼 증가할 때 학생의 수학 성취도는 겨우 0.1 표준편차만큼 증가하였음을 밝히고 있다. 이러한 학습 효과의 증가는 기존 연구에서 보고된 형성평가의 효과 크기(.30~.51)에 비해 훨씬 적은 것이다. 어쩌면 형성평가는 단일 요인으로서는 학습의 질과 성취수준을 높이는 데 가장 강력한 효과를 불러일으키는 요인이라고도 할 수 있다. 또한 Black과 William(1998)은 형성평가가 실제로 성취수준을 높이는지를 확인하기 위하여 250여 개의 논문과 책을 광범위하게 분석하였다. 그 결과, 형성평가를 사용하지 않은 교수 · 학습에 비해 형성평가를 제대로 사용한 교수 · 학습이 시험 성적으로 측정된 학업성취도에 있어서 0.4에서 0.7의 효과크기를 보여주는 것을 확인할 수 있었다. 이러한 효과는 수학, 과학, 영어 등 다양한 과목과 다양한 학교급에 걸쳐서 관찰되었다. 특히 주목할 점은 이러한 효과 크기는 학습장애를 겪는 학생을 포함한 저성취 학생들에게서 더욱 두드러진다는 점이었다(Black & William, 1998).

2) 효과크기란 평균치들 간의 차이크기를 표준편차와의 비율로 나타내는 것을 말한다(교육평가용어사전, 2004. 5. 31., 학지사)

이렇게 교사가 어떤 방식의 평가를 어떻게 실시하는지, 그리고 그 결과를 어떻게 학생들과 소통하는지에 따라서 교사의 교수능력 및 학생들의 학습을 향상시키는 데 기여할 수 있는데, 그러면 이러한 형성평가는 구체적으로 어떻게 해야 하는가? Black과 William(1998)은 평가를 통해 학생들의 학습을 향상시키기 위해서 교사는 첫째, 효과적인 피드백을 제공하고, 둘째, 학생들의 학습에 학생들을 적극적으로 참여시키고, 셋째, 평가결과를 고려하여 수업을 조절하고, 넷째, 평가가 학생들의 동기와 자아존중감에 막대한 영향을 미친다는 것을 인지하고, 다섯째, 학생이 자기평가를 통해 어떻게 하면 학습을 향상시킬 수 있는지 이해하도록 도와주어야 한다고 말하고 있다. 이러한 다섯 가지 요인 중 일부는 교수 · 학습이론과 중복되는 부분도 있으므로 여기에서는 특히 교사의 평가전문성을 논의할 때 자주 언급되는 효과적인 피드백의 제공에 대해서만 좀 더 자세히 살펴보고자 한다.

가. 학습을 위한 평가와 효과적인 피드백의 제공

학교현장에서 이루어지는 학생평가가 학생들의 학습을 위해 고안되고 실행되는 '학습을 위한 평가'가 되기 위해서는 학생평가의 결과가 지속적인 환류, 즉 피드백(feedback)을 통해서 학생의 성장을 촉진하고 학부모에게도 제공되어야 될 필요가 있다. 따라서 형성평가 혹은 학습을 위한 평가에서 피드백은 교사로 하여금 수업을 개선하고 학생들의 학업능력 향상에 도움을 줄 수 있다는 점에서 그 중요성이 나날이 강조되고 있으며, 이제 피드백은 학습 개선의 차원을 넘어서 학습을 촉진 또는 가속화한다는 인식이 보편적으로 자리매김하고 있다(Sadler, 1998). 피드백이 학생들에게 자신의 학습에 대해 성찰할 수 있는 기회를 제공함으로써 학생들로 하여금 스스로 효과적인 학습전략을 습득할 수 있게 한다는 것은 현대의 구성주의적 학습 발달관에 적합한 것으로 평가되기도 한다(Moreno, 2004; Nicol & Macfarlane-Dick, 2006).

피드백은 전통적으로 교수·학습 개선을 위해 실시되는 형성평가의 발달과 함께 행동주의적 학습관에 기반하여 프로그램 학습과 강화의 개념으로 사용되어 왔다. 따라서 행동주의적 학습관에 토대하여, 피드백은 형성평가를 통해 학생들의 잘못된 학습을 바로 잡아주고, 학습 개선을 위해 필요한 정보를 제공해주는 절차로 정의될 수 있다(Cohen; 1985, 지은림, 2009 재인용). 하지만 최근에는 행동주의적 학습관에서 구성주의적 학습관으로 변화함에 따라 피드백은 교사와 학생의 상호작용을 통해서 학생들로 하여금 적극적으로 자신의 학습을 개선해 가도록 유도하는 절차로 정의되기도 한다(Heritage, 2007, 지은림, 2009 재인용). 이러한 피드백의 특성은 평가를 교수·학습 활동 자체의 일부로 기능하도록 하여, 피드백이 교육활동의 중요한 부분으로 자리잡도록 한다.

평가결과에 대한 교사의 피드백은 다양한 형태로 제공될 수 있다. 이러한 피드백에는 총점에 추가한 보다 세분화된 하위 영역별 점수나 점수에 대한 설명을 담은 진술문 등과 같은 언어적, 공식적 피드백뿐만이 아니라 학생의 행동에 대한 교사의 구두 질문, 미소, 고개의 끄덕임, 칭찬, 눈빛 등 비언어적, 비공식적 피드백도 포함될 수 있다. 경우에 따라서는 비공식적 피드백이 더 효과적인 상황도 있다는 것을 교사는 인식하고 있어야 한다.

그렇다면 어떤 피드백이 효과적인가? 피드백 유형에 대한 연구 결과에 따르면 수업 상황마다 차이가 있지만 부정적인 피드백보다는 긍정적인 피드백이, 양적인 점수 자체보다는 구체적인 설명이나 정보를 함께 제공하는 피드백이 효과가 있는 것으로 나타났다. 또한, 학생들의 능력수준에 따라서 피드백의 효과가 다른 것으로 나타나기도 했는데, 능력이 높은 학생들은 복잡한 학습과제를 해결할 때 지연된 피드백으로부터 더 많은 도움을 얻는 경향이 있으며, 자신의 사고의 오류를 점검할 수 있게 해 주는 비판적이면서도 도전적인 피드백이 더 효과적인 것으로 나타났다. 반면, 능력이 낮은 학생들은 즉각적이고 구체적인 피드백을 더 필요로 하며, 상대적 비교가 아니라 스캐폴딩 피드백을 제공하는 것이 필요한 것으로 나타났다(McMillan, 2014). 스캐폴딩은 교수법의 일종으로 교사가 과제를 세분화하여 학생과 상호작용하면서 학생이 학습과제들을 순차적으로 학습하면서 학습목표에 도달할 수 있도록 지원하는 접근방법이다(McMillan, 2014).

이렇게 학생에 따라 효과적인 피드백 제공 방법이 다르긴 하지만, 어떻게 하면 교사가 평가결과를 학생들에게 효과적으로 피드백할 수 있는지 일반적 원칙을 살펴보면 다음과 같다(Irons, 2008; Juwah et al., 2004; Race, 2006; Shute, 2008). 먼저, 효과적인 피드백은 적시에 제공되어야 한다. 피드백은 교수 · 학습 과정과 동시에 이루어져야 하며, 이를 통해 학생은 자신의 장 · 단점을 적시에 제공 받아 학습의 결점을 보완하는 데에 도움을 받을 수 있어야 한다. 둘째, 효과적인 피드백은 학생들의 학습 동기를 촉진할 수 있어야 한다. 피드백은 행동주의적 관점에서 외재적 동기를 부여하여 학생들을 경쟁시키기 위한 것이 아니라 학생들의 흥미와 내재적 동기를 높이는 방향으로 주어져야 한다, 셋째, 효과적인 피드백은 개인별 특성을 고려한 맞춤형 피드백으로 제공되어야 한다. 개별 학생마다 학습에 대한 강점과 약점에 차이가 있으므로 이에 대한 맞춤형 피드백이 주어져야 한다. 하지만 학생들이 이해하지 못할 만큼 너무 세부적이고 많은 정보를 주거나 복잡한 형식의 피드백은 오히려 학생을 더 혼란스럽게 할 수 있으므로

(Nicol & Macfarlane-Dick, 2004), 효과적인 피드백은 학생이 쉽게 이해할 수 있는 형태이어야 한다. 넷째, 효과적인 피드백은 학생의 성장을 고려해야 한다. 피드백은 그 결과로부터 학생이 스스로 성장할 수 있도록 자기주도적 학습능력을 습득할 수 있는 형태로 주어져야 하며(Race, 2006), 학생이 스스로 자신의 현재 위치를 확인하고, 목표를 수정하며, 앞으로 나아가는 내면적 피드백이 될 수 있도록 학생과 의사소통해야 한다. 다섯째, 효과적인 피드백은 학습목표와 연계되어야 한다. 피드백은 학생의 현재 위치(장 · 단점)를 정확히 짚고, 목적지까지 가기 위해 학습을 촉진하고 강화하도록 돕는 역할을 해야 한다. 따라서 목표와 학생의 실제 위치 간의 차이에 대한 정보뿐만 아니라, 그 차이를 좁히기 위한 조언이 피드백에 포함되어야 한다(Sadler, 1989).

나. 학습결과에 대한 평가와 효과적인 피드백의 제공

이렇게 평가결과에 대한 피드백 제공은 교수상황에서 이루어지는 학습을 위한 평가 혹은 형성평가와 관련하여 주로 논의되어 왔지만, 최근에는 학습결과에 대한 평가나 대규모 학업성취도평가에 있어서도 학습을 위한 평가의 기능을 다소나마 추구할 수 있다. 교실에서의 학생평가이든 대규모 성취도평가이든지 평가가 학습과정 중 하나의 기능으로 작동하기 위해서는 학생이 알고 있는 것, 알고 있는 것을 어떻게 활용하고 있는지에 관심을 가지게 되었고 궁극적으로 학생들의 인지 숙달과 인지과정을 알 수 있는 인지과학을 평가의 영역에 융합하려는 시도가 Mislevy(1994)의 증거중심 설계평가나 Embreston(1994)의 인지설계체제평가 등의 형태로 이루어졌다(김수진 외, 2013). 그 중 대규모 평가분야에 활발하게 적용되고 있는 인지진단모형(cognitive diagnosis model)은 학생들의 구체적인 지식구조, 인지기술 등을 진단하는 측정학적 모형으로, 검사 총점만 제공해 주는 것이 아니라 학생들의 인지적인 장점과 약점에 대해 구조화된 정보를 산출하여 제공함으로써 교사뿐 아니라 학습자 스스로 정보를 활용하여 자신의 학습을 계획하고 수정해 나갈 수 있도록 도와준다(김수진 외, 2013).

김희경 외(2012)의 연구에서는 국가수준 학업성취도평가 결과를 통보함에 있어서 단순히 검사총점 혹은 기초학력미달/기초학력/보통학력/우수학력으로의 범주화된 하나의 점수로만 제시하지 않고 향후 학생들의 교수 · 학습에 도움이 될 수 있도록 다양한 정보를 제시해 줄 수 있는 방안에 대하여 논의하고 있다. 이 연구에서는 개별 평가문항이 어떤 인지적 요소를 측정하고 있는지, 그리고 학생들이 어떤 문항에 맞게 응답했는지에 대해 인지진단모형을 적용하여 분석함으로써, 학업성취 프로파일([그림 8.3]의 (1))을 통해서 학생들의 인지요소별 숙달수준 및 개별 학생들의 강약점에 대한 교육적 피드백을 제공해 주고, 학습 순서도 혹은 학습 전개도([그림 8.3]의 (2))를 통해서 개별 학생이 숙달하지 못한 인지요소를 학습함에 있어서 어떤 순서로 학습을 진행해 나가는 것이 효율적일 수 있는지, 맞춤별 보정 프로그램을 제공하거나 향후 학력향상을 위한 학습계획을 수립하기 위해서 필요한 정보를 제공해줄 수 있는 방안을 제안하고 있다.

이렇게 대규모 평가 혹은 총괄평가라 하더라도 평가결과를 하나의 점수로만 제시하는 것이 아니라 효과적인 교수 · 학습 방안을 이끌어 내는 데 필요한 다양한 정보를 제공하는 것이 가능하다. 이러한 인지진단모형의 경우, 개별 평가 문항과 해당 문항을 정확하게 풀기 위해 요구되는 인지요소들 간의 관계에 대한 명세화가 이루어져야 한다는 단점과, 미리 문제은행으로 구축되어 있지 않은 경우 많은 수의 학생들에게 실시한 대규모 평가에만 적용할 수 있다는 단점이 있기는 하지만, 총괄평가에 대해서도 평가가 학습적 기능을 할 수 있도록 학생과 학부모에게 충분한 정보를 피드백으로 제공하고자 하는 노력이라는 점에서 의미가 있다고 하겠다.

(1) 인지진단모형을 활용한 학업성취 프로파일 결과표(예시)

(2) 인지진단모형을 활용한 학습 순서도/전개도(예시)

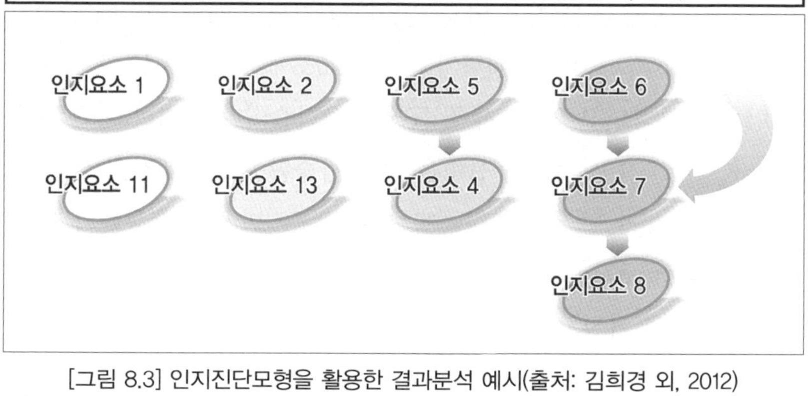

[그림 8.3] 인지진단모형을 활용한 결과분석 예시(출처: 김희경 외, 2012)

3. 나가며

이 장에서는 기존의 교육평가 특히 학생평가에 대한 패러다임이 총괄평가 위주의 학습결과에 대한 평가에서 학생들의 학습을 도와줄 수 있는 평가, 즉 학습을 위한 평가와 학습으로서의 평가를 병행하는 것으로 확장되어온 논의과정을 살펴보았다. 또한, 평가의 학습적 기능을 강화하려면 교사가 어떤 노력을 기울여야 하는지에 대해서도 함께 살펴보았다. 마지막으로, 평가와 교수 · 학습간의 유기적 관계를 강조하면서 평가의 학습적 기능을 강화하는 것과 더불어 최근 교실상황에서의 학생평가에 있어서 어떤 변화가 이루어지고 있는지 살펴봄으로써 이 장을 맺고자 한다.

학생평가에 대한 최근 추세는 크게 두 가지로 요약할 수 있다. 먼저, 최근 국내 · 외에서 미래사회에 적합한 인재를 기르기 위해 지식중심이 아닌 핵심역량 중심의 교육이 강조되고 있으며, 이에 따라 평가에 있어서도 핵심역량에 대한 평가가 부각되고 있다. 이 때 핵심역량은 이론적인 지식의 형태에 머무는 것이 아니라 사회적인 삶에서 실제로 활용할 수 있는 실천적 지식을 포괄하는 것으로 논의되고 있기 때문에, 이에 대한 평가 역시 전통적인 지필식 시험 이외에 참평가(authentic assessment)나 수행평가(performance assessment) 등 대안적 평가 방법이 부각되고 있다. 예를 들어 협력학습이나 팀기반 학습 등을 통해 학생상호간 적극적인 협력을 통한 학습활동을 지향하고 있는 교수 · 학습 추세를 반영하여 최근에는 컴퓨터 기반으로 학생들의 '협업문제해결역량(collective problem solving ability)'을 직접 평가하고자 하는 시도가 이루어지고 있다(OECD, 2013).

이렇게 평가하고자 하는 능력이 단순 지식이 아니라 역량으로 옮겨가고 있는 것과 더불어 평가의 주체 역시 교사에서 학생을 포함하여 다면화하고자 하는 시도가 이루어지고 있다. 앞에서 학습으로의 평가를 설명하면서 제시했던 바와 같이, 기존에는 교사가 평가의 주체가 되는 경우가 많았으나, 이제는 학생이 스스로의 학습 정도 및 학습양태를 평가하거나 학생이 서로를 평가하는 동료평가 등 다양한 평가방법이 교실상황에서 이루어지고 있다. 이는 인지적 학업성취도의 평가뿐 만이 아니라 학생들의 인성, 사회성 등 정의적 영역의 평가에서 더욱 두드러지게 나타나고 있다.

이 장의 내용을 종합하면서 아래에 제시된 질문들에 대해서 스스로 생각하고 다른 사람들과 논의해 보자.

심화질문

- 학생들이 집단 내에서 함께 문제를 해결해나가는 능력, 즉 학생들의 협업 문제해결능력을 평가하고자 한다고 가정하고, 이를 어떻게 평가할 수 있을지 구체적인 평가 방법을 설계해보시오.
- 수행평가 장면에서 교사 이외에 동료 학생들끼리 서로를 평가하는 방식을 병행하고자 한다고 가정하고, 이를 어떻게 실제 평가상황에 적용할 수 있을지 논의해보시오.

참고문헌

김수진, 김경희, 임은영 (2013). 인지진단이론을 적용한 교육평가의 새 지평. 성태제 외. **2020 한국 초 · 중등교육의 향방과 과제 - 교육과정, 교수 · 학습, 교육평가**. 서울: 학지사.

김희경, 한정아, 최숙기, 김부미 (2012). **인지진단모형을 적용한 학업성취 프로파일 분석 및 결과 보고 방안**. 서울: 한국교육과정평가원 연구보고 RRE 2012-7.

박현정, 김인숙 (2009). **미래형 교육평가 방안 연구**. 서울대학교 교육연구소 한국인적자원연구센터.

성태제 (2014). **현대교육평가**(4판). 서울: 학지사.

지은림 (2009). 교사의 피드백 수행을 위한 구성요인 및 특성에 관한 연구. **아시아교육연구, 10**(3), 77-102.

Black, P. & Wiliam, D. (1998). Assessment and classroom learning. *Assessment in Education*, 5(1): 7-74.

Earl, Lorna M. (2003). *Assessment as learning: Using classroom assessment to maximize student learning*. Thousand Oaks, CA: Corwins.

McMillan, J. H. (2014). *Classroom assessment: Principles and practice for effective standards-based instruction (6th ed.)*, Boston: Pearson Education: 손원숙, 박정, 강성우, 박찬호, 김경희(공역) (2014). **교실평가의 원리와 실제: 기준참조수업과의 연계**. 서울: 교육과학사.

Oosterhof, A. (2001). Classroom applications of educational measurement (3rd Ed.). NJ: Prentice-Hall, Inc.

Sadler, D. R. (1998). Formative assessment: revisiting the territory. *Assessment in Education*, 5(1), 77-84.

PART_Ⅲ

학교와 사회

들어가는 말

지금까지 우리는 학교 내 교사와 학생이라는 미시적 관점에서 논의해 왔다. 이 부에서는 학교와 사회라는 거시적 관점에서 학교 제도와 교육에 초점을 맞추어 살펴보고자 한다. 학교는 학생 개인의 목적 달성을 위한 사적 공간이라기보다 공교육의 목적을 달성하기 위한 공적인 공간으로 인식된다. 근대국가 시대부터 국민교육을 담당하는 학교는 개인의 교수 · 학습활동 공간 그 이상의 의미를 갖고 있으며, 학교교육은 당시 국가와 사회의 시대적 요구를 반영하고 있다. 즉, 학교와 사회는 분리되어 생각될 수 없는 불가분의 관계이다. 일선 학교의 교육활동과 학교경영은 단순히 학생과 학부모의 요구를 넘어서 국가와 사회적 관점에서 이해되고 재구성되어야 한다.

학교와 사회의 관계에 있어 무엇보다 먼저 생각해 봐야 할 것은 교육이 갖고 있는 공공적 성격이다. 학교교육은 단순히 개인의 교육수요를 충족시켜 주는 사설 학원과는 달리 공공적 특성을 지니고 있다. 그러나 '배워서 남주나?'라는 속담에서 알 수 있듯이, 우리는 흔히 교육을 사적 재화로 인식하고 교육투자로 얻어지는 사회경제적 지위인 사적 수익(private return)에 대해 많은 관심을 갖는다. 교육이 과연 일반 시장의 재화나 용역과 마찬가지로 시장에서 거래해 얻을 수 있는 사적 재화인가? 교육의 사적 수익과 구별되는 사회적 수익(social return)은 무엇인가? 교육에 있어서 국가와 시장의 역할은 무엇이고, 어떠한 관계를 맺고 있는가? 마지막으로 최근 성행하고 있는 경쟁과 효율 중심의 시장주의적 교육개혁을 우리는 어떻게 평가해야 할 것인가? 제9장에서는 이러한 질문들을 각각 탐색해 보면서 교육의 공공성에 대해 다시 생각해보기로 한다.

학교와 교사들은 학교 밖의 국가와 사회로부터 그리고, 학부모와 학생들로부터 교육에 대한 책무성을 요구받고 있다. 학교교육의 책무성 강화는 전 세계적으로 진행되고 있는 교육개혁의 주된 화두이다. 국민교육 시대 이후, '공교육의 위기'라고 불릴 만큼 학교와 교사가 제공하는 교육 서비스의 질적 수준에 대한 의문과 회의가 잦아들면서, 학교 책무성을 보장하기 위한 제도와 정책들이 경쟁적으로 도입되기 시작하였다. 학교와 교사는 누구에게, 무엇에 대해, 어떻게 책무를 지고 있는가? 그리고 학교 외부로부터 일방적으로 학교와 교사에게 부과되는 책무성 정책은 과연 효과적인가? 책무성 정책이 의도하고 있는 목표를 실제 얼마나 달성하고 있는가? 제10장에서는 학교와 교사에게 요구되고 있는 교육의 책무성의 개념 구조와 작동원리, 그리고 이론과 실제에 대한 실증적 연구결과를 토대로 학교 책무성 정책을 재해석해 보기로 한다.

마지막으로, 학교는 우리 삶에 가장 큰 영향을 미치는 교육기관으로, 우리는 생애의 약 4분의 1을 학교에서 보낸다. 지난 반세기 동안,

한국의 학교교육이 국가의 사회경제적 발전과 개인 삶의 질적 수준에 커다란 영향을 미치고 있다는 긍정적인 평가에도 불구하고, 지금의 학교교육이 심각한 위기에 처해 있다는 비판이 끊이지 않고 있다. 제11장에서는 현행 학교 제도의 위기를 진단해 보고, 그 배경과 원인을 살펴본 다음에, 미래의 학교 시나리오를 탐색해 보고자 한다.

CHAPTER_ 9

교육의 공공성

서구에서 근대국가가 성립되고 자본주의 사회가 발생하면서 본격적인 국민교육이 시작되었다. 근대교육은 사회통합 및 질서 유지와 계몽주의 교육이 그 근간을 이루면서, 국가가 교육의 주도적인 역할과 지위를 맡게 되었다. 서구에서는 19~20세기에 국가의 공교육 체제가 형성되고 의무교육이 제도화되면서, 학교교육에 대한 국가의 독점적 지위는 더욱 확고해졌다. 국가는 국민들로부터 세금을 거두어 학교를 짓고 교사를 채용하여, 학교교육을 직접 제공하여 왔다. 그러나 공교육의 실패에 대한 지적과 공교육의 질적 수준에 대한 회의적인 견해들이 나타났다. 대규모의 획일화된 공교육은 더 이상 개인의 다양한 교육적 요구를 충족시키기 어려워졌고, 학교 현장에서는 학생들의 저조한 학업 성취도와 학교 부적응 및 중도 포기 현상들이 자주 목격되었다. 공교육의 위기에 대해 많은 비판과 지적이 있었고, 국가의 교육 실패에 대한 대안 탐색이 요구되었다.

서구에는 1970년대 이후, 신자유주의와 신공공관리론이 등장하면서 교육에서 국가의 개입과 통제보다는 개인의 자율과 경쟁이 강조되기 시작하였다. 공교육의 실패는 본질적으로 국가의 독점적 지위와 역할에서 비롯되었다는 것이 신자유주의자와 신공공관리론자들의 시각이다. 정부실패에 대한 대안으로 교육에 있어서 경쟁과 효율 중심의 시장기능 활성화가 제시되었다. 예를 들면, 종래 학생들이 인근 공립학교에 일방적으로 배정되어 진학하던 방식과 달리, 학부모와 학생들로 하여금 자신이 원하는 학교를 선택하여 진학하게 함으로써 일선 학교 간 경쟁을 유발하여 양질의 교육을 제공하자는 '학교선택제'가 대표적인 사례이다. 나아가 미국에서는 학부모와 학생이 국가로부터 바우처(voucher)를 발급받아 스스로 선택한 학교에게 바우처를 제출하고 그 결과에 따라 교육재정 지원을 차별적으로 지원받게 하는, 수요자 중심의 교육재정 배분방식인 '학교 바우처(school voucher)' 제도마저 제안되었다. 공교육에서 국가독점 보다 시장의 역할을 강조하는 경쟁과 효율 중심의 시장주의적 교육개혁 방안들은 한 국가 내에서 뿐만 아니라 전 세계적으로 확산되어 가고 있는 추세이다.

여기에서 우리는 시장주의적 교육개혁 노력에 대해 생각해 보아야 할 세 가지 문제가 있다. 첫째, 교육이 과연 민간 시장경쟁에 의해서 제공될 수 있는 성격의 과업인가? 교육은 일반 시장의 재화나 용역과 마찬가지로 시장에서 거래되고 얻을 수 있는 사적 재화인가? 교육은 국방서비스와 같이 국가로부터 직접 제공되는 공공재적 특징을 갖고 있지 아니한가? 또한, 교육으로부터 나오는 수익(return)은 개인에게만 돌아가는가? 교육의 사회적 수익(social return)이 있다면 무엇인가? 개인의 관점을 넘어서 사회의 관점에서 교육이 갖고 있는 본질적인 특성과 수익에 대해 먼저 살펴보기로 한다. 둘째, 교육에 있어서 국가나 시장의 역할은 무엇인가? 최근 국가의 역할이 줄어들고 시장의 역할이 강조되고 있는데, 이러한 시장주의 추세의 배경과 이론적인 근거는 무엇인가? 교육에 있어서 시장의 경쟁과 효율은 과연 효과적인가? 현재 진행되고 있는 시장주의적 접근의 교육개혁의 배경과 그 노력들에 대해 구체적으로 살펴볼 것이다. 마지막으로 최근 경쟁과 효율 중심의 시장주의 교육개혁을 우리는 어떻게 평가할 것인가? 우리는 개별 개혁 노력에 대한 평가의 가치 준거로서 무엇을 고려해야 할 것인가? 각 가치 준거에 따라 학교선택제와 같은 구체적인 방안에 대해 평가해 보고 바람직한 교육개혁에 대해 고민해 보고자 한다.

문제 사례

내년도 정부의 교육예산을 편성하는데 있어, 교육부에 근무하고 있는 공무원 A는 올해도 어김없이 기획재정부를 찾았다. 교육부 공무원 A는 교육의 공공성과 정부 예산편성의 정당성을 적극적으로 피력하였다. 교육은 그 속성상 공공성을 띄고 있어, 정부가 책임지지 않고 개인에게 모두 맡겨 둘 경우 사회계층간 교육격차 심화 등 여러 가지 사회 문제가 일어날 우려가 있다고 주장한다. 무엇보다도 '교육입국'이라는 말에서 알 수 있듯이 국가 발전의 전략적 투자의 관점에서 교육은 중요한 역할을 맡고 있어 정부의 적극적인 개입과 지원은 반드시 필요하다고 말한다. 한편, 기획재정부 예산담당 공무원 B는 이에 대해 다른 견해를 제시하고 있다. 교육은 기본적으로 개인이 비용을 부담하고 획득하는 사적 재화이지, 국방서비스와 같은 공공재가 아니라고 말한다. 또한, 국가가 국민에게 교육을 독점적으로 제공하는 것은 그 자체가 비효율적이며, 오히려 개인이 다양한 교육을 받을 권리와 자유를 침해할 수 있다고 한다. 교육에 있어 정부의 개입을 줄이고 민간의 자율과 경쟁이 일어날 수 있도록 하여야 국민이 원하는 양질의 교육이 이루어질 수 있다고 주장한다. 당신은 두 가지 견해에 대해 어떻게 생각하는가?

토론질문

1. 교육은 공공재인가? 사적 재화인가?
2. 교육에 있어서 정부와 시장의 역할은 무엇인가?
3. 우리는 경쟁과 효율 중심의 시장주의적 교육개혁을 어떻게 평가할 것인가?

1. 교육은 공공재인가? 사적 재화인가?

개인은 자신의 교육 투자를 결정할 때 미래 수익과 비용을 따져 보기 마련이다. 고등학교 졸업 후 취직을 할 것인가? 대학을 진학할 것인가? 어느 대학에서 어느 학과를 전공할 것인가? 교육투자의 결과로 얻을 수 있는 미래 소득과 사회경제적 지위는 개인에게 가장 중요한 의사결정의 기준이 된다. 우리는 실제 언론과 미디어에서 학력별 임금 소득의 상당한 격차가 존재하고 지속적으로 확대되고 있음을 목격하고 있다. 학부모와 학생들은 학교교육을 넘어 사교육에 많은 자원과 시간을 경쟁적으로 투자하고 있으며, 한국의 교육열은 전 세계적으로 널리 알려져 있다. '배워서 남주나?'라는 속담에서도 볼 수 있듯이, 우리는 종종 교육을 경제학에서 다뤄지는 '사적 재화(私的 財貨, private goods)'로 보고 있다. 개인은 자신의 노력과 자원을 투자하여 학력 또는 학위를 취득하고, 그 사적 재화를 활용하여 높은 사회경제적 지위라는 사적 수익을 획득하려 하고 있다. 최근 사회문제로 등장한 사교육의 문제는 사적 재화로서 교육의 사적 수익을 강조하고 있는 현실의 결과로 보인다.

교육은 과연 사적 재화에 불과한 것인가? 공공성을 띄는 공공재적 특성을 지니고 있지 아니한가? 일반적으로 경제학 교과서(이준구, 2013)는 공공재적 특성으로서 '비배제성(non-excludable)'과 '비경합성(non-rivalry)'을 제시하고 있다. 비배제성은 어떤 사람이 그 재화를 소비하여 다른 사람이 소비할 기회가 줄어도 그 재화의 소비에서 배제시킬 수 없다는 것을 의미한다. 예를 들면, 길거리에 켜져 있는 가로등은 어떤 사람이 납세 의무를 이행하지 않았다고 하더라도 그 사람에게서 어둠 속에서 가로등 불빛의 혜택을 박탈하기 어렵다. 또한, 국방서비스 역시 미납세자가 받지 못하도록 배제할 수 없는 것이다. 이처럼 사용에 대한 대가를 지불하지 않아도 그 사람의 소비를 막을 수 없는 것을 비배제성이라고 한다. 한편, 비경합성은 한 사람의 소비가 다른 사람의 소비를 감소시키지 않는 것을 의미한다. 예를 들어, 가로등과 국방서비스는 개인이 일정 부분을 소비하더라도 다른 사람의 소비가 줄어들지 않는다. 그렇다면, 교육은 과연 비배제성과 비경합성의 특성을 지니고 있을까? 비배제성에 따르면, 사람들이 교육에 대한 대가를 지불하지 않고도 원하는 교육을 소비할 수 있어야 하지만 현실은 반드시 그렇지 않다. 학생 한 명을 가르치는데 상당한 자원의 투자가 필요하기 때문이다. 또한, 한 사람이 학교에 등록하여 학생 정원을 차지하게 되면, 다른 사람은 정원 초과로 그 학교 교육을 받을 수 없게 되어 비경합성 역시 유지되기 어렵다. 그리하여 교육은 공공재라기보다 사적 재화로서의 성격이 강하다고 여겨진다(Stiglitz, 2000). 그러나 우리나라 헌법 제31조는 모든 국민이 능력에 따라 교육을 받을 권리와 의무교육에서 국가의 역할과 의무를 강조하고 있다. 특히 의무교육으로서 초중등교육은 비경합성과 비배제성의 특성을 잘 반영하고 있다고 볼 수 있다. 국방서비스와 마찬가지로 한 개인이 납세의무를 이행하지 않았더라도 그 자녀를 의무교육의 학교교육으로부터 배제할 수 없으며, 특정 학교에서 학생 정원이 초과하여도 다른 학교에서의 교육혜택마저 배제할 수 없기 때문이다. 그럼에도, 대학교육의 경우 비경합성과 비배제성의 원칙이 그대로 적용되기 어렵다. 학생은 교육비용에 해당하는 등록금이라는 대가를 치러야 대학교육을 받을 수 있으며, 각 대학의 독립적인 학생정원 운영으로 비경합성은 지지되기 어렵기 때문이다.

교육을 공공재로 볼 것인가에 대해서는 학계의 견해가 일치하지 않으며, 특히 대학교육은 사적 재화로 보는 시각이 일반적이다. 그럼에도 불구하고, 교육을 사적 재화로 보는 학자들도 교육이 갖고 있는 공공적 성격을 부인하지 않는다. 교육은 일반 사적 재화와 달리, 외부효과(external effects)를 지니고 있어 그 사회 전체에게 영향을 미친다. 외부효과는 한 사람의 행위가 제3자의 경제적 후생에 영향을 미치는 현상을 의미한다. 예를 들면, 기업이 생산활동 과정에서 쏟아내는 환경오염물질은 그 기업 외의 다른 사람들의 후생에 부정적으로 영향을 미치고 있어 사회 전반적으로 부적 효과를 유발한다. 환경 오염물질은 해당 기업이 만들어 냈지만, 그에 대한 대가는 타인이나 그 사회가 치루고 있는 것으로 부적(negative) 외부효과라고 부른다. 한편, 교육은 환경 오염물질과 반대로 정적(positive) 외부효과를 만들어낸다. 한 사람(A)이 교육을 받아 지식과 기술이 늘어나면, 그와 함께 일하는 다른 사람(B)이 상호작용을 통해 그 사람의 지식과 기술을 배우고 흡수하게 되어 더 나은 생산성을 보여줄 수 있다. 즉, 정규 교육을 받은 사람은 A인데, 교육의 효과는 A에 그치지 않고, A와 B의 상호작용을 통해 B에게도 영향을 미치게 되는 것으로, 누출 효과(漏出 效果, spillover effects)라고도 불린다. 여기에서 교육의 수익은 더 이상 개인의 사적 수익만을 의미하지 않게 되며, 공적 수익 또는 사회적 수익(social return)을 포함하게 된다. 즉, 개인의 교육투자가 자신의 행복과 후생뿐만 아니라, 사회 전체의 후생에게도 영향을 미친다는 것이다.

교육의 외부효과에 대한 연구는 지속적으로 이루어지고 있는데, 그 하나를 소개하자면, 순수 사적 재화로 보는 대학교육의 외부효과를 추정하는 연구가 있다. 경제학자인 Moretti(2004)는 "대학교육을 받은 근로자와 그렇지 않은 근로자가 함께 일을 하게 될 때, 대학교육 이수자가 갖고 있는 지식과 기술을 공유하게 되고, 그 결과 대학교육을 이수하지 않은 사람들과 함께 일을 했을 때보다 더욱 높은 생산성을 발휘하게 된다"고 주장하였다. 미국 근로자들의 임금 데이터를 분석한 실증 연구결과에 따르면, 근로인력에서 대학교육 이수자 비율이 1% 높아질수록 고등학교 중퇴자 또는 졸업자의 생산성이 1.9%와 1.6%의 임금소득 상승 형태로 나타났다. 공자는 '세 사람이 길을 가면 그 중 한 명은 반드시 스승이 있다'고 했다. 교육은 그 혜택이 한 사람에게 머무는 것이 아니라 다른 사람들에게 전달되고 확산되는 것으로, 교육을 개인적 관점에서 벗어나 사회적 관점에서 살펴보아야 할 것이다.

교육이 공공성을 띄고 있는지, 단순 사적 재화인지 따져 보는 것이 왜 중요한가? 그것은 바로 비용 부담의 주체가 달라질 수 있기 때문이다. 교육 서비스를 생산하고 공급하기 위해서는 그에 따른 인적, 물적 자원이 필요하다. 교육이 공공적 성격을 갖고 있다면, 그 만큼 국가가 교육에 대한 비용을 부담할 필요가 있다. 즉, 교육의 공공성은 국가 예산의 교육에 대한 투자의 정당성을 제시한다. 만약 교육의 공공성에도 불구하고, 그 비용을 개인에게만 부담시킨다면 어떤 일이 일어나게 될까? 교육의 공공성은 개인의 사적 수익보다는 사회적 수익에 관한 것이다. 사회적 수익에 대한 비용을 개인에게만 부담시킨다면, 당연히 교육에 대한 개인 투자는 사적 수익에도 불구하고 줄어들 수밖에 없다. 교육은 사적 수익 이외에, 정적 외부효과를 발생시켜 외부의 편익을 만들어 내고 있다. 사회적 수익은 자신의 사적 수익 외에 외부의 수익을 더한 것인 반면, 교육에 대한 사회적 비용은 단순히 개인의 사적 비용의 합으로만 계산되고 있다. 그 상황 하에서, 개인들은 교육투자에 있어 교육의 사회적 수익이 아닌 사적 수익만을 기준으로 의사결정을 하기 때문에, 사회 전체적으로 바람직한 수준보다 낮은 수준에서 교육의 수요가 결정된다. 즉, 국가의 교육투자 없이 개인들에게 그 비용을 전담시킨다면, 교육은 긍정적인 외부효과로 인해 사회적으로 바람직한 수준보다 낮은 과소생산(過少生産)이 나타나게 된다. 부적 외부효과를 갖는 재화(예: 환경오염)의 과다생산과 함께, 정적 외부효과를 갖는 재화(예: 교육)의 과소생산은 시장실패(市場失敗, market failure)의 대표적인 사례이다. 사회 전체에 바람직한 수준의 교육을 제공하기 위해서는 정적 외부효과로 발생하는 사회적 수익에 해당하는 만큼의 교육비용을 국가가 부담하는 정부개입이 필요한 것이다.

2. 교육에 있어서 정부와 시장의 역할은 무엇인가?

앞에서 살펴 본 것처럼, 교육이 갖는 공공재적 특성과 외부효과는 교육에 대한 국가의 공적 자금 투자를 정당화하고 있다. 그러나 국가의 교육비 부담이 필요하다고 해서 반드시 국가가 교육을 독점적으로 제공해야한다는 것을 의미하는 것일까? 1960년 노벨 경제학상 수상자인 Friedman(1962)은 반드시 그렇지 않다고 주장한다. 교육의 비용을 부담하는 주체가 반드시 교육을 공급하는 주체가 될 필요가 없다는 것이다. 교육의 비용을 조달하는 것과 교육을 디자인하고 만들어내는 것은 다른 문제이기 때문이다. 세계 여러 나라에서 지금까지 공교육은 공립학교(public school)를 통해 국가가 독점적으로 제공하여 왔다. 물론, 교육은 사립학교(private school)를 통해 제공되기도 하나, 공립학교에 비해 학생 등록률은 미미한 수준이다. 우리나라의 중등교육에 있어 사립학교의 점유율은 다른 나라에 비해 높은 편이나, 교원 인건비 등에 대해 정부의 재정보조를 받고 있고 공립학교에 준하는 수준의 규제와 통제를 받고 있어 순수한 의미의 사립학교로 보기는 어렵다. 정부가 교육서비스를 독점하게 되면 어떠한 폐해가 발생하게 될까? 하나의 기업이 특정 재화를 독점적으로 생산하여 공급하고 있다면, 다른 기업과 경쟁해야 할 필요가 없어 재화와 용역의 생산비용을 낮추고자 하는 유인이 존재하지 않게 되고, 높은 비용을 그대로 소비자에 전가시키고자 한다. 고비용 저효율의 생산구조는 그대로 개인의 부담, 나아가 사회적인 부담으로 이어지게 된다. 또한, 정부 독점의 상황 하에서는 공적인 자원을 공공의 이익보다 사적인 이익을 위해 소비하려는 지대추구(rent−seeking)와 비위(corruption)와 같은 도덕적 해이(moral hazard)가 발생할 가능성이 높아진다.

Friedman(1962)는 많은 학생들이 양질의 교육을 받지 못하고 심지어 낙오하고 있으며, 학업 성취도와 같은 교육의 결과 역시 바람직한 수준에 훨씬 못 미치고 있다며, 이 모든 것이 바로 학교교육의 정부 독점으로 인한 폐해라고 지적한다. 1962년 출간된 『자본주의와 자유』(Capitalism and freedom)라는 책에서, Friedman은 정부의 역할이 교육을 직접 생산하여 제공하는 것에서 벗어나, 일반 시장과 마찬가지로 개별 학교들이 경쟁을 통해 양질의 교육을 제공할 수 있도록 환경을 조성하는 것에 그쳐야 한다고 주장한다. 학교교육 독점을 타개하기 위해 학교 선택제(school choice)와 바우처(voucher) 제도를 도입하자고 제안하였다. 종래 학생을 거주지 인근 학교에 일방적으로 배정하고, 학교당 학생 수와 같은 기준에 따라 교육재정을 단위학교에 균등하게 배분하여 왔다. 이와 같은 학교배정과 교육재정의 배분방식은 학교교육의 수요자인 학부모와 학생의 의견이 반영되지 않는, 철저하게 공급자 중심의 접근이다. 반면, Friedman은 정부가 학부모와 학생들에게 바우처를 지급하여 그들이 스스로 학교를 선택하게 하고, 개별 학교가 확보한 바우처 금액에 따라 교육재정을 배분하자는 교육 수요자 중심의 접근을 제안하였다. 그 이론적 근거는 단위학교가 학부모와 학생들의 선택을 받기 위해 경쟁적으로 비용을 낮추고 편익을 극대화하고자 하는 노력을 다할 것이라는 점이다. 즉, 교육 공급의 독점을 해소하여 정부의 개입을 줄이는 반면, 학교선택제와 바우처 제도를 도입하여 단위학교 간 경쟁과 효율을 강조하는 교육시장을 활성화하자는 것이다.

시장주의적 접근의 교육개혁은 경쟁과 효율의 시장 논리와 함께, 학교 관료제에 대한 민주적 통제라는 정치적 논리가 이론적으로 뒷받침되었다. Chubb과 Moe(1990)는 'Politics, markets, and America's schools'라는 책에서, 당시 겪고 있는 공교육의 실패와 위기는 근본적으로 학부모와 학생들의 교육 수요를 반영할 수 없는 학교 관료제 시스템에 기인한다고 주장하였다. 학부모와 지역 주민이 교육위원 선거 투표 등을 통한 간접적 통제를 제외하고는 학교 관료제에 직접적으로 관여할 수 있는 시스템이나 제도가 없거나 미비하다는 것이다. 즉, 학부모와 지역민이 원하는 교육 서비스가 관료제 체제로 인해 공립학교 교육활동에 직접적으로 반영될 수 없는 구조라는 것이다. 이에 대해,

Chubb과 Moe는 학부모에게 자녀의 학교를 선택할 수 있는 권리를 부여함으로써, 그들이 원하는 교육적 수요를 학교교육에 직접 반영할 수 있도록 하자고 주장하였다. 학교선택제는 학교 관료제에 대한 직접적인 민주적 통제의 수단이 될 수 있다는 것이다.

경쟁과 효율의 시장주의 논리와 학교 관료제의 민주적 통제라는 정치 논리의 결합은 학교선택제와 같은 시장주의적 교육개혁을 더욱 가속화시켰다. 최근 시장주의적 교육개혁은 학교 유형의 다양화, 학교교육의 민영화, 학교바우처 제도, 세금 환급제도와 같은 형태로 나타나고 있다. 첫째, 학교 유형을 다양화하여 학부모와 학생들의 다양한 교육 수요를 충족시키고, 다른 유형의 공립학교 간 경쟁을 유도하여 교육의 질적 수준을 제고하고자 하였다. 종래 학교교육은 공립학교를 통해 표준화되고 획일화된 교육 서비스가 제공되어 왔으나, 북미의 경우 정부의 규제를 받지 않고 자율적이고 차별화된 교육 서비스를 제공하는 차터 스쿨(Charter School)과 수학과 과학 등 일부 교과목에 특화하는 마그넷 스쿨(Magnet School)과 같은 학교가 설립되어 다양한 교육 서비스를 제공할 수 있게 되었다. 특히 차터 스쿨은 탈규제화로 자율성을 부여받아, 공적 자금을 지원받고 있음에도 순수 민간 부문이 학교를 운영할 수 있도록 하고 있다. 미국의 경우, 2008년 기준으로 전역에 4,000여 개의 차터 스쿨이 설립 및 운영되고 있으며, 1천 2백만 명의 학생들에게 다양한 교육 서비스를 제공하고 있다. 특히, 차터 스쿨은 흑인과 히스패닉 학생과 같은 소외계층 학생들에게 중점적으로 제공되고 있어 교육의 형평성을 높이고 있다고 평가받고 있다. 우리나라의 경우 이명박 정부에서 '고교 다양화 300 프로젝트'를 실시하여 고등학교 교육을 다양화하고 특성화된 교육을 실시하였다. 구체적으로 자율형 사립고등학교 100개, 기숙형 공립고등학교 150개, 마이스터

(Meister) 고등학교 50개 운영을 목적으로 추진된 바 있다. 또한, 종래 공립학교와 달리 적극적으로 수익을 추구하는 민간 학교조직(Educational Management Organization, EMO)을 허용하고 있으며, 심지어 미국의 학교 교육구(school district)와 계약을 맺고 차터 스쿨의 운영을 담당하고 있다. 이처럼 학교 유형을 다양화하는 것은 학부모와 학생들의 다양한 교육 수요를 충족시킬 뿐만 아니라 공립학교 간 경쟁을 유발시키는데 그 목적이 있다. 공립학교들이 학생들을 독점하였던 과거와 달리, 다양한 유형의 학교들과 경쟁을 거쳐 학생들을 확보하고 있는 것이다.

두 번째는 사립학교에 등록하는 학생들에게 펀딩 바우처(funding voucher)를 제공하여 등록금을 보조해 주는 학교 바우처 제도이다. 1962년 Friedman은 당시 모든 학생들에게 학교의 선택 권한을 주는 유니버셜 바우처(universal voucher) 프로그램을 제안하였지만, 실제 Milwaukee, Cleveland, Washington D.C.와 같은 일부 도시에서는 바우처 제도를 일부 저소득층에게 한정하여 제공한 바 있다. 최근 들어 미국은 낙오학생 방지법(No Child Left Behind Act)을 제정하여 학생의 학업성취도에 대한 성과가 저조한 학교에 다니는 학생들에게 바우처를 제공하여 다른 학교에서 교육을 받을 수 있는 권리를 부여하고 있다. 아직, 우리나라는 학생의 학교 선택에 따라 교육재정을 분배하는 바우처 제도를 실시하지 않고 있다. 마지막으로, 그 밖에도 사립학교 등록금에 대해 세금 환급(tax credits) 제도를 실시하여 실질적으로 등록금을 보조하는 편익을 제공하고 있으며, 나아가 학부모가 직접 교육을 실시할 수 있도록 홈스쿨링(home schooling) 제도를 허용하고 지원하고 있다.

경쟁과 효율 중심의 시장주의적 접근은 과연 전통적인 공교육 시스템보다 효과적인가? 여기에서는 지금까지 실시되었던 국내 · 외 실증적 연구들을 살펴보고 위의 질문들에 답하고자 한다. 미국에서는 여러 가지 교육개혁 조치들 중에서 차터 스쿨과 학교 바우처에 대한 실증연구들이 집중적으로 이루어졌다. 먼저, 차터 스쿨의 효과성과 관련하여, 차터 스쿨이 전통적인 공립학교 보다 평균적으로 학생의 학업성취도 향상에 효과적인 것으로 나타나고 있다. 그러나 차터 스쿨의 효과는 공립학교로부터 우수한 학생들을 끌어 모으는 것에 불과하며, 학생의 특성 효과를 제외하게 되면 차터 스쿨 효과는 낮은 수준으로 떨어지게 된다. 한편, 차터 스쿨은 인근 공립학교들의 경쟁을 유발하는 목적으로도 도입되었는데, Bettinger(2005)의 연구결과에 따르면, 공립학교들은 차터 스쿨의 경쟁 유도에 전혀 반응하고 있지 않는 것으로 나타났다.

다음은 학교 바우처 제도의 효과에 대한 실증적 연구결과에 관한 것으로, Ladd(2002)가 그 동안의 실증연구 결과들을 잘 정리하고 있어 그녀의 논문을 중심으로 살펴보고자 한다. 학교선택제와 바우처 제도를 주장하는 사람들의 견해에 따르면, 학생의 학업성취도 향상 효과는 아래의 세 가지 경로를 통해 나타난다고 한다. 첫째, 학생들이 비생산적인 공립학교로부터 보다 생산성이 높은 사립학교로 이동함에 따라 발생하는 부문간 이동 효과(sector shift effect)이다. Coleman, Hoffer와 Kilgore(1982)이 사립학교가 공립학교보다 학업 성취도 향상에 효과적이라는 사립학교 효과(private schooling effect)의 존재를 주장한 이래, 많은 실증연구들이 뒤따랐으나, 실증적인 증거들은 일관되거나 결정적이지 못했으며, 기껏해야 일부 흑인학생들에게 조그만 효과만 있을 뿐이다. 두 번째 경로는 동료 효과(Peer effect)에 관한 것으로, 학교 바우처 제도는 학생들이 자신보다 학업성취도가 높은 학생들을 만날 기회가 높아져 그 학생들로부터의 배움을 통해 자신의 학업 성취도가 높아질 수 있다는 것이다. 실증 연구결과에 따르면, 고 성취 학생들은 비슷한 학생들과 함께 공부하게 되어 동료효과를 통해 학업성취도가 향상되었으나 저 성취 학생들은 오히려 학업성취도가 떨어져, 그 순수효과는 그다지 긍정적이지 않았다. 마지막으로, 시장주의 접근의 개혁론자들이 강조하고 있는 경쟁의 효과에 관한 것으로, 학교 바우처 제도의 도입은 단위학교 간 양질의 교육을 위한 경쟁을 유발하고, 학생들은 좋은 학교에 진학하기 위해 경쟁적으로 학업성취도 향상을 위한 노력을 한다는 것이다. 학교와 학생의 경쟁유발 효과는 얼마나 될까? 우리는 상당히 긍정적인 답을 예상하고 있으나, 안타깝게도 실증적인 연구결과는 경쟁효과가 매우 제한적이며 그다지 결정적이지 않다는 것이다. 위의 세 가지 경로를 통한 학교 바우처 제도의 순수효과(net effect)는 얼마나 되나? Hsiegh와 Urquiola(2001)는 기껏해야 작은 수준에 불과하다고 결론을 내리고 있다.

3. 우리는 경쟁과 효율 중심의 시장주의적 교육개혁을 어떻게 평가할 것인가?

앞에서 최근 공교육 위기에 대한 해법으로 제시되고 있는 경쟁과 효율 중심의 시장주의적 교육개혁 조치들에 대해 간단히 소개하였다. 마지막 질문은 우리가 시장주의적 접근의 교육개혁을 어떻게 평가해야 할 것인가에 대한 것이다. 특정 교육정책이나 제도를 평가할 때에는 우리 사회가 추구하는 가치와 준거가 무엇이냐가 중요하며, 어떤 가치 준거를 강조하느냐에 따라 평가결과는 달라진다. Levin(2008)은 시장주의적 교육개혁에 대한 가치평가 준거로, 다음과 같이 선택의 자유(freedom of choice), 생산적 효율성(productive efficiency), 형평성(equity), 사회통합성(social cohesion)을 제시하고 있다.

먼저, 첫 번째 평가 가치 준거는 선택의 자유(freedom of choice)이다. 시장주의와 민주주의가 발달한 나라에서는 국민들에게 선택의 자유를 부여하고 자신의 선택 결과에 따라 후생수준이 결정되도록 하고 있다. 일반 시민이 자신의 가치와 신념에 따라 자녀가 다닐 학교를 선택하게 하는 것 자체가 학부모로서 교육 선택의 자유를 높이는 것이다. 특히, 학교선택제와 바우처 제도는 학부모와 학생이 스스로 직접 학교를 선택하도록 하여 그들 가치관과 신념에 맞는 학교교육을 받도록 한다. 그러나 전통적인 교육 시스템에서는 학생들을 거주지에 따라 일방적으로 인근 공립학교에 배정하고, 학생의 교육적 수요와 무관하게 표준화되고 획일적인 교육 서비스를 제공하여 왔다. 그 결과, 선택의 자유라는 가치준거에 따르면, 전통적인 공교육 시스템은 낮은 점수를 얻을 수밖에 없다. 최근에는 공립학교의 유형을 다양화하고 차별화된 교육서비스를 제공하려는 노력들이 나타나고 있다. 미국의 차터스쿨(Charter School)과 마그넷 스쿨(Magnet School)이나, 우리나라의 고교 다양화 300 프로젝트는 그 대표적인 사례이다.

두 번째 가치 준거는 생산적 효율성(productive efficiency)이다. 현대사회에서 인간의 욕구를 충족시키고자 하는 노력들은 자원의 희소성에 의해 제한받고 있다. 학교교육 역시 자원의 제약 하에서 생산되고 학생들에게 제공되고 있다. 주어진 예산의 제약 하에서 양질의 교육서비스를 극대화하는 교육시스템을 설계하는 것은 교육정책 입안자들의 요원한 과제이다. 시장주의적 교육제도와 정책들은 경쟁과 효율을 강조하여 종래 학교교육의 독점적 제공에 따른 비생산성과 폐단을 제거하고자 도입되었다. 학교선택제와 바우처 제도는 학교 간 학생 확보를 위한 시장 경쟁(market competition)을 유도하고, 학교 간 경쟁은 결국 학생의 교육수요를 충족시키는 것은 물론, 학교교육의 생산성을 높인다는 것이 이 제도의 주요 논리이다. 그러나 비판론자들은 학교선택제와 바우처 제도가 단지 '우수' 학생 확보를 위한 경쟁만을 촉발시킬 것이며, 교육적 필요가 많은 소외계층 학생들은 그와 비슷한 처지에 놓은 학생들과 함께 격리된 학교 환경에 놓이게 될 것이라고 우려한다.

세 번째 가치 준거는 형평성(equity)이다. 교육의 공통적인 목표 중 하나는 교육의 기회, 자원, 그리고 결과에 있어서 성별, 인종, 언어, 장애, 지역 등과 관계없이 공평한 접근을 보장하는 것이다. 학교선택제와 바우처 제도 도입의 찬성론자들은 거주 분리(residential segregation)에 묶여 열악한 학교에 다닐 수밖에 없는 학생들에게 더 나은 학교를 선택할 수 있게 만들어 줌으로써 형평성을 높일 수 있다고 주장한다. 그러나 반대론자들은 학교선택에 대한 정보와 실제 선택 실행 능력이 학력이 높고 소득이 높은 사람들에게 편중되어 있어 교육 불평등을 초래할 수밖에 없고, 학교선택은 결국 학교 계층화(school stratification) 또는 학교분리(school segregation)로 나타나 교육 형평성을 저해하게 될 것이라고 주장한다.

마지막 가치 준거는 사회통합(social cohesion)이다. 공교육을 실시하는 주요 논거 중의 하나는 가정환경이 다른 학생들이 공통된 교육경험을 갖게 하고, 나아가 그 나라의 정치적, 경제적, 사회적 참여를 활발히 하는 시민으로 성장시키는 것이다. 정부는 공통의 교육과정을 만들고 그것에 사회적 가치와 목적, 언어, 사회통합을 높이는 정치, 사회,

경제제도를 포함시키고 있다. 학교선택제와 바우처 제도와 같은 시장주의적 접근은 학교 계층화와 학교분리 현상을 초래하여 다양한 학생들이 하나의 학교에 함께 다니는 것이 어렵게 되고, 각 학교마다 차별화되고 분리된 교육과정의 운영은 더더욱 학생 간 공통된 교육경험을 갖게 하기 어렵게 만들 것이라고 주장한다.

여기에서 문제는 앞에서 설명한 네 가지 가치 준거를 모두 만족시키는 교육시스템이나 제도를 만드는 것은 상당히 어렵다는 것이다. 그 이유는 하나의 가치 준거가 다른 가치 준거와 양립하기 어려운 경우가 종종 나타나기 때문이다. 아래 [그림 9.1]은 종래 정부 독점의 공교육 시스템과 최근 시장주의 접근의 교육개혁(예; 학교선택제와 바우처 제도)을 네 가지 가치 준거에 따라 평가한 것을 도식화한 것이다. 정부독점의 교육은 형평성과 사회통합성으로 넓은 영역을 차지하고 있는 반면, 시장주의 접근은 선택의 자유와 생산적 효율성에서 넓은 영역을 점유하고 있다. 교육을 국가가 독점할 것이냐, 시장이 개입할 것이냐 하는 것은 각 준거 가치에 대한 사회적 선호도의 결과로 나타날 것이며, 사회적 선호도는 나라마다 다를 뿐만 아니라 동일한 국가에서도 시대적 흐름에 따라 달라질 것이다. 아마도 [그림 9.1]에서의 두 가지 영역은 국가독점과 시장개입의 극단적 사례일 것이고, 실제 우리가 접하고 있는 교육시스템은 두 영역의 중간 정도에 머물 것이다.

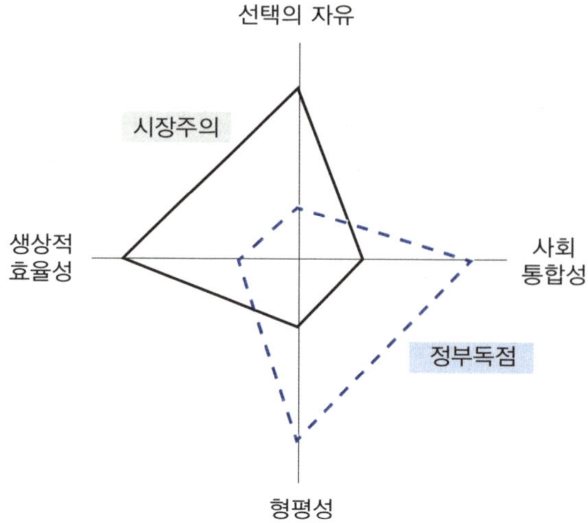

[그림 9.1] 교육에 있어서 국가 독점과 시장주의 비교

4. 나가며

우리는 지금까지 교육의 공공성과 관련하여 국가 · 정부의 독점적 지위와 시장 · 민간의 경쟁적 참여에 대해 살펴보았다. 교육은 비배제성과 비경합성이라는 공공재적 특성을 지니고 있다고 보거나, 설령 그렇지 않더라도 일반 사적 재화와는 달리 교육의 소비가 다른 사람의 후생에 영향을 미치는 정적 외부효과(positive external effects)를 지니고 있어 사회 전체에게 영향을 미친다. 여기에서 중요한 것은 정적 외부효과를 갖는 재화를 시장이나 민간 경쟁에 맡겨 둘 경우 과소생산의 시장실패가 발생하게 된다는 점이다. 교육은 국가와 정부의 적극적 개입이 필요하다는 것을 의미하며, 국가 예산의 교육에 대한 투자의 정당성을 부여한다. 그러나 국가의 교육비 부담이 필요하다고 해서 반드시 국가

가 교육을 독점적으로 제공해야 한다는 것을 의미하는 것은 아니다. 교육비용의 조달과 교육서비스 생산은 다른 문제이기 때문이다.

근대국가 시대부터 공교육은 국가에 의해 공립학교(public school)에서 독점적으로 제공되어 왔다. Friedman(1962)는 현재 공교육의 위기가 바로 학교교육의 국가 독점으로 인한 폐해라고 지적하고 있다. 교육의 독점적 생산은 생산자 간 경쟁의 부재로 생산과정에서 비효율성이 발생할 수밖에 없으며, 이에 대한 해법은 시장과 민간의 자율과 경쟁에 맡겨야 한다는 것이다. 그 대표적인 예로 학교선택제와 바우처제도는 독점의 비효율을 제거할 수 있는 시장주의적 개혁조치들로 제시되고 있다. 특히, 학교선택제는 그동안 지속되어 왔던 학교 관료제에 대한 민주적 통제의 수단으로 여겨지면서 성행하기 시작하였다. 그러나 교육에 있어서 시장의 경쟁과 효율이 과연 효과적인가에 대해서는 그동안의 실증적 연구결과는 그다지 긍정적인 답을 내놓고 있지 못하다. 즉, 시장의 경쟁과 효율이 반드시 국가 독점적 폐해에 대한 해결책이 될 수 있다는 것을 의미하지 않는다는 것이다.

그렇다면, 현재 진행되고 있는 시장주의적 접근의 교육개혁에 대해 우리는 어떻게 바라보아야 할 것인가? 교육개혁의 노력에 대한 평가는 무엇보다 평가의 가치 준거에 대한 탐색과 선택이 선행되어야 한다. 일반적으로 선택의 자유, 생산적 효율성, 형평성, 사회통합성이라는 네 가지 가치준가가 제시되고 있으며, 개별 가치 준거의 상대적 중요도는 시대적 상황과 여건에 따라 달라질 수 있다. 중요한 것은 하나의 가치 준거가 다른 가치 준거와 양립하기 어려운 경우가 나타날 수 있다는 점이다. 국가 독점의 교육은 형평성과 사회통합성의 가치를 높이는 반면, 시장 경쟁의 교육은 선택의 자유와 생산적 효율성의 가치를 높일 수 있다. 교육에 있어서 국가와 시장의 역할은 결국 그 나라와 사회의 가치 준거에 대한 선호도와 국민적 공감대에 따라 달라질 것이며, 두 주체가 서로 배타적이기보다는 사회적 가치 구현을 위해 상호 보완적인 관계를 유지해야 할 것이다.

심화질문

- 사교육과 방과후교육 프로그램의 특징을 설명하고, 양자 간 관계를 논하시오.
- 최근 자율형 사립고등학교 폐지 논란과 관련하여 찬성과 반대 논리를 각각 설명하시오.

참고문헌

이준구 (2013). **미시경제학**. 경기: 문우사.

Bettinger, E. P. (2005). The effect of charter schools on charter students and public schools. *Economics of Education Review, 24*(2), 133-147.

Chubb, J. E., & Moe, T. M. (1990). *Politics, markets, and America's schools*. Brookings Institution Press.

Coleman, J. S., Kilgore, S. B., & Hoffer, T. (1982). Public and private schools. *Society, 19*(2), 4-9.

Friedman, M. (1962). *Capitalism and freedom*. University of Chicago Press.

Hsieh, C. T., & Urquiola, M. (2002). When schools compete, how do they compete?. MA: National Bureau of Economic Research.

Ladd, H. F. (2002). School vouchers: A critical view. *Journal of Economic Perspectives, 16*(4), 3-24.

Moretti, E. (2004). Estimating the social return to higher education: Evidence from longitudinal and repeated cross-sectional data. *Journal of Econometrics, 121*(1), 175-212.

Stiglitz, J. (2000). *Economics of the public sector (3rd ed.).* New York: WW Norton.

CHAPTER_ 10

학교와 교사의 책무성

최근 전 세계적으로 진행되고 있는 교육개혁의 하나는 학교와 교사가 제공하는 교육 서비스에 대한 책무성을 강화하는 것이다. 사회 여러 분야에서 공공 서비스에 대한 책무성을 강화하려는 국가 정책과 제도적 차원의 노력이 교육 분야로 확산되고 있다. 전통적으로 학교는 교육에 대한 책무를 자연스러운 의무로 받아들여 왔으며, 교사는 교직에 대한 사명감과 헌신이 스스로 갖춰야 할 덕목으로 여겨져 왔다. 학교와 교사에 대한 사회의 존경과 신뢰는 교육의 내재적 책무성에 기인한다고 보았다. 그러나 대규모의 국민교육 시대에 접어들면서, 교육의 내재적 책무성만으로는 교육의 질적 수준을 담보하기 어려워졌고, '공교육의 위기'라고 불릴 만큼 학교와 교사의 교육 서비스에 대한 의문과 회의가 잦아들었다. 이에 대해 국가는 학교 책무성을 보장하기 위한 제도와 정책을 도입하기 시작하였다.

우리나라는 2009년부터 전국의 모든 학생을 대상으로 국가수준 학업성취도 평가를 전면적으로 실시하고, 그 평가결과를 단위학교별로 공개하고 있다. 더욱이, 학생의 학업성취도 평가결과는 학교평가와 교원의 성과급 평가의 주요 지표로 반영되고 있으며, 저성취 학생이 밀집한 학교를 '학력향상 중점학교'로 선정하여 정책적 지원을 강화하고 있다. 즉, 국가는 학교 교육활동의 결과를 학생의 학업성취도를 중심으로 측정 · 평가하고, 평가결과에 따른 인센티브를 제공하는 학교 책무성 정책을 적극적으로 도입하고 있다. 그 주요 논리는 학교 외부로부터 학교와 교사에게 책무를 부과하고 적극적인 행정적 통제와 보상 · 제재를 가하여 학교와 교사들이 양질의 교육 서비스를 제공토록 하는 것이다. 또한, 국가의 외재적 통제와 함께, 학부모들 역시 학교 경영과 교육활동에 적극적으로 참여하고 목소리를 높이고 있다. 교원능력개발평가제도 등에서 학부모가 학교 및 교원 평가에도 참여할 수 있게 되었고, 더욱이 학교선택제(고등학교의 경우)를 통해서 학교와 교사의 교육서비스에 대해 자신의 평가결과에 따라 자녀의 학교를 선택할 수 있게 되었다. 학교와 교사들은 우수한 학생들을 모으기 위한 경쟁이 불가피해졌고, 학교교육의 수요자들을 만족시키기 위한 시장적 책무마저 지게 되었다.

현행 학교 책무성 정책의 올바른 이해를 위해서는 다음의 네 가지 질문에 대해 생각해 보아야 할 것이다. 첫째, 학교와 교사는 왜 학생의 학업성취도에 대해 책무성을 요구받고 있는가? 현재의 책무성 정책이 등장하게 된 배경에 대한 이해가 필요하다. 학교 책무성 정책을 둘러싸고 있는 교육 외적 요인과 함께 교육 내적인 요인을 중심으로 살펴보고자 한다. 아울러, 책무성이 문제가 되는 상황은 무엇이고, 어떠한 문제가 발생할 수 있으며, 책무성 정책은 어떻게 이 문제를 해결할 수 있을까에 대한 이론적 설명을 중심으로 살펴보고자 한다. 둘째, 학교와 교사는 누구에게, 무엇에 대해, 어떻게 책무를 지고 있는가? 학교 책무성 정책의 개념 구조를 먼저 살펴보고, 그 작동 원리를 체계적으로 알아보고자 한다. 셋째, 학교 외부로부터 부과되는 책무성 정책은 과연 효과적인가? 학교 책무성 정책의 이론적 설명대로 현실에서도 작동하고 있는가에 대해 지금까지의 연구결과를 중심으로 살펴

문제 사례

시골 마을의 한 중학교에서 근무하는 한 교사는 언제나 아이들의 행복을 위해 노력하는 3년차 수학 교사이다. 최근 가족이 서울로 이사하게 되어, 서울시교육청 강남지역의 A 중학교로 발령을 받게 되었다. 출근 첫 날, 한 교사는 이전 학교와 다른 학교 분위기에 무척 당황해 했다. 한 달 앞으로 다가온 국가수준학업성취도평가 준비를 하느라, 시험 대상인 중학교 3학년 담임 선생님들은 시험 준비에 눈코 뜰 새 없었다. 교장 선생님은 한 교사에게 '학교와 교사는 학생의 학업성취도에 대해 책임을 져야 한다.'고 하시면서, 곧 있을 국가수준학업성취도평가의 중요성을 강조하였다. 강남 유명 학원에서 초빙된 스타 강사 출신의 나 교사가 주도하여 학업성취도 평가 대비 모의고사 문제를 출제하고, 시험 당일 이전 모든 수업시간에서는 시험 문제를 풀게 하였다. 또한, 어떻게 하면 학생이 시험에서 점수를 잘 받을 수 있는지에 대한 비법을 동료 교사들에게 전수하고 있었다. 한편, 시험과목이 아닌 수업에서조차 국어, 영어, 수학을 가르치게 하고, 방과 후에도 시험과목 위주의 보충 수업과 자율학습을 학생에게 사실상 강제하고 있었다. 무엇보다 충격적인 일은 국가수준학업성취도평가 전날, 교장선생님 주재 하에 대책 회의가 열렸는데, 학업성취도가 현저히 떨어지는 학생들을 여러 가지 구실로 시험 당일에 못나오도록 하는 방안이 논의 되었다. 교장선생님은 무엇보다도 평가결과 학교별 순위가 1등부터 꼴찌까지 명확하게 드러나고, 그 결과에 따라 교육청으로부터 학교예산 지원이나 학교 성과급을 받을 수 있다며 여러 교사들을 독려하였다. 이러한 모습을 지켜 본 한 교사는 한 동안 아무 말을 할 수 없었다. 평소 학생들을 걱정하고 행복을 위해 노력하는 것이 교사의 사명이라 여겼으며, 아이들을 잘 가르치기 위해 밤을 새워가며 수업 준비를 해왔던 그녀인지라 이런 모습을 도무지 이해할 수 없었다. 결국, 한 교사는 학교 방침과 달리, 이전 학교에서 해 왔던 방식으로 수업을 진행하기로 마음 먹었다. 그녀의 결정에 대해 교장선생님과 동료 교사들의 지적과 반발이 이어졌고, 무엇보다 학부모들이 찾아와 학력 저하 우려에 대해 항의하였다. 만약 당신이 한 교사라면 어떻게 하겠는가?

토론질문

1. 학교와 교사는 왜 학생의 학업성취도에 대한 책무성을 요구받고 있는가?
2. 학교와 교사는 누구에게, 무엇에 대해, 어떻게 책무를 지고 있는가?
3. 학교 외부로부터 부과되는 책무성 정책은 과연 효과적인가?
4. 학교와 교사는 스스로 책무성을 확보할 수 있는가?

보고자 한다. 책무성 정책이 의도하고 있는 목표를 얼마나 달성하고 있는가? 혹시 의도하지 않은 결과를 초래하고 있지는 않은가? 마지막으로, 학교 외부로부터 일방적으로 부과되고 있는 책무성 정책에 대한 대안으로, 학교와 교사는 스스로 책무성을 확보할 수 있는 방안이 있는지에 대해 탐색해 보고자 한다. 과거 학교와 교사들이 자연스러운 의무와 덕으로 받아들였던 교육에 대한 내재적 책무성을 강화하고자 하는 노력에 대해 살펴보고자 한다.

1. 학교와 교사는 왜 학생의 학업성취도에 대한 책무성을 요구받고 있는가?

위의 사례의 A중학교 교사들과 마찬가지로, 일선 학교에서는 학생들이 국가수준의 학업 성취도 평가를 받고 있으며, 그 평가 결과는 학교정보공시제도를 통해 일반 국민들에게 공개되고 있다. 학교와 교사들은 학생의 학업성취도 평가결과에 따라 학교 예산과 성과급 등에서 차등적으로 지원받고 있다. 학교와 교사에게 책임을 묻는 정책들(이하 학교 책무성 정책)은 1995년 5 · 31 교육개혁 방안에서 처음으로 제기된 이후, 2000년대부터 국가수준의 학업성취도 평가를 전면 도입하면서 본격적으로 시작되었다. 2008년부터 국가수준 학업성취도 평가를 전수평가로 전환하여 실시하고 있으며, 그 목적을 학교 책무성 보장에 두고 있다. 아울러, 2008년부터 정부는 개별 학교의 교원, 학생, 예산, 교육활동 등에 대한 구체적인 정보를 '학교알리미'라는 인터넷 홈페이지(www.schoolinfo.go.kr)를 통해 공개하고 있으며, 더욱이 2010년부터 학교 서열화 논란에도 불구하고 학생의 학업성취도를 포함하여 공개하고 있다. 2009년부터 정부는 학업성취도 평가 결과를 학교평가 지표로 반영하고, 일정 수준에 도달하고 있지 못하는 학생들이 밀집한 학교를 '학력향상 중점학교'로 지정하여 운영하고 있다. 학교와 교사에게 책무성을 부과하는 정책들은 국내에서 뿐만 아니라 전 세계적으로 보편화되고 있다. 2013년에 발표된 국제학업성취도평가(Program of International Student Assessment, 이하 PISA) 조사 결과에 따르면, 33개의 OECD 국가(프랑스 제외) 학생들의 3분의 2가 학교 외부에서 실시하는 표준화된 시험에 응시하고 있다고 한다(OECD, 2013). 그리고 2000년부터 2012년까지 PISA 데이터에 대한 연구결과에 따르면, 학교와 교사들에게 책무성을 묻는 정책들이 시계열적으로 강화되고 있으며 전 세계적으로 확산되고 있는 추세이다(김영식, 2014).

왜 학교와 교사들에게 책무성을 요구하는 정책들이 전 세계적으로 보편화되고 있으며 확산되고 있는 것일까? 이 질문에 대한 답변은 다양하게 제시될 수 있으나, 여기에서는 교육 외적 원인과 교육 내적 원인으로 구분하여 설명하고자 한다.

먼저, 교육 외적인 요인으로, 신자유주의 이념의 확산과 신공공관리론의 등장을 들 수 있다. 신자유주의는 1970년대 세계적인 불황 당시 정부의 적극적인 개입을 요구하였던 경제학자 케인즈의 정책이 실패했다고 지적하면서 대두되었으며, 그 대안으로 자유시장과 규제완화를 주창하였다. 신자유주의자들은 국가 권력의 시장개입이 경제의 효율성과 형평성을 오히려 악화시킬 뿐이라고 주장한다. 아울러, 1980년대 이후 대처 정부와 레이건 정부가 '작지만 효율적인 정부'를 내세우면서 시장주의라는 경쟁원리와 고객에 의한 선택과 통제에 의해 공공 행정 서비스를 제공하는 신공공관리론이 등장하였다. 신자유주의와 신공공관리론은 무사안일과 복지부동으로 대표되는 전통적인 관료제의 한계를 극복하고자 책무성 강화 기제를 적극적으로 도입하였다. 기존 정부의 독점적 행정서비스에서 탈피하여 지방 분권화와 자율성과 동시에 책무성을 부과하는 성과위주의 행정을 도입한 것이다. 1980년대부터 분권화와 자율화가 세계적인 흐름으로 정착됨에 따라, 이에 대한 책무성을 보장하려는 노력 또한 빠른 속도로 확산되었다. 본래 책무성은 국민들로부터 세금을 징수하여 국가를 운영하는 근대적인 조세제도가 확립되면서, 공공 부문에서 세금의 사용결과에 대한 책무의 확인 또는 통제의 방식으로 시작되었다. 정부의 공적인 활동에 대한 설명(giving an account)과 해명(being answerable)이 책무성(accountability)을 구성하고 있다. 또 하나의 주요한 교육 외적 요인은 최근 강조되고 있는 국가 경쟁력 강화를 위한 인재 양성이라는 학교 밖의 사회 경제적인 요구에 있다. 특히, 경제 분야에서 기업들은 학교에서 필요한 인력을 제대로 길러내지 못하고 있다고 비판하며, 교육의 질을 높이고 이를 엄격하게 통제 관리하기 위해 강한 책무성을 부과하여야 한다고 주장한다. 미국의 콜먼 보고서(Coleman Report)와 위기의 국가(A nation at risk) 보고서 등과 같이, 각 국가별로 교육의 질적 수준이 하락하고 있다는 증거들이 나타나면서, 공교육 분야에서 생산성 향상을 위한 노력들이 나타나기 시작하였고 책무성 강화는 그 하나의 기제가 되었다.

다음은 교육 내적 요인으로, 2000년대부터 학생의 학업성취도에 대한 국제 비교평가의 확대 시행을 들 수 있다. 국가별로 교육의 질을 측정 비교할 수 있는 PISA, TIMSS와 같은 국제 평가기제가 도입되었다. 국가별로 평가결과와 순위가 공개되었는데, 이것은 각 국가의 교육정책에 막대한 영향을 미쳤다. 세계 여러 나라들의 노력과 정책 변화의 공통적인 특징은 교육의 질 제고를 위한 학교 책무성 강화에 있다는 점이다. 한편, 최근 국내 교육계에서도 공교육에 대한 불만과 우려가 사교육의 확대와 학부모 부담 증가라는 사회문제로까지 대두대면서, 학교교육에 대한 책무성 보장에 대한 요구가 등장하였다. 특히, 일반 국민과 학부모들이 학교교육의 결과에 보다 관심을 갖게 되었고 교육활동에 적극적으로 개입하고자 하는 노력들이 학교와 교사의 책무성을 더욱 강화하는 방향으로 이어졌다. 마지막으로, 그동안 교육 분야에서 전통적으로 유지되어 왔던 학교와 교사들 스스로의 책무성 보장 기제가 더 이상 작동하지 않게 되었다는 점이다. 과거에는 책무를 맡은 기관이나 사람은 책무를 자연스러운 의무이자, 덕(德)으로 여겼다. 종래 학교와 교사는 외부의 강요나 통제가 아니라 내적인 소명과 사명에 의해 책무를 다하는 기제가 암묵적으로 작동하였다(김병찬 외, 2014). 직업의식과 소명의식에 의한 책임감은 때로는 더욱 강한 헌신을 이끌어 내기도 하였으며, 바람직한 스승의 상으로 비춰졌다. 그러나 근대의 국민교육의 시대로 넘어 오면서 교육 수요가 팽창하였고, 이에 따라 학교와 교사의 수가 급격히 증가하였다. 학교와 교사의 증가는 종래 믿어 의심치 않았던 교육의 질에 대한 담보가 어려워졌고, 학교와 교사의 질을 높이기 위한 장치들이 요구되었다.

마지막으로, 일반 국민과 학부모들이 학교와 교사에게 책무성을 요구하게 만드는 상황은 무엇이고, 그 상황 하에서 어떠한 문제가 발생할 수 있으며, 그 문제는 어떻게 해결할 수 있을까? 이 질문들에 대한 답하기 위해서, 학교 책무성 정책의 이론적인 근거로 제시되고 있는 주인-대리인 이론(principal agent theory)에 대해 살펴보고자 한다. 학교 내에서 이루어지고 있는 교사의 근무노력과 교육활동은 학교 밖에 있는 일반 국민과 학부모들이 좀처럼 관찰하거나 알기 어렵다. 이렇게 개인의 노력이나 활동에 대한 정보가 이에 관심 있는 다른 사람들에게는 주어지지 않거나 주어져도 미미한 정도에 그치는 현상을 정보의 비대칭성(information asymmetry)라고 한다. 정보의 비대칭성은 변호사와 의뢰인, 피고용인과 고용주와 같이 대리인이 주인의 일을 대리하여 수행하는 상황 하에서 문제가 발생할 수 있다. 특히, 전문성과 능력이 높은 사람이 대리인의 자격으로 특정 업무를 수행하는 데 있어 모든 노력과 행동들이 관찰되기 어렵고, 설령 관찰 가능하더라도 주인이 전문성 부족으로 이해하기 힘든 상황이 발생하게 된다. 이 경우, 대리인은 자신의 노력과 행동에 대한 정보에 있어서 주인보다 우월적 지위에 놓이게 되고, 만약 주인과 이해관계가 어긋나게 되면 주인이 원하지 않는 행동을 하거나 주인이 원하는 만큼의 노력과 행동을 다하지 않게 되는 동기가 발생할 수 있다. 우리는 이러한 도덕적 해이(moral hazard) 현상을 매스 미디어에서 공무원의 복지부동, 기업의 분식회계, 사외이사의 비리비위 등의 형태로 접하고 있다. 일반 국민과 학부모는 학교와 교사에 비해 학교 내 교육활동과 근무노력 등에 있어서 정보의 열위에 처하게 되고, 그만큼 더욱 책무성을 강하게 요구하게 된다.

그렇다면, 정보의 비대칭성과 도덕적 해이의 문제를 어떻게 해결할 수 있을까? 주인-대리인 이론은 감시(monitoring)과 유인설계(incentive design)을 해결방안으로 제시하고 있다. 정보의 비대칭성이 문제의 근원이고, 이를 줄이는 모니터링이 첫 번째 책무성 정책으로 나타나고 있다. 국가수준 학업성취도 평가와 학교정보공시제도를 통해서 학교 내에서 이루어지고 있는 교육활동과 근무노력에 대한 정보를 일반 국민과 학부모에게 제공함으로써 정보의 비대칭성을 줄이고자 하는 것이다. 최근, 사회문제로 대두되었던 어린이집 아동 폭행 사건에 대해 감시 카메라(CCTV)를 설치하는 것이 정책 도구로 요구된 것도 같은 이유에서다. 그러나 학교와 교사의 모든 행동을 관찰하고 모니터링하는 것은 현실적으로 가능하지 않거나 가능하더라도 시간과 비용이 막대하고 때로는 인권침해 우려와 같이 비윤리적일 수도 있다. 도덕적 해이를 방지할 수 있는 또 다른 방안은 대리인이 주인의 이해관계와 어긋나지 않도록 인센티브를 제공하는 것이다. 주인이 관찰 가능하고 원하는 성과지표를 설정하고 대리인이 그 성과목표를 달성하면 보상을 하고 달성하지 못하면 제재를 가하는 것이다. 최소한 본인과 대리인의 이해관계를 성과지표에 한해서 일치시키는 것이다. 변호사의 성공보수, 기업의 성과급, 연봉제, 승진 등은 우리 사회에 일상화 되어 있는 유인설계의 사례들이다. 학교와 교사들에게도 학교평가, 예산 차등지급, 학교와 교사의 성과급 등의 형태로 이미 도입되어 시행되고 있다.

2. 학교와 교사는 누구에게, 무엇에 대해, 어떻게 책무를 지고 있는가?

A중학교 교장 선생님은 학교와 교사는 학생의 학업성취도에 책임

을 져야 한다고 말하고 있다. 과연 누구한테 그리고 얼마만큼의 책임을 져야 하는가? 왜 특히 학생의 학업성취도에 대해 책임을 져야 하는가? 어떻게 책무 이행을 확인받고 인센티브를 받고 있는가? 이런 질문에 답할 수 있기 위해서는 학교 책무성 정책의 개념 구조와 구성요인에 대한 올바른 이해가 필요하다. Wagner(1989)는 책무성의 개념 구조와 관련하여 다음과 같은 질문을 던지고 있다: "누가, 누구에게 무엇을 위해서 어떠한 방식으로 어떠한 상황에서 책무를 가지는가?(Who is accountable to whom, for what, in what manner, and under what circumstances?)" Wagner의 질문은 책무 요구자와 책무 이행자, 책무내용, 그리고 책무확인 방식 및 기제가 책무성의 기본 구조임을 나타내고 있다. 이차영(2010: 30)은 구성요인들과 요인 간 상호작용을 아래와 같이 도식화하고 있다.

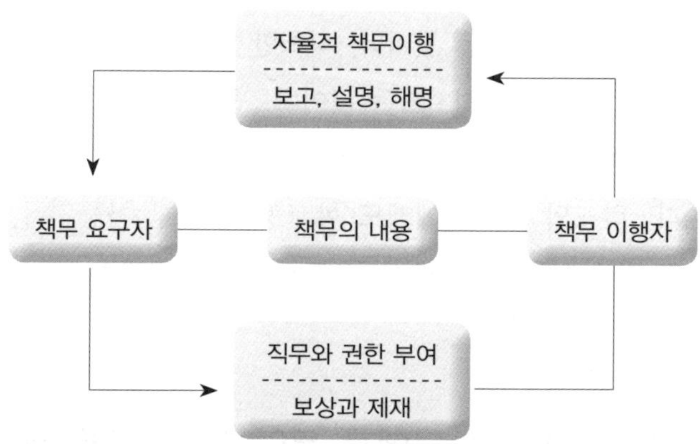

[그림 10.1] 책무성의 구조와 구성요인

출처: 이차영(2010: 37)

이차영(2010)의 책무성 모형은 책무 요구자와 책무 이행자 간의 상호관계와 자발적인 책무이행과 그 결과에 따른 보상기제를 강조하고 있다. 책무 요구자와 책무 이행자는 앞에서 설명한 주인-대리인 이론에서 주인(principal)과 대리인(agent)에 해당한다. 학교와 교사는 전문성을 갖고 교육서비스를 제공하는 책무 이행자의 지위에 있으며, 자율적으로 책무를 이행하고, 현행 법령상 책무 요구자인 국가와 학부모에게 책무이행 여부에 대해 보고와 설명 또는 해명을 하게 된다. 책무 이행자의 보고와 설명 또는 해명은 책무이행에 대한 정보의 비대칭성을 해소하는 기능을 수행하게 된다. 한편, 책무 요구자(국가와 학부모)는 책무 이행자(학교와 교사)에게 교육활동과 관련하여 직무와 권한을 부여하고, 책무 이행결과에 따라 보상과 제재를 가하는 인센티브를 제공한다. 여기에서, 보상과 제재는 책무 요구자와 책무 이행자의 이해관계가 일치하도록 하여 정보의 비대칭성 하에서 문제가 되는 도덕적 해이가 발생하지 않도록 작용한다. 다음에는 현행 학교 책무성 정책을 대상으로 하여 책무 요구자, 책무 이행자, 책무의 내용, 그리고 보상기제에 대해 각각 자세히 살펴보자.

먼저, 현행 교육관련 법령을 살펴보면, 책무 요구자가 누구인지는 분명해진다. 국가는 관련 법령에 의거하여 단위학교별로 학생의 학업성취도 평가를 실시하고 있으며, 그 평가결과를 학교정보공시제도를 통해 일반 대중에게 공개하고 있다. 또한, 국가는 교육 관계 법령에 따라 학교평가와 학교 및 교원 성과급 제도를 실시하고 있으며, 학업 성취도 평가결과에 따라 보상과 제재를 가하고 있다. 현행 법령은 국가가 책무 요구자의 지위에 있다는 사실을 명시하고 있다. 여기에서 한 가지 주목해야 할 것은 국가가 학교와 교사에 대해서는 책무 요구자의 지위에 있지만, 국민에 대해서는 책무 이행자의 지위를 갖는다는 점이다. 국가가 갖는 책무 요구자이자 책무 이행자로서의 이중적 지위는 학교교육의 책무성 보장을 보다 어렵고 복잡하게 만들고 있다. 국가와 국민이라는 또 하나의 주인-대리인 이론 모형이 함께 고려되어져야 하기 때문이다. 이렇게 가중된 책무성 구조의 복잡성은 학교 책무성 정책의 효과성으로 연결된다. 정책의 효과성은 국가가 국민에 대한 책무 이행자로서 역할과 학교와 교사에 대한 책무 요구자로서의 역할을 얼마나 잘 수행하느냐에 따라 결정된다고 볼 수 있다.

한편, 최근 학부모는 여러 가지 제도와 정책들을 통해 자녀의 학교와 교사에 대해 책무 요구자로 등장하고 있다. 예를 들면, 현행 교원능력개발평가제도에서 학부모들은 자녀의 학교 교원들의 평가에 참여하고 있다. 비록, 학교 만족도 조사에 머물고 있으나, 학부모의 학교경영과 평가에 대한 참여 요구는 점점 커지고 있는 실정이다. 학부모가 학교와 교사에 대해 갖는 책무성은 앞서 설명한 국가가 갖는 책무성과는 다른 성격을 지니고 있다. 학교와 교사가 국가에 대해 갖는 책무성을 행정적 책무성이라고 명명하고, 학교와 교사가 학부모들에 대해 갖는 책무성을 시장적 책무성이라고 한다. 시장적 책무성이란, 공급자가 수요자에게 제공하는 서비스의 품질에 대해 갖는 책무성을 의미한다. 학교와 교사가 제공하는 교육 서비스의 직접적 소비자인 학부모들은 교육활동 결과의 질적 수준에 대한 목소리를 높여 가고 있는 실정이다. 현재 실시되고 있는 학교선택제는 학부모의 시장적 책무성을 보장하는 또 하나의 기제로 작용하고 있다. 학부모들이 자녀의 학교를 선택하게 함으로써, 학교와 교사들이 경쟁적으로 제공하고 있는 교육의 질적 수준을 높이도록 한 것이다.

두 번째 구성 요인은 책무 이행자가 누구인가 하는 것이다. 현행 법령에 따르면, 학교와 교사는 교육 서비스를 학부모에게 직접 제공하는 책무 이행자임에 분명하다. 예를 들면, 초중등교육법 제9조에서 교육부 장관이 지방교육행정기관과 학교에 대한 평가실시 권한을 규정하고 있다. 평가권한 규정은 책무 요구자로서 정부 지위를 분명히 하고 있다. 그러나 학교와 교사가 책무 이행자로서의 역할을 성공적으로 수행하기 위해서는 그에 상응하는 권한과 지원을 받아야 한다. 일정 권한 부여와 적극적인 지원은 학교와 교사의 책무성 보장을 위한 전제 조건으로서, 국가와 학부모의 책무로까지 규정되기도 한다(Elmore, 2004). 이는 책무 이행자와 책무 요구자가 함께 갖는 상호 책무성(reciprocity of accountability)으로 불리우며, 교육 서비스 제공에 있어서 국가와 학부모의 역할을 강조하고 있다.

세 번째 요인은 학교와 교사가 갖는 책무의 내용은 무엇인가에 관한 것이다. 현행 학교 책무성 정책은 학생의 학업성취도를 주요 책무의 내용으로 정하고 있다. 국가수준 학업성취도 평가 결과에 따라, 단위학교별로 기초학력 수준에 미달하는 학생들을 선별하고, 그 학생의 수를 줄이는 것을 학교 책무성 정책의 목표로 삼고 있다. 2009년부터 시행되고 있는 학력향상중점학교는 기초학력 수준에 미달하는 학생들이 밀집되어 있는 학교를 대상으로 선정하여 교육활동 예산을 지원하고 있으며, 기초학력 미달 비율을 줄이는 것을 정책 목표로 삼고 있다. 학교 책무성 정책에서 정하고 있는 기초학력은 어느 정도 수준일까? 국가수준 학업성취도 평가 결과는 교육과정의 이해 정도에 따라 구분되며, 기초학력 미달은 교육과정의 20%를 이해하는 정도로 규정되어 있다. 학생의 학업성취도에 있어 학교와 교사가 갖는 최소 수준의 책무라고 이해할 수 있다. 그러나 학교와 교사가 갖는 책무내용이 이에 그쳐야 하는지에 대해서는 학문적, 실제적 논의가 필요하며, 무엇보다 국민적 공감대 형성이 선행되어야 할 것이다.

학교와 교사의 책무와 관련하여 학생의 학업성취도는 또 하나의 논란을 초래하고 있다. 과연 학생의 학업성취도는 학교와 교사만의 책임인가? 학생의 인지적 학습능력은 유전인가 환경인가하는 오래된 논쟁인 것은 이미 알고 있는 사실이다. 아울러, 학생이 학교에 들어오기 이전에 받았던 교육과 학교에 다니면서 학교 밖에서 받고 있는 사교육의 영향을 배제하고 학교와 교사들의 책임만으로 돌릴 수 있는가 하는 것이다. 누구든지 본인이 통제하기 어려운 것에 대해 결과적인 책임을 지라고 하는 것은 부당하다고 여기기 마련이다. 마지막으로 학생의 학업 성취도가 학교와 교사의 책무의 다인가 하는 것이다. 교육을 학생의 잠재적 능력 실현과 전인적 성장이라고 정의를 내린다면, 학생의 학업 성취도는 학교와 교사가 책무를 져야 하는 교육의 결과 중 일부에 해당한다. 아래의 〈표 10.1〉은 교육의 영역별 목표에 대한 상대적 중요성을 미국의 교육전문가와 일반 국민에 대해 설문조사한 결과이다. 표에 따르면, 학생의 학업성취도에 해당하는 '핵심 교과목의 기본지식'은 100점 만점 중에서 22점에 불과한 것으로 나타났다. 학교 책무성을 교육목표의 일부에 한정하여 부과하고 있다는 사실보다 더욱 주목해야 할 것은 일부를 강조하면 나머지는 소홀해진다는 풍선효과에 대한 우려이다. 학교 책무성을 학업성취도에 국한하고 강조하다 보니 나머지 영역에서의 교육목표에 대한 수업보다는 시험성적 향상을 위한 수업이 늘어나고 있다는 것이다. 이러한 현상은 학교 책무성 정책의 의도하지 않은 결과들로 일컬어지고 있으며, 학교 책무성 정책의 효과에서 자세히 다루고자 한다.

〈표 10.1〉 교육목표의 세부 영역별 상대적 중요도

세부 영역별 교육목표	중요도	세부 영역별 교육목표	중요도
핵심 교과목의 기본지식	22%	신체적 건강	9%
창의적 사고와 문제해결	18%	정신적 건강	9%
대인관계 및 직업윤리	12%	인문소양	9%
민주시민의식 및 사회 책임감	11%	진로교육	10%
합 계	100%		

(주석) Rothstein과 Jacobsen(2008)이 미국의 교육전문가, 정책담당자, 일반 국민을 대상으로 설문조사를 실시한 결과이다.

마지막으로 책무를 확인하는 방식과 책무성을 보장하기 위한 보상기제에 대해 살펴보기로 한다. [그림 10.1]에서처럼 책무 요구자가 책무 이행자의 책무이행 결과를 확인하고 그 결과에 따라 보상과 제재를 가하는 유인설계는 책무성의 개념구조에서 가장 핵심적인 요소이다. 도덕적 해이를 유도할 수 있는 주인과 대리인 간 이해관계의 차이는 책무 이행자의 성과지표 설정과 인센티브 설계를 통해 해소할 수 있다. 학교와 교사의 성과지표는 수행성과 중심으로 국가수준 학업성취도 평가와 같은 획일적이고 표준화된 지표를 사용하고 있다. 예를 들면, 학생의 학업성취도 평가결과(예: 기초학력 미달 학생 비율)가 학교평가의 주요 지표로 포함되어 있다. 문제는 학교마다 교원마다 갖고 있는 특수성을 반영하고 있지 못하다는 데 있다. 최근 분권화 시대에 있어 활성화 되고 있는 단위학교 책임경영제는 각 지역의 다양한 교육적 수요를 충족시키는데 그 목적이 있다. 책무를 확인하는 방식에 있어서 표준화되고 획일적인 성과지표의 적용은 단위학교 책임경영제의 취지에 어긋날 뿐 아니라, 지역마다 학교마다 다양한 교육활동 보다는 전국적으로 획일화된 형태의 교육이 이루어질 수밖에 없다. 또한, 주요 성과지표가 교육목적의 일부에 한정되어 있고 가시적인 수행성과(예: 학생의 학업성취도 평가결과)를 중심으로 설정된다면, 오히려 의도하지 않는 결과를 초래할 수 있다. 책무 이행자는 교육의 질적 향상이라는 본질적 노력보다는 가시적인 성과지표 중심(예: 시험대비 수업)으로 시간, 비용, 노력을 집중하기 마련이다. 책무 이행자의 성과결과에 따른 보상과 제재는 책무성 정책의 작동을 결정하는 핵심적인 기제이다. 현재 학교 책무성 정책은 외재적 유인을 중심으로 보상기제를 활용하고 있다. 예를 들면, 교육부는 교원능력평가개발평가에서 평가결과에 따라 우수교원에 대해 인사상 우대, 능력미흡 교원에 대해 의무연수를 부과하고 있으며, 학교평가의 결과에 따라 단위학교별로 교육예산을 차등 지원하고 있고, 학교와 교원의 성과급 평가결과에 따라 인건비를 차등 지급하고 있다. 이와 같은 책무성 보장 기제는 '학교와 교사가 경제적 지원 등과 같은 외재적 보상 및 제재에 반응하여 그 노력을 다할 것이다'라고 전제하고 있다.

그러나 반론으로, 교직은 외재적 유인기제보다 '사명감과 자기만족과 같은 내재적 유인기제가 효과적이다'라는 주장과 '외재적 유인은 오히려 내재적 유인마저 감소시킬 것이다'라는 주장이 제기되고 있다. 또한, 우리나라의 현행 학교 책무성 정책은 인센티브의 종류와 강도에 있어 일부 보상에만 한정되어 있으며 그 강도 역시 약한 수준이다. 2009년부터 학력향상 중점학교 정책과, 2012년부터 기초학력 향상 지원방안은 학교 책무성 이행이 미흡한 학교에 대해 재정적 · 기술적 지원을 강화하는 것에 초점을 두고 있다. 우리나라는 책무성 이행이 미흡한 학교에 대한 제재와 우수한 학교에 대한 보상을 명시적으로 실시하고 있지 않다. 그러나 미국의 경우, 많은 주에서 저성취학교에 대해 예산 삭감뿐만 아니라 학교 폐쇄, 교원 해고 등과 같은 적극적인 제재를 실시하고 있으며, 우수한 교원과 학생에 대해 현금 보상마저 실시하고 있다.

3. 학교 외부로부터 부과되는 책무성 정책은 과연 효과적인가?

앞에서 우리는 책무성의 개념 구조와 원리에 대해 살펴보았다. 요약하자면, 책무성은 정보 비대칭의 상황 하에서 학교 밖의 책무 요구자(국가와 학부모)는 학생의 학업성취도(책무내용)에 대한 성과지표를 설정하고 책무 이행자(학교와 교사)에게 성과평가 결과에 따라 외재적 보상(보상기제)을 제공하는 기제를 의미한다. 과연 A중학교 교장과 교사들의 시험 준비 노력이 효과가 있을까? 1990년대부터 학교 책무성 정책이 효과가 있는지에 대한 실증적인 연구가 계속되어 왔다. Figlio과 Loeb(2011)은 그동안 미국의 실증적 연구결과를 정리하고 있는데, 학교 책무성 정책이 학생의 학업 성취도 향상에 효과적임을 보여주고 있다. 그러나 책무성 정책의 학업 성취도 향상 효과는 저성취 학생에게 단기적으로만 나타나고 있으며, 사회계층 간 또는 인종 간 학력격차를 줄이고 있다는 증거는 찾아보기 어려웠다. 우리나라의 경우, 학교 책무성 정책의 대표적인 사례인 학력향상 중점학교 정책의 효과를 실증적으로 검증하고 있다. 일부 국내 연구결과를 살펴보면, 학력향상 중점학교 정책이 학교당 기초학력 미달 학생 비율을 줄이는 효과가 있다고 보고하고 있다. 우석진과 김경희(2011)는 초등학교의 경우 기초미달 학생 비율 감소 효과가 1% 정도, 중학교는 2% 정도라고 보여주고 있다. 반면, 선행연구와 달리, 학생 수준의 학업 성취도 데이터를 분석한 연구에 따르면(정동욱, 2012), 학력향상 중점학교 정책은 통계적으로 유의미한 인과관계의 효과는 찾을 수 없다고 보고하고 있다. 국내 연구결과를 요약하자면, 학교 책무성 정책의 학생 학업성취 향상 효과는 일관되게 나타나고 있지 않거나, 나타나더라도 효과의 크기는 그리 크지 않다고 할 수 있다. 학교 책무성 정책이 성공적이고 학업 성취도에 효과적이라면, 그 과정에서 교사들이 교수활동의 변화와 노력이 증가하고, 학생들의 학습활동의 변화와 노력이 선행되어져야 한다. 이 가설에 대한 검증을 위해서는 과정 변인으로서 교사의 교수활동과 학생의 학습활동에 미치는 영향에 대한 실증적인 연구가 필요하다. 그러나 극히 소수의 연구를 제외하고는 이에 대한 실증연구를 찾아보기 어려웠다.

Frey(2000)는 학교 책무성 정책이 사용하고 있는 외재적 인센티브가 교사의 내재적 인센티브를 오히려 감소시키고 있다고 보고하고 있다. 정동욱(2012)은 2011년 서울시 고등학교 2학년을 가르쳤던 교사들을 대상으로 근무시간과 수업활동의 변화를 살펴보았는데, 학력향상 중점학교 사업이 교사의 정규 수업준비 시간을 주당 1.63시간 정도 늘리고 있다고 보고하고 있다. 그러나 교사의 수업개선 활동, 수업방식의 변화, 창의성 지도, 수행평가 등과 같은 본질적인 수업활동 변화와 노력에 미치는 영향은 유의미한 증거를 찾기 어려웠다. 즉, 학교 책무성 정책이 대상 교사들의 근무시간 부담을 늘리고 있으나, 수업활동과 노력의 변화로 이어지지 않고 있다는 것이다. 또한, 그는 학력향상 중점학교 정책이 학생의 학습시간과 학습방법, 학습노력, 학습태도에 미치는 영향을 살펴보았는데, 통계적으로 유의미한 증거는 없다고 보고

하고 있다.

책무성 정책이 교사와 학생에게 의도하던 효과가 나타나고 있지 않고 있는 반면, 의도하지 않았던 결과들이 나타나고 있다. 위의 사례에서 나 교사 중심으로 시험 대비 수업을 강화하고, 심지어 성적이 좋지 못한 학생들을 시험 당일 못나오게 하는 사례들이 이에 해당할 것이다. 미국의 경우, 학교 책무성 정책이 의도하지 않은 결과(unintended consequences)에 대한 연구가 활발히 진행되었다. 무엇보다도, 학교 책무성 정책으로 인해 일선 학교에서는 시험에서 중요한 주제와 내용 위주로 수업이 진행되었다(예: Ladd & Zelli, 2002). 또한, 미국의 여러 주에서 저성취 학생들을 지적 장애로 분류하여 시험에서 제외하고 있으며, 심지어 학교와 교사들이 시험 부정행위를 방조하고 있다는 사례마저 보고되고 있다. 일부 학교는 시험기간에 학교규율이나 정학처분을 평소와 다르게 전략적으로 활용하고 있다고 밝혀졌다. 마지막으로, 정동욱(2012)은 학교 책무성 정책이 창의성, 시민의식, 그리고 진로 성숙도와 같은 비교과적인 교육목표 달성에 미치는 효과를 검증하였는데, 그 효과가 긍정적이지 않음은 물론, 통계적으로 유의미하지 않지만 오히려 부정적인 효과를 보여주고 있다.

4. 학교와 교사들은 스스로 책무성을 확보할 수 있는가?

앞의 사례에서 한 교사는 A중학교의 교사들과 달리 스스로 교육에 대한 책무성을 이행하려는 노력을 시도하고 있다. 지금까지 학교 책무성 정책의 논의는 학교 밖의 외부인에 의해 책무 요구와 외재적 유인을 받아 작동하는 시스템에 대한 것이다. 일반적으로 책무성 정책은 통제 원천이 외부에 존재하고 있어 태생적으로 외재적 접근만이 허용된다고 본다(Mulgan, 2000). 그러나 외부의 통제와 제재가 아니라 단위학교와 교사들의 내적 역량과 자율성을 보장하는 내재적 접근을 강조하는 반론이 존재한다. 특히 O'Day(2002)는 학교조직에 있어 교장이나 교사와 같은 전문가들이 윤리규범을 통해 스스로 또는 동료에 의해 통제되는 전문적 책무성이나 도덕적 책무성이 내재적 접근의 핵심이라고 주장한다. 무엇보다 내재적 접근론자들은 외재적 접근의 책무성 정책들이 그렇게 효과적이지 않고 오히려 교육의 본질적인 역량을 저해하고 있다면서, 대안적인 접근이 필요하다고 주장한다. 먼저 책무 당사자와 관련하여, 내재적 접근에 따르면, 교육 책무는 학교 밖의 외부인보다 학교 내 교장과 교사들(책무 요구자)이 스스로 또는 동료(책무 이행자)에게 부여하는 것이다. Elmore(2004)는 책무성에 대한 통제가 효과적이기 위해서는 책무 요구자가 책무 이행자의 책무를 정확하게 알고 있어야 하는데, 학교 밖의 외부인은 책무에 대한 전문적 지식과 기술이 떨어질 수밖에 없어 한계가 있다고 주장한다. 전문성이 부족한 책무 요구자가 일방적으로 교원에게 책무를 정하여 요구하게 되면, 의도한 효과는 나타나기 어렵고 오히려 의도하지 않는 결과를 초래할 수 있다는 입장이다.

책무의 내용과 관련하여서도, 학교와 교사의 전문성이 반영된다면, 학생의 학업성취도에서 벗어나 해당 학교에서 필요한 좋은 수업이 무엇인지, 학생들에게 필요한 교육이 무엇인지에 대한 교육활동의 본질적인 특성을 반영하기 용이해진다. 또한, 내재적인 접근은 교사들이 좋은 수업을 위한 준비와 교수 활동의 개선 등 본질적인 노력을 유도하게 되며, 개별 학생에 대한 이해를 바탕으로 학습자의 실질적인 변화에 관심을 두게 할 수 있다. 책무기제와 관련하여, 전통적인 사명감과 도덕적인 책무뿐만 아니라, 교육의 가치와 비전 공유, 전문가 단체의 윤리규범, 스스로 또는 동료의 격려와 암묵적인 압력들이 학교와 교사들의 책무를 강제하게 된다.

그러나 Mulgan(2000)은 내재적 접근이 개념적으로만 가능할 뿐이며, 공공기관으로서 학교와 교사들이 학교 밖의 외부인(국가와 학부모)으로부터의 통제와 제재를 피하기 어렵다고 주장한다. 무엇보다도 책무 요구자와 책무 이행자를 엄격히 분리하는 주인-대리인 이론 모형에서는 책무 당사자가 동일인 또는 동료가 될 수 없다. 설령 가능하다 하더라도 책무 요구자와 책무 이행자 간 정보의 비대칭성이 존재하지 않을 수 있지만, 그들이 제공하는 교육서비스를 소비하는 국민과 학부모들의 통제가 미치지 않는다면 더욱 심각한 도덕적 해이가 발생할 우려도 제기된다. 그래서 국내에서도 김환식(2010)은 내재적 접근에 따른 전문가 윤리규범이나 스스로 또는 동료에 의한 통제라는 전문적 책무성은 도덕적 책무와 함께 책무성 정책에서 제외하고 있다. 행정 책무성에 대한 외적 통제와 내적 통제에 대한 논쟁은 1940년대부터 시작되었으며(Friedrich, 1940; Finer, 1941) 지금도 계속되고 있다. 현재는 외재적 접근과 내재적 접근의 균형적인 조화에 힘이 실리고 있다. 김병찬 외(2012)는 양자에 대한 조화적인 접근의 차원에서 새로운 패러다임의 책무성을 제시하고 있다. 무엇보다도, 과거 관료적, 시장적 책무성 중심의 통제에서 벗어나, 학교와 교사의 전문적 책무성과 그들에 대한 신뢰를 기반으로 하는 책무성을 보장하는 접근법을 주장한다. 또한, 소명감, 헌신과 같은 개인적 책무성뿐만 아니라 동료의식, 협동문화, 교사문화와 규범과 같은 집합적 책무성을 더하여 내재적 책무성 기제를 강화하고, 나아가 국가가 학교와 교사의 내재적 책무성에 대한 적극적인 지원을 책무로 가져야 한다는 상호 책무성의 원리를 강조한다.

5. 나가며

지금까지 우리는 학교 책무성 정책의 추진 배경과 근거, 책무성 정책의 개념 구조와 작동원리, 정책의 실제와 효과, 그리고, 외재적 책무성 정책의 대안으로 학교와 교사의 내재적 책무성에 대해 알아보았다. 현재의 학교와 교사들은 국가와 정부로부터 학교 교육서비스에 대한 관료적 또는 행정적 책무성을 요구받고 있을 뿐만 아니라 학부모의 선택과 참여라는 시장적 책무성을 함께 요구받고 있다. 학교 외부로부터의 외재적 책무성 요구는 개인의 자율과 창의를 강조하는 신자유주의와 신공공관리론의 이론적 토대를 바탕으로 전 세계적으로 당연시되어 가고 있다. 학교 책무성 정책은 책무 요구자(국가 · 정부, 학부모)와 책무 이행자(학교, 교사)를 구분하고, 책무의 내용을 명확히 하여 모니터링과 책무이행 평가결과에 따라 인센티브를 제공하는 구조로 이루어져 있다. 그러나, 외재적 책무기제의 작동 원리는 책무 이행자의 노력을 이끌어내어 의도하는 결과(책무이행)를 달성하기도 하지만, 때로는 의도하지 않은 결과, 즉 성과지표에만 매달리고 오히려 교육의 본질을 도외시하는 또 다른 도덕적 해이 현상마저 초래하기도 한다.

외부의 통제와 제재보다는 학교와 교사들의 내적 역량과 자율성을 보장하는 내재적 책무성이 그 대안으로 제시되고 있다. 물론, 과거 학교와 교사들이 갖고 있던 도덕적 의무와 덕이라는 전통적 의미의 내재적 책무성으로는 외재적 책무성의 대안이 될 수 없다. 분명한 것은 전통적인 사명감과 도덕적인 책무와 별도로 학교와 교사의 내재적 책무성을 보장하는 새로운 메커니즘의 디자인이 필요하다. 교육의 가치와 비전 공유, 전문가 단체의 윤리규범, 스스로 또는 동료의 격려와 암묵적인 압력들이 내재적 책무성의 주요 기제로 제시되고 있다. 특히, 전문가 단체의 윤리규범과 자율적 통제기능이 활성화되어야 하며, 그 효과 역시 학교와 교사들이 학교 밖의 외부인(국가 · 정부, 학부모)으로부터의 통제와 제재에 상응해야 할 것이다. 공공기관으로서 학교와 교사들은 국가와 정부, 학부모들로부터 통제와 제재를 피하기 어렵다. 다만, 국가 · 정부와 학부모들이 그 통제와 제재를 직접 행사하기보다는 전문가 단체들이 자신의 전문성을 십분 활용하여 담당하도록 함으로써 통제의 목적을 보다 효과적으로 달성할 수 있다. 그럼에도 전문가 단체 역시 책무 이행자의 이해관계 당사자가 될 수 있다는 것은 한계로 지적되고 있다. 앞으로 학교와 교사들에 대한 책무성을 확보하는 기제는 학교 외부로부터의 외재적 책무성과 내부로부터의 내재적 책무성을 함께 보장할 수 있도록 설계되어야 한다. 외재적 책무성과 내재적 책무성은 서로 배타적이라기보다는 상호 보완적이어야 하며, 자율과 책무가 서로 조화될 수 있도록 새로운 교육 책무성 메커니즘의 디자인이 요구되고 있다.

심화질문

- 학교교육의 자율성과 책무성을 각각 설명하고, 양자 간의 관계를 사례를 들어 논하시오.
- 교육부와 교육청으로부터 단위학교에 부과되는 관료적 또는 행정적 책무성과 구분되어 학생 및 학부모 또는 일반 국민으로부터 일선 학교에 부과되는 시장적 책무성이란 무엇이며, 현재 어떠한 작동기제로 나타나는지 설명해 보시오.
- 최근 학교의 책무성을 보장하는 기제로 사회 경제적 인센티브를 부여하고 있는데, 이러한 외재적 유인의 성과와 한계를 설명하고, 심리적 보상기제인 내재적 유인과의 관계를 논하시오.

참고문헌

김병찬, 박남기, 박선형, 변기용, 송경오, 정동욱, 최정윤 (2012). **한국 교육책무성 탐구.** 경기: 교육과학사.

김영식 (2014). **국가별 교육책무성 정책과 학업성취도 분석.** 서울대학교 박사학위논문.

김환식(2010). **한국의 학교 책무성 정책의 현황과 과제.** 학교책무성 정책과 학업성취 데이터의 활용. 한국교육개발원. 41–69.

우석진, 김경희(2011). **학력향상 중점학교 정책이 기초학력 미달 학생의 학력향상에 미친 효과: 회귀불연속 접근법을 중심으로,** 국가수준 학업성취도 평가와 대학수학능력시험 자료활용 분석 심포지엄 자료집(2011.12.2.), 43–70.

이차영(2010). 학교 교육의 책무성에 대한 개념적 명료화와 발전과제. **교육연구, 18**(3), 33–69.

정동욱(2012). **교육 책무성 정책 사례에 대한 미시적 실증 분석.** 한국교육행정학회 제40차 연차학술대회 발표자료.

Elmore, R. F. (2004). *School reform from the inside out: Policy, practice and performance*. Cambridge: Harvard Education Press.

Figlio, D., & Loeb, S. (2011). School accountability. *Handbook of the Economics of Education*, 3, 383–421.

Finer, H. (1941). Administrative responsibility in democratic government. *Public Administration Review, 1*, 335–50.

Friedrich, C. J. (1940). Public policy and the nature of administrative responsibility. In C. J. Friedrich & E. S. Mason (Eds.), *Public policy*. Cambridge, MA: Harvard University Press.

Frey, B. (2000). Motivation and human behavior. In Taylor-Gooby, P. (Ed.), *Risk, trust, and Welfare* (pp. 31–50). Palgrave Macmillan.

Ladd, H. & F. Zelli (2002). School-based accountability in North Carolina: The responses of school principals. *Educational Administration Quarterly, 38*(4), 494-529.

Mulgan, R. (2000). Accountability: An ever-expanding concept? *Public Administration, 78*(3), 555-573.

O'day, J. A. (2002). Complexity, accountability and school improvement. *Harvard Educational Review, 72*(3), 293-329.

Rothstein, R. & R. Jacobsen (2008). Educational goals: A public perspective, In Ladd, H. & E. Fiske (Eds.) *Handbook of research in education finance and policy*, Routledge: New York.

Wagner, R. B. (1989). *Accountability in education: A philosophical inquiry*. Routledge.

CHAPTER_ 11

학교의 위기, 학교의 미래

학교는 우리 삶에 가장 큰 영향을 미치는 교육 기관이다. 우리는 생애의 약 4분의 1을 '유치원생-초등학생-중학생-고등학생-대학생'이라는 학교급에 따른 정체성을 가지고 살아간다. 1945년 해방 이후 불과 반세기만에 고등학교 졸업생 열 명 중 일곱 명 이상이 대학에 진학할 정도로 우리나라는 세계 어느 나라 보다 학교교육에 대한 관심이 높다. 학교교육은 일제 식민지배와 한국 전쟁의 폐허 위에 '한강의 기적'이라고 불리는 경제 성장을 이끌어온 견인차이기도 하다. 우리나라는 인재를 양성하는 교육에 가정, 사회, 국가가 역량을 총동원해 사회적, 경제적 발전을 성취해 왔다고 해도 과언이 아니다. 우리나라가 제2차 세계대전 이후 독립한 나라 가운데 가장 높은 수준의 정치 민주화를 달성하는데도 학교교육은 큰 공헌을 했다.

그렇지만, 지난 반세기 한국의 사회적, 경제적 발전을 위한 공헌과 개개인의 삶에 미치는 큰 영향에도 불구하고 학교교육이 위기에 처해 있다는 징후도 나타나고 있다. '학원에서 공부하고 학교에서 잠잔다'는 이른바 사교육의 영향력 확대와 교실 붕괴에 대한 언론 보도가 식상해진지 오래다. 자녀를 외국 학교로 조기 유학 보내는 부모들이 적지 않다. 법적으로는 학교가 아닌 이른바 미인가 대안학교나 홈스쿨링이 기존 학교교육의 대안으로 1990년대부터 사회적으로 자리를 잡기도 했다. 정보통신기술의 발전으로 지식과 정보의 유통 경로가 다양해지면서 학부모들의 기대와 학생들의 욕구가 변화하고 있지만 학교는 이를 충족시킬 수 없는 낡은 제도라는 비판도 크다. 온라인게임, 소셜

문제 사례

영준(11·경남 거창군 북상초등 4년)이는 1일 여름방학을 마치고 개학했지만, 학교에 가지 않았다. 대신 학교 근처 마을 숲에 학부모들이 천막을 쳐서 마련한 '마을학교'로 갔다. 북상초등학교는 전교생 42명의 시골학교다. 하지만 개학일인 이날 북상초교에는 학생 12명만 등교하고, 나머지 30명은 마을학교로 갔다. 교장공모제 시행 문제 때문에 학교운영위원회와 경남도교육청이 마찰을 빚으면서, 학부모들이 자녀들을 학교 대신 자신들이 직접 운영하는 마을학교에 보내기로 했기 때문이다.

북상초교 학부모들은 최근 학교 발전을 위해 젊고 유능한 교장을 공모해야 한다고 뜻을 모았다. 지난달 31일 퇴직한 교장을 포함해 근년 들어 3명의 교장이 계속해서 정년퇴직을 앞두고 왔다가 1~2년 만에 떠났기 때문이다. 경남도교육청도 학부모들의 뜻을 받아들였다. 그러나 교육청이 실시한 1차, 2차 심사를 마치고 학교운영위원회의 마지막 3차 심사에서 교장 후보들의 순위가 뒤바뀌자, 경남도교육청은 학부모들의 짬짜미(담합) 의혹을 제기하며 교장공모제 절차를 중지했다. 그리고 또다시 정년퇴직 2년을 남겨둔 교장을 임명했다. 이에 반발한 학부모들은 새 교장이 부임하는 1일 마을 숲에 천막 3개를 치고 '또다른 학교'를 열었다. 학생들을 가르칠 선생님도 4명 채용했다. 학부모들이 번갈아가며 통학차량을 운전하고, 급식도 책임지기로 했다.

서원(45) 북상초교 학교운영위원장은 "경남도교육청은 자신들이 지지하는 후보가 탈락할 상황에 놓이자 일방적으로 절차를 중지했다"며 "하지만 교육청이 내년에라도 교장공모제를 다시 추진하겠다고 약속한다면 지금 당장 아이들을 학교에 보낼 것"이라고 말했다. 그러나 임성택 경남도교육청 초등과장은 "신임 교장이 정년퇴직하는 2년 뒤에 교장공모제를 재검토할 수 있으나, 지금은 그 문제를 논할 수

미디어 등 가상현실과 네트워크가 지배하는 탈근대적인 학생 문화가 근대적인 학교 문화와 불화를 빚고 있다. 이 장에서는 학교 제도의 위기와 배경, 미래를 함께 생각해 본다.

없다"며 "학생들은 1일부터 결석 처리될 것이고, 자녀의 교육권을 이행하지 않는 학부모는 법적인 책임을 지게 될 것"이라고 말했다.

1일 부임한 오중환 북상초등학교장은 개학식을 마치고 곧바로 '마을학교'로 달려갔다. 학생들도 보고 싶고, 학부모들도 만나 문제를 해결하기 위해서였다. "교장으로 승진해 오늘 첫 출근을 하면서 무척 마음이 무거웠습니다. 내가 왜 이 어려운 처지에 빠져야 하는지 원망도 했습니다. 하지만 문제가 해결될 때까지 마을학교 학생들에게도 모든 것을 아낌없이 지원할 생각입니다." 오 교장의 눈가에는 어느새 이슬이 맺혀 있었다. 〈거창/최상원 기자〉

한겨레 2009년 9월 2일자.

http://www.hani.co.kr/arti/society/society_general/374358.html 2015년 2월 6일 인출

토론질문

1. 교육행정을 담당하고 있는 교육청의 결정에 불복하여 자녀를 학교에 보내지 않은 학부모들의 행동은 정당한가, 부당한가? 당신이 그렇게 판단하는 논거는 무엇인가?
2. 기사에 따르면 자녀의 교육권을 이행하지 않은 학부모는 법적 처분의 대상이 된다. 국가는 부모가 자녀의 교육권을 충족시키는 방법으로 학교에 보내는 것 외에 다른 방법을 제공할 의무가 있는가?
3. 등교를 거부하는 학생(혹은 학부모)에 대해 교육청, 학교, 교사가 바람직하게 대처하는 순서는 어떠해야 한다고 생각하는가?

1. 학교 위기의 현상

북상초등학교의 갈등은 표면적으로는 교장공모제를 둘러싼 행정당국과 학부모 사이의 의견 충돌 때문에 비롯되었다. 학교 운영 방식에 불만이 누적되어 있었던 학부모들은 교장 공모를 통해서 학교에 변화가 일어나기를 기대했다. 그런데, 공모 교장 초빙 과정에서 교육청과 갈등이 빚어지자 학부모들은 등교 거부라는 극단적인 선택을 했다. 그런데 우리 사회에서 학교 교육에 대한 불만족은 비단 북상초등학교에만 국한된 것이 아니다. 또, 그 불만이 표출되는 양상도 매우 다양하다. 이 절에서는 학교교육에 대한 불만족 때문에 나타나는 대표적인 세 가지 현상을 함께 살펴본다.

가. 학업중단

학교에 대한 불만족 혹은 부적응이 가장 극단적으로 표출되는 형태가 개인적인 학업 중단이다. 각급학교 학업중단 상황을 살펴보면, 초등학교의 경우 2000년대 들어 연간 만 명 이상이 학업을 중단하고 있다. 초등학교 학생 수는 2000년 약 400만 명에서 2022년 약 266만 명으로 줄어들었지만, 학업중단자는 2000년 14,734명에서 2022년 19,415명으로 늘어났다. 2003년에는 30,056명에 달했다. 초등학교 학업중단율은 2010년대 이후로는 0.6% 안팎을 유지하고 있다. 중학교의 경우, 학업중단자 숫자와 비율이 감소하고 있다. 학업중단율은 2000년 1.0%였지만 2020년과 2021년은 0.5%, 2022년에는 0.7%를 나타내고 있다. 학업중단 학생 숫자도 2000년 18,810명에서 2022년 9,585명으로 감소했다. 고등학교는 1985년 학업중단율이 3%에 달했지만 2000년대 들어

1%대로 떨어졌다. 초중고등학교 전체 학업중단율은 2020년에는 0.6%까지 낮아졌다가 코로나바이러스 대유행 이후 다시 증가해 2022년에는 1.0%였다.

그런데 학업 중단 실태를 조금 다른 시각에서 볼 수도 있다. 가령, 1998년 3월 전국의 초등학교에 입학한 학생은 모두 718,844명이다. 이 학생들 대부분은 12년간의 초 · 중 · 고교 과정을 마치고 2010년 2월에 졸업을 했다. 그 해의 고등학교 졸업생 숫자는 633,539명이다. 1998년 입학생 대비 약 11.9%인 85,305명이 12년 동안 유실된 셈이다. 물론 2010년 이후에 졸업한 학생들도 있을 것이다. 그렇지만 1998년 이전에 초등학교에 입학했던 학생들 가운데 2010년에 졸업한 학생들도 있을 것이다. 해외로 이주한 경우나 질병 등 불가피한 사유도 있겠지만 대략 1998년 초등학교 입학생 가운데 열 명 중 한 명이 중도에 학교를 그만두는 바람에 고등학교를 졸업하지 못했다고 추론할 수 있다. 법적으로는 중학교까지 의무교육이지만 사실상 고등학교까지 의무교육인 현실에서 열 명 중 한 명은 중도에 학업을 중단한 것이다. 2023년 정부는 관계부처 합동으로 '학업중단 위기학생 및 학교 밖 청소년 지원방안'을 발표하며, 학령기 학교 밖 청소년의 전체 규모를 17만 명으로 추정하기도 했다.

학업 중단의 사유는 여러 측면에서 분석이 가능하지만 상당 부분은 학교교육을 통해 해결해야 하는 문제이다. 윤철경, 류방란과 김선아(2010: 23)가 시도교육청의 NEIS 시스템을 통해 학업중단 사유를 조사한 결과에 따르면, 초등학교는 미인정 유학(66.5%), 대안교육 선택(8.2%)이 학업중단의 절대적인 이유였다. 중학교도 미인정유학(39.6%), 학습부진(18.2%), 대안교육(5.5%) 순이었다. 고등학교는 학습부진과 학업기피(34.8%), 검정고시 준비(8.8%), 해외 어학 연수

(8.1%), 경제 사정(5.1%) 순이었다. 교육부(2013)의 실태 조사 결과도 크게 다르지 않다. 초등학생 학업 중단 중 가장 큰 사유는 부모를 따라 해외출국한 경우(45.38%)와 미인정 유학, 이른바 조기 유학을 떠난 경우(38.64%)였다. 중학생은 미인정 유학(31.69%)과 무단 장기결석(30.35%)이 비슷했다. 고등학생은 학교 부적응(49.96%), 조기진학이나 종교적 이유 등으로 인한 자발적 학업중단(22.81%), 해외출국(12.53%), 가사(6.66%) 순이었다.

학교에 다니고 있지만 학업중단의 가능성이 매우 높은 소위 잠재적 학업중단자도 적지 않다. 한 연구(최상근, 양수경, 남기곤, 2010)에서는 학업중단 위기 상황에 있는 중·고등학생의 비율을 3.1%로 제시하기도 했다. 학교급별로는 중학생의 1%, 일반계 고교 학생의 3%, 전문계 고교 학생의 8.7%로 예측되었다. 학교급별로 차이는 있지만 실제 학업을 중단한 학생의 두세 배가 넘는 학생들이 학교를 언제든지 그만둘 수 있는 상황이라는 것이다.

학교를 정상적으로 다니더라도 학업 스트레스와 중압감에 시달리는 경우가 많다. Kelly Katzenmeyer는 미국에서 고등학교를 다닐 때 사귄 한국인 친구로부터 한국에는 하루에 16시간을 공부하는 학생들이 있다는 얘기를 들었다. Kelly는 고등학교를 졸업하며 국무성의 해외교환학생 장학금을 받아 한국의 고등학교로 1년간 유학을 와서 말로만 듣던 하루 16시간 공부하는 학생들을 직접 만나게 되었다. Kelly는 믿을 수 없는 이 현실을 'permission to exist'라는 제목의 다큐멘터리로 제작하였다(https://www.permissiontoexist.com). Kelly의 눈에 비친 한국의 고등학생들은 시험의 중압감과 스트레스에 시달리며 매일을 산다. Kelly의 인터뷰에 응한 학생들은 학교는 재미가 하나도 없는 곳이라고, 교사는 학교는 학습을 하는 곳이 아니라고 말한다. 다큐멘터리에는 한 서울대 졸업생이 고교 시절 야간 자율학습 시간에 창밖을 내다보다 다른 학생의 자살을 목격한 이야기도 등장한다. 통계청 통계개발원(2022)에 따르면, 한국의 10대 청소년 사망 원인 1위는 자살이다. 2021년 자살률은 인구 10만 명당 2.7명으로 2000년 이후 최고 수준이었다. 지난 1년간 자살을 생각한 적이 있는 청소년 비율도 2010년대 중반 이후 12% 안팎을 유지하고 있다.

나. 사교육 의존

학교에 대한 불만족이 높다는 것은 사교육 의존이 매우 심각하다는 데서도 찾을 수 있다. 이유가 어떻든 학교만으로는 부족하다는 인식이 사교육을 찾게 만든다. 통계청 조사에 따르면 2022년 초·중고등 학생의 사교육비 규모는 약 26조 원이다. 이는 같은 해 교육부 예산 89조 6251억 원의 4분의 1이 넘는 액수이다. 정부는 그동안 다양한 사교육비 경감 대책을 내놓았지만 성공적이라는 평가를 받지 못했다. 역대 정부의 사교육 대책은 사교육 규제 가능 여부와 정책 접근 방식에 따라 네 유형으로 구분할 수 있다(이종재, 장효민, 2010). 첫째, 학교 평준화형 대책은 사교육을 규제할 수 있으며 유발한 원인을 제거할 수 있다고 본다. 평준화 대책은 상급학교 입학시험을 폐지하고 추첨 입학 제도를 도입했다. 또한, 학교 간 교육 여건을 평준화해 모든 학교를 좋은 학교로 만드는 방안을 추진했지만 학교 간 교육 여건의 차이는 여전하다. 둘째, 과외금지, 학원의 심야교습 규제, 고액학원비 규제 등 사교육 공급자들을 적대시하는 대책들이다. 대부분이 법적 조치이기 때문에 이를 지키지 않는 사교육 공급자들을 범법자로 낙인찍었지만, 이 유형의 대책은 비밀 사교육 유행 등 소위 '풍선효과'를 유발했다. 또한, 헌법재판소의 과외금지 위헌 판결 등 법적 분쟁도 초래했다. 셋째, 공교육내실화형 대책은 사교육 규제가 현실적으로 불가능하다는 것을 인정하고 학교 교육을 강화해 사교육 수요를 근본적으로 억제하려는 시도였다. 공교육이 사교육과 적대적 경쟁관계에 있다는 관점에서 사교육 수요를 공교육으로 충족시키려는 것이었다. 넷째, EBS 수능강의와 방과후학교처럼 공교육 안에서 사교육을 직접 제공하는 대책이다. 이 대책은 국가가 사교육 공급자들과 시장 경쟁에 나선 것으로 "국가 과외"(한준상, 2005)라고 불리기도 했다.

사교육 의존도가 낮아지지 않는 것은 학교 교육으로는 입시 경쟁에서 우위를 차지하기 어렵다는 학부모들의 인식도 원인이지만 사교육 공급자들이 정부 정책에 대응해 새로운 교육 상품을 지속적으로 공급하고 있기 때문이다. 한국의 사교육 시장은 상당히 큰 규모로 성장해 있다. 한국직업능력개발원의 조사에 따르면, 학원 강사 23만 8,000명, 학습지 방문교사 7만 명, 개인과외 교습자 21만 명 등 모두 51만 8,000명이 사교육에 종사하는 것으로 추산되었다(유한구, 김미란, 김승보 외, 2009). 사교육 공급자들은 정부가 공교육을 개혁하고, 입시제도를 손질하고, 사교육 수요를 충족시키기 위해 각종 정책을 내놓을 때마다 그에 전략적으로 대응해 왔다(황규성, 2013). 새로운 정부 정책이 새로운 수요를 만들어내기도 했지만, 사교육 공급자들은 독자적인 교육 콘텐츠를 공급하며 적극적으로 시장을 창출하기도 한다. 주식시장에 상장할 정도로 큰 규모로 성장한 일부 교육기업들은 사교육과 공교육의 경계를 모호하게 만들며 사업영역을 확장하고도 있다. 가령, 교육기업들이 만든 각종 멀티미디어 교육 콘텐츠가 학교 교실에서 활발하게 사용된다. 방과후학교 프로그램은 물론 지방자치단체가 운영하는 영어마을도 교육기업의 사업영역이다(강대중, 최선주, 2014).

다. 대안학교의 대두

학교에 만족하지 못하는 학부모와 학생들은 외국 유학을 떠나기도 하지만 국내에서 대안학교를 택하기도 한다. 국내에서 대안학교는 1990년대 초반부터 일부 학부모와 교육운동가들의 주도로 생겨났다. 흔히 대안학교라고 부를 때 '대안'은 두 가지 의미로 해석된다. 하나는 단순하게 기존에 존재하는 것을 대신한다는 의미이다. 역사적인 시각에서 바라본다면 현재의 학교 역시 처음 등장할 때는 일종의 대안으로 등장했다고 할 수 있다. 오늘날 학교는 서당과 향교 등을 대신해 등장하였다. 또한, 학교체제 내부에서도 변화를 위한 대안이 끊임없이 등장한다고 할 수 있다. 다른 하나는 특정한 가치를 표방하는 사회운동으로서의 의미이다. 서구의 경우 대안학교는 1970년대 자본주의 체제에 근거한 근대문명에 대한 비판적 사회운동의 일환으로 본격적으로 등장했다. 1990년대에 시작된 한국의 대안학교 역시 근대문명에 대한 비판과 경쟁위주의 학교교육에 대한 저항이라는 사회운동적 속성을 가지고 있다(이혜영, 황준성, 강대중, 하태욱, 2009: 19-24).

초기 대안학교는 방과후학교나 방학을 활용한 계절학교 형태로 시작했지만 1997년 간디학교를 필두로 전일제 학교 형태가 급속히 확대되었다. 그런데 1990년대말 정부가 학교 중도 탈락자 예방 대책의 일환으로 대안학교를 특성화학교의 한 형태로 수용하는 정책을 시행하였다. 최초의 전일제 대안학교였던 간디학교도 고등학교 과정이 특성화학교로 인가를 받았다. 기존 제도에 대한 저항을 표방하는 사회운동으로 시작한 대안학교 중 일부가 제도권으로 편입된 것이다. 2005년에는 각종학교의 한 종류로 대안학교가 법제화되면서 대안학교는 제도권 내부에 확실하게 자리를 잡았다. 인가받은 대안학교들은 다양한 특성화교육과정을 자율적으로 운영할 수 있다. 인가받지 않은 대안학교는 현행 교육 관련법에 따르면 여전히 불법적인 상태이다. 그렇지만 정부는 인가받지 않은 대안학교에 대해서도 2000년대 중반 이후 소규모 재정 지원 사업을 펼치기도 하는 등 사회적인 역할과 지위를 인정하고 있다.

2019년 4월 기준 인가받은 대안학교는 대안교육 특성화중학교 17개교, 대안교육 특성화고등학교 26개교, 각종학교로서의 대안학교 41개교로 모두 84개이다. 같은 해 교육부 의뢰로 이루어진 실태 조사에 따르면, 미인가 대안교육시설은 그보다 훨씬 많은 401개로 추정됐다. 실태 조사에 응한 곳 273개 중 민간단체가 운영하는 곳이 183개로 가장 많았다. 복수로 응답한 미인가 대안교육시설의 설립 목적에 대해서는 '인성교육'이 157개(28.1%)로 가장 높게 나타났고, '학교 부적 응 학생 지원' 110개(19.7%), '종교 · 선교' 70개(12.5%) 순이었다(오해섭 · 박지영 · 이지혜 · 임하린, 2019).

2. 진단과 전망

앞에서 살펴본 학교교육에 대한 현상적인 불만족이 표출되는 원인과 그 대안을 모색하기 위해서 아래에서는 학교교육 위기론, 미래학교 시나리오, 학습권 사상을 살펴보고자 한다.

가. 학교교육 위기론

오늘날의 학교교육 제도는 유럽에서 근대국가 성립과 산업혁명을 계기로 생겨났다. 유럽의 근대국가들은 교육을 통해 국민성을 함양하고 숙련된 노동인력을 산업에 안정적으로 공급하는 기제로 의무취학에 기반한 대중교육 제도를 발전시켰다. 급격한 산업화와 도시화로 인해 도시 빈곤층 아동의 노동이 심각한 사회 문제로 제기된 것도 의무취학이 확대된 직접적인 배경이었다. 학교에서는 소수의 교사가 다수의 학생들에게 표준화된 지식을 교실에서 일방적으로 전달했다. 이러한 학교를 효율적으로 관리하기 위해 관료적인 행정 체제도 도입되었다. 전체 국민들을 대상으로 국가가 운영하는 학교제도는 시민혁명 이후 모든 이의 교육받을 권리를 보장하며 개인의 자유를 최대한 신장시키는 핵심 기제였다. 학교제도는 또한 전통적인 신분 질서가 붕괴된 뒤 사회경제적 계층 이동의 합리적 통로로 기능했다.

학교제도가 한계에 이르렀다는 비판은 서구에서는 1960년대 말부터 제기되어 왔다. 당시 비판들은 주로 학교가 평등을 보장하는 기제가 아니라 사회경제적 지위를 재생산하여 불평등을 심화시키는 도구로 전락했다거나, 학교에서 다루는 지식이 학생들의 학교 밖 삶과 유리되어 있다거나, 학교를 다녀야만 학습을 할 수 있다고 생각하는 오류를 범하고 있다는 주장을 펼쳤다. 대표적인 학교교육 비판론자인 Illich(1970: 29)는 그의 저서 '탈학교사회(deschooling society)'에서 다음과 같은 문제를 제기한다.

> 학교 문제에 주의를 기울임에 따라 우리는 보다 근본적인 문제를 놓쳐버리는 경향이 있다. 즉, 그것은 학습을 어떻게 보는가 하는 문제이다. 사람들은 앞으로도 계속 학습을 상품으로써—새로운 제도적인 방식이 확립되면 보다 효율적으로 생산되고, 보다 많은 사람에게 소비되는 상품으로써—취급할 것인가, 아니면 학습자의 자율성—무엇을 학습할 것인가를 결정하는 개인의 창의와,

> 남을 위해서가 아니라 자기가 하고 싶은 것을 학습하는 권리—을 보장해 줄 수 있는 제도적인 장치를 갖출 것인가라는 문제이다. 다시 말하면 우리는 기존 사회에 적합한 사람을 효율적으로 만드는 교육 방식을 선택하거나, 그렇지 않으면 교육 행위가 어떤 특정 기관에 의해 독점되지 않는 새로운 사회에 적합한 교육방식을 선택해야 한다.

Illich는 학교제도가 개인이 스스로 원하는 학습을 할 가능성을 박탈하고 잘 포장된 상품으로 교육을 소비하도록 만들고 있다고 지적했다. 국가는 교육의 질을 높이고 평등한 접근과 향유를 위해 막대한 재정을 투자하지만 의도와 달리 사회적 불평등은 심화되고 개인은 자유를 잃어버리는 결과만 초래한다고 비판했다. 그는 국가가 학교를 통해 일방적으로 공급하는 교육을 대신해 개인들의 자유로운 학습을 위한 네트워크가 필요하다고 주장했다.

학교제도의 한계는 근대철학 자체의 위기 상황에서도 읽을 수도 있다. 포스트모더니즘은 지식의 확실성과 진보, 합리적 이성에 근거한 근대철학에 강력한 도전을 하고 있다. 학교제도는 근대철학과 마찬가지로 산업혁명과 시민혁명을 통한 서구 근대화의 한 산물이다. 특히 '교과서'로 대변되는 절대적 지식과 규범의 합리적 전달 가능성에 대한 믿음은 학교제도의 근본적인 토대이다. 포스트모더니즘은 지식의 불확실성과 유동성을 주장하며, 학교를 비롯한 근대화 과정에서 출현한 권위적 기관들의 지식 독점과 규율을 비판한다. 포스트모더니즘의 확산에 따른 권위적 규율에 대한 거부와 지식의 상대성 수용은 기성세대와는 질적으로 다른 사고와 생활 방식을 지닌 청소년 세대의 출현을 불러왔다. 이 새로운 세대는 근대철학에 기반한 학교에서 부적응을 경험한다. 새로운 세대와 기성세대를 대표하는 교사들 사이의 간격과 갈등은 소위 '교실붕괴'라는 극단적인 현상으로도 나타나고 있다.

학교교육의 위기는 평생학습 시대의 도래와도 관련된다. 평생학습 시대의 교육은 더 이상 학교라는 테두리에 갇혀있지 않다. 학습은 인간이 요람에서 무덤에 이르는 동안 삶의 전 영역에서 끊임없이 일어난다. 한 사회의 교육체제는 학교를 넘어 평생학습을 지속적으로 지원하고 관리하는 체제로 변화하고 있다. 학교는 이러한 시대적 흐름 속에서 자기 역할과 기능을 재정립할 것을 요구받고 있다. Collins와 Halverson(2009)에 따르면, 교육체제는 학교교육 이전의 도제교육 시대와 학교교육 이후의 평생학습 시대라는 세 가지 뚜렷하게 구분되는 시기로 나누어진다. 이들은 도제교육 시대에서 학교교육 시대로의 전환을 1차 교육혁명으로, 학교교육 시대에서 평생학습 시대로의 전환을 2차 교육혁명으로 부른다. 두 차례의 교육혁명으로 인한 아동과 청소년 대상 교육 변화의 양상을 그들은 여덟 가지 측면에서 살피고 있다.

첫째, 교육의 책임이 부모로부터 국가로 이동했다가 부모와 개인으로 다시 이동하고 있다. 도제교육 시대에 부모는 자녀들이 무엇을 학습할 것인가를 결정하는 권리와 책임이 있었다. 대부분의 남자 아이들은 직업 생활을 준비하는 교육을 받았으며 여자 아이들은 가사를 돌보는 교육을 받았다. 학교제도의 도입은 아동의 교육에 대한 권한과 책임이 부모로부터 국가로의 이동과 더불어 이루어졌다. 교육과정에 관한 결정과 운영은 국가의 책임이었다. 평생학습 시대에는 개인의 흥미와 이해관계, 필요와 능력에 맞게 제공되는 교육을 강조한다. 홈스쿨링과 미인가 대안학교, 원격교육과 시장의 각종 교육상품들이 증가하는 것이 이런 변화를 보여준다. 정보통신기술의 발전으로 개인의 선택의 범위는 급속히 확대되고 있다.

둘째, 사람들이 교육에 대해 기대하는 바도 사회적 재생산으로부터 만인의 성공, 개인의 선택으로 이동했다. 도제교육 시대 부모들은 자신들이 배운 것과 해온 것을 자녀들이 그대로 따라하는 것을 기대했다. 학교교육의 시대 부모들은 자녀들이 학교교육에 충실하면 최대한의 성공을 거둘 것으로 기대한다. 초·중등학교에서 잘 배우면 누구나 좋은 대학을 나오고 좋은 직장을 얻을 것으로 기대한다. 모두가 그렇게 될 수 없다는 것이 현실이지만 학교교육에 대한 이 기대는 일종의 이데올로기가 되었다. 학교를 통한 성공 이데올로기가 여전하지만 평생학습 시대가 도래하면서 적지 않은 사람들은 학교가 일방적으로 제공하는 교육을 거부하고 자신이 원하는 것을 배우고 그에 대해 스스로 책임을 지는 길을 택하고 있다.

셋째, 교육의 내용이 실용적 기술에서 학문적 지식으로, 그리고 학습하는 방법의 학습으로 이동하고 있다. 도제교육은 실제 일터에서 필요한 기술을 가르치는 것이 중심이었다. 학교 교육과정은 그와 달리 민주사회에서 시민으로 살아가기 위해 필요한 지식을 중심으로 구성되었다. 초등학교의 읽기, 쓰기, 셈하기로부터 시작하여 학교급이 올라갈수록 역사, 외국어, 과학, 지리, 사회, 윤리 등 학문 분야와 긴밀한 교과들이 학교교육의 중심 내용이 되었다. 그러나 지식의 급속한 팽창으로 학교 교육과정에 성인기의 삶에 필요한 모든 지식을 포함하는 것이 불가능해졌다. 평생학습 시대에는 어떻게 필요한 지식을 찾아내고 그것을 효과적으로 학습할 것인지를 터득하는 것이 중요한 과제가 되었다. 즉, 정형화된 학문적 지식의 습득 보다는 복잡한 사회적 관계와 정보 홍수 속에서 학습에 필요한 자원을 찾아내고, 다른 사람들과 원활하게 의사소통과 협력을 할 수 있는 역량을 갖추는 것이 중요한 교육의 내용이 되었다.

넷째, 교수법도 도제로부터 강의로, 강의로부터 상호작용으로 이동하고 있다. 도제는 직업 현장에서 시범, 관찰, 모방, 교정, 연습 등이 가르치고 배우는 활동으로 진행되었다. 이런 활동들은 대규모의 학교교육에서는 불가능했다. 학교는 소수의 교사가 다수의 학생들에게 정련된 지식을 일방적으로 강의하고, 학생들은 그 지식을 암기할 것을 요구하는 형태가 지배적인 교수법으로 자리 잡았다. 평생학습시대는 교수자와 학습자 사이, 학습자와 학습자 사이의 개별화된 상호작용이 중시된다. 정보통신기술의 발전으로 교수자 없이 개별 학습자의 반응에 따라 상호작용을 조절하는 교육프로그램이 증가하고 있다.

다섯째, 교육 결과에 대한 평가 방법도 관찰에서 표준화된 시험으로, 교수과정에 내장된 형태로 이동한다. 도제교육에서 성인은 아동의 학습 상황을 관찰하며 다음 단계의 학습 과업을 언제 제시할지를 결정한다. 학교에서는 표준화된 시험이 평가에 결정적인 역할을 한다. 교사들은 학생들의 학습 진행 상황을 관찰하기도 하지만, 표준화된 시험을 통해 다음 학년으로 진급하기에 충분한지를 평가하는 것이 중요하다. 시험은 교육 결과의 확인에서 그치지 않는다. 시험은 수준별 배치, 석차, 합격과 불합격 등으로 학생들을 분류하는 기제로 작동한다. 평생학습시대에는 도제교육과 학교교육의 평가가 결합된 형태로 나타난다. 컴퓨터 활동이 증가하면서 학습의 진행 과정에 따라 학습자의 성취 수준을 즉각적으로 확인하고 그에 따른 처방이 가능해지고 있다.

여섯째, 교육의 장소가 가정에서 학교로부터 모든 곳으로 이동한다. 도제교육 시대에 대부분의 일은 농업이나 가사수공업, 가사였다. 따라서 교육 장소도 대부분 가정에 국한되었다. 일과 교육은 분리하는 것이 불가능했다. 산업혁명과 더불어 집 바깥에서 일하는 부모들이 늘어났고 아이들은 가정이 아닌 학교에 따로 모여 공부하게 되었다. 이는 일터로부터 교육의 분리를 의미했다. 심지어 일터 안에서 교육이 필요한 경우에도 학교와 유사한 별도의 공간에서 강의와 표준화된 시험 중심의 교육을 운영했다. 학교가 교육의 지배적인 장소가 되었다. 평생학습시대에는 학교의 이러한 교육 독점에 균열이 일어나고 있다. 학습에 필요한 지식과 정보는 어디에서든 얻을 수 있게 되었다. 스마트폰과 태블릿 컴퓨터, 그리고 인터넷 망이 갖춰진 곳은 어느 곳에서든 학습할 수 있게 된 것이다.

일곱째, 교육문화의 성격도 성인중심에서 또래중심으로, 또 세대혼합 형태로 바뀌었다. 도제교육에서 학습자는 성인들의 문화의 일부로 존재했다. 아동 중심의 문화는 형성의 여지가 없었다. 아동은 단지 몸이 작은 어른으로 간주되었고, 청소년이라는 발달 단계는 도제교육 시대에는 아예 존재하지도 않았다. 십대의 또래문화는 산업혁명기 학교의 출현과 더불어 생겨났다. 십대문화는 성인문화와 때로 충돌을 일으킬 정도로 독자성을 가지고 있다. 십대문화는 학교급과 연령대에 따라 다르며, 학교 안 문화와 학교 밖 문화가 다르다. 평생학습시대의 도래와 함께 홈스쿨이나 원격교육 등 학교 바깥장소에서 교육 실천이 늘어나는 한 가지 이유는 학부모들이 지배적인 십대 또래문화로부터 자녀들을 분리하고 싶어하기 때문이다. 이와 더불어 서로 다른 연령대와 세대가 서로 어울리는 교육문화가 형성되고 있다.

여덟째, 교육 관계의 양상은 주변 인물과의 친근한 유대 관계로부터 교사라는 권위적 인물과의 관계로, 또 컴퓨터를 매개로 한 관계로 이동하고 있다. 도제교육은 대부분 부모나 친척 혹은 마을 어른 등 이미 친숙한 인물과의 강력한 유대 관계 속에서 이루어졌다. 학교교육 시대에 학습자들은 매 학년 초 낯선 교사를 만난다. 학교에서의 교육적 관계는 교사가 학생들이 존경하는 존재로 자리매김하는 것이다. 교사들은 이 존경에 기초한 권위로 교실을 관리한다. 어떤 이유에서든 존경과 권위가 사라질 때 학교교육은 심각한 위기에 봉착한다. 평생학습시대에는 도제교육시대의 유대 관계가 다시 중요해진다. 개인의 관심과 필요에 충실한 학습자는 자신을 잘 가르쳐 줄 수 있는 사람을 찾는다. 이렇게 맺어진 교육 관계는 도제교육의 강력한 유대와 매우 유사하다. 컴퓨터를 활용한 교육이 늘어나면서 교육적 관계는 관심과 필요를 공유하는 이들의 비대면 상호 협력에 기초한다. 친숙하고 존경하는 인물과의 면대면 상호작용이 가장 자연스러운 학습 활동이라는 점을 고려하면, 오직 컴퓨터에 의해서만 중재되는 교육 관계의 한계는 뚜렷하다.

나. OECD 미래학교 시나리오

그렇다면 미래의 학교는 어떻게 변화할 것인가? 경제개발협력기구(OECD, 2001)는 2020년까지 학교체제가 변화할 수 있는 가능성을 여섯 가지 '미래학교 시나리오'로 발표한 바 있다. 관료적 학교체제의 견고한 유지로부터 교사 충원의 위기로 인한 체제 붕괴까지를 다루는 이 시나리오는 한 사회 내부의 학교체제에 나타날 변화를 가늠할 수 있는 시금석이 되어왔다. 유의할 점은 이 시나리오가 한 사회의 학교체제의 미래를 예언하는 것이 아니라는 점이다. 따라서 한 사회의 학교체제가 이 시나리오 중 하나를 따라서 변화할 것이라고 생각하는 것은 적절하지 않다. 이 시나리오는 학교체제 변화의 가능한 경로들을 예시한 것이다.

a. 관료적 학교체제의 견고한 유지 시나리오

강력한 관료주의 속성을 가지고 있는 학교체제는 학부모나 언론의 불만 표출에도 불구하고 급진적인 변화를 완고하게 거부한다. 학교는 사회구성원들의 균등한 교육 기회 보장, 사회화, 학위 수여 등 전통적인 기능을 고수한다. 이러한 전통적 기능에 대한 대안이 없는 상황에서 학교체제는 교육과정 운영과 학위와 자격 정책을 매개로 견고하게 유지된다. 학교체제의 책무성은 학생평가를 통해 주로 이루어진다. 분권화와 교육시장이 확대되지만 학교체제의 효율성을 높이기 위한 국가의 적극적인 역할이 여전히 중시된다. 그렇다고 학교에 대한 재정 투자가 비약적으로 늘어나는 것도 아니다. 교직에 입문하는 것은 여전히 매우 어렵다. 강력한 교직원노동조합 혹은 교사단체 역시 외부의 급진적 변화 요구에 저항한다. 관료적인 행정에도 불구하고 교사들은 개별 교실에서 상당한 자율성을 누린다.

b. 학습조직으로서 학교 시나리오

글로벌 지식기반경제에 부응해 학교체제는 다양성, 실험, 혁신에 초점을 맞춘 학습조직으로 재구조화된다. 여전히 공교육의 가치가 중시되는 가운데 학습조직으로서 학교는 고도 경쟁 사회의 발전에 기여한다. 교육은 지식 생성과 평생학습의 견고한 기초를 놓는 과정에 집중한다. 학습조직으로서 학교는 나이, 학년, 능력에 따라 학생을 나누기보다는 다양하게 섞는다. 고등교육 기관은 물론 미디어와 기술회사들과 긴밀한 네트워크를 형성한다. 정보통신기술의 활용이 매우 중시된다. 모든 학생들의 적성과 성취도를 반영하는 역량평가가 활성화된다. 학위는 여전히 중요한 역할을 한다. 교수법과 학습과학 연구가 확대된다. 인프라가 빈약한 지역에도 최신 시설이 도입되는 등 학교 전반에 상당 규모의 투자가 이루어진다. 교직에 우호적인 분위기에서 동기가 높은 교사들이 활동한다. 학교 외부 전문직과 교사 간의 네트워크가 활성화된다. 다양한 계약에 따라 교직의 진입과 진출이 자유로워진다.

c. 핵심 사회센터로서의 학교 시나리오

학교는 학습활동을 매개로 사회, 가정, 지역 사회를 연결하는 핵심 센터가 된다. 낮은 문턱과 열린 문을 가진 학교는 지역 공동체의 중심이 된다. 학교교육은 지역 사회 전체의 과제가 된다. 경제계, 고등교육계, 종교계는 물론 은퇴자들까지 학교교육에 적극적으로 참여한다. 전통적인 교실 교수 외에 정보통신기술 등을 활용한 다양한 형태의 학습 기법들이 도입되어 학교교육과 다른 양식의 학습 간의 경계가 희미해진다. 평생학습의 중요성이 강조된다. 관료적인 행정이 약화되고, 학교의 조직 형태가 다양하게 나타날 수 있다. 초등교육과 중등교육 간의 경계가 흐려지면서 모든 연령대가 섞인 학교가 출현할 가능성도 있다. 높은 수준의 학업 성취도를 추구하면서도 사회적 불평등을 완화하고자 하기 때문에 교사는 종종 지역 공동체의 다른 과업을 동시에 수행하게 된다.

d. 확대된 시장 모델 시나리오

공교육에 대한 불만이 팽배해 납세자들의 조세 저항이 일어난다. 수요자의 선택 여지가 없이 획일적으로 제공되는 학교교육을 대신해 학습시장이 전면에 등장한다. 교육 수요에 민감하게 반응하는 공급자들이 등장한다. 소비자 선택이 최대한 보장되는 개인화된 교수와 홈스쿨링이 증가한다. 평생학습이 당연한 것으로 받아들여진다. 단순히 학교에 머무는 것이 아니라 다양한 방식으로 교육을 받을 수 있게 된다. 정부는 더이상 교육에 직접적인 관여를 하지 않는다. 대신 질적 수준을 담보하기 위해 시장을 규제하고 인센티브를 부여하는 역할을 한다. 교육과정은 결과 중심으로 새로 구성된다. 학습결과를 평가하는 다양한 지표와 인증 방식이 등장한다. 국제적인 평가인증 기관의 영향력이 커진다. 정보통신기술이 대규모로 활용된다. 시장 기제에 따른 풍부한 혁신이 이루어지지만, 사회적 평등에는 심각한 위기를 초래한다. 전통적인 교사를 대신해 시장에서 활동하는 새로운 교수자들과 학습 인증과 관련된 전문가들이 등장한다.

e. 네트워크 안에서의 학습

다양해지는 학습 요구들에 비해 학교체제가 제공하는 교육에 대한 불만족이 누적되고, 저비용의 강력한 학습 미디어 접근성이 높아지면서 학교를 대체하는 학습 네트워크가 등장한다. 학습자 네트워크의 형성은 네트워크 사회의 등장과 함께 진행된다. 자녀양육 방식, 문화적 관심사, 종교적 색채 등에 따라 다양한 학습 네트워크가 형성된다. 지역 사회 안에서 홈스쿨링이나 소집단 학습을 하는 형태를 지니기도 하지만 원격 학습이나 국제적인 네트워크가 형성되기도 한다. 이 시나리오는 기술 수준이 높고, 경제적으로 부유한 사회에서 나타날 가능성이 높다. 학교체제가 없어지기 때문에 생애초기 교육과 평생학습 사이의 경계 역시 사라질 것이다. 학습 네트워크는 다양성과 민주주의를 강조하지만, 학교를 통해서 사회적으로 포용되던 계층들이 학습 네트워크에서는 배제될 위험도 존재한다. 교사라고 불리는 직업은 사라지지만, 학습 네트워크에서 일하는 학습 전문가들이 새로 등장한다.

f. 교사 충원 위기로 인한 학교체제 붕괴

이 시나리오는 교사보다 더 나은 조건의 직업이 많은 부유한 국가에서 나타날 가능성이 높다. 교사들의 타직업으로의 전직과 명예퇴직이 늘어나지만 유능한 신규 교사를 채용하는 것은 점점 어려워진다. 이 문제는 장기간에 걸쳐서 일어난다. 따라서 정책적 대응이 시기를 놓칠 수도 있고, 그 효과가 나타나는데도 시간이 오래 걸린다. 사회경제적 계층 따라 거주지가 분할되어 있을 경우 교사 충원의 위기의 정도가 다르게 나타날 수 있다. 부유층은 공립학교에 자녀들을 보내지 않을 것이다. 교사 부족은 학생들의 학습에 직접적인 영향을 미치면서 학부모와 언론의 비판이 거세진다. 학생들의 성취도가 낮아지면서 전통적인 교수법과 시험을 더 강조하게 된다. 과외와 교육기업들이 번성하게 된다. 교사의 역할을 대신하기 위해 정보통신기술 활용이 확대될 가능성이 높다. 퇴직 교사를 임시직으로 다시 채용한다. 저소득 국가 출신 교사들이 부유한 국가로 이동하며 이른바 국제 교사 시장이 발달한다. 교직의 전문성 수준이 떨어질 가능성이 있다. 교사단체와 노동조합의 역할은 더 커지지만 교직 전체가 하향 곡선을 그리면서 그 영향력은 축소된다.

다. 학습권 사상

학교 제도는 법률에 명시된 교육권에 기초해 있다. 서구에서는 1800년대 말부터 교육권이 법률에 명시되었다. 가령 영국(잉글랜드, 웨일즈)의 1870년 초등교육법(Elementary Education Act of 1870), 미국 버지니아 주 1870년 공립보통학교법(Virginia Public Common School Act of 1879), 프랑스의 1881년 공교육무상법(Loi du 16 juin 1881 établissant la gratuité absolue de l'enseignement dans les écoles publiques)과 1882년 의무교육법(Loi du 28 mars 1882 relative á l'obligation de l'enseignement primaire) 등이 대표적이다. 교육권은 제2차 세계대전 이후에는 UN의 세계인권선언(1948년)과 아동권리선언(1959년)을 통해 국제적으로 확인되었고, 대부분 국가에서 헌법에 명시하고 있다. 세계인권선언 제26조

제1항은 '누구든지 교육을 받을 권리를 가진다. 교육은 적어도 초등학교 기초적인 과정에서는 무상이어야 한다. 초등교육은 의무제로 한다.'고 규정했다. 아동권리선언도 제7조에 '아동에게는 최소한 기초단계의 의무교육을 자유롭게 받을 권리가 있다'고 선언하고 있다. 대한민국 헌법도 제31조에 '모든 국민은 능력에 따라 균등하게 교육을 받을 권리를 가진다', '모든 국민은 그 보호하는 자녀에게 적어도 초등교육과 법률이 정하는 교육을 받게 할 의무를 진다', '의무교육은 무상으로 한다'고 명시하고 있다.

교육권은 흔히 '교육을 받을 권리'로 표현된다. 의무교육을 받을 권리는 이를 무상으로 제공하는 주체, 즉 학교제도를 운영하는 국가를 필요로 한다. 국가는 학교의 시설과 교사의 양성 등 교육의 조건을 책임지고, 의무취학제도로 교육받을 권리를 보편적으로 보장한다. 부모 혹은 보호자는 자녀가 교육받을 권리를 누리는 데 일차적인 책임을 진다. 그런데, 교육권을 교사가 학생을 교육할 권리로 생각하는 경우가 있다. 교사가 교육이라는 직무 수행에 필요한 권한을 보장받는 것을 교육할 권리로 오해하는 것이다. 교육할 권리라는 것은 개념적으로 적합하지 않다. 권리는 어떤 혜택을 받을 자격과 관련된다. 가령, 국적에 관계없이 인간이라면 누구나 받아야할 보편적 혜택을 담은 것이 세계인권선언이라면, 국가에 따라 그 국민들이 누릴 수 있는 구체적인 권리가 조금씩 차이가 나기도 한다. 교육권은 교육이라는 혜택을 받을 권리이다. 교사는 그 혜택을 제공하는 입장이다. 만약 교사의 교육할 권리가 인정된다면 학생은 교사가 제공하는 교육을 수동적으로 받아들일 수밖에 없게 된다. 수동적으로 받아들이기만 하는 것을 권리라고 부를 수는 없다.

교육받을 권리를 보다 분명하게 이해하기 위해서는 교육기본법에 명시된 학습권을 이해할 필요가 있다. 교육기본법 제3조 학습권 조항은 '모든 국민은 평생에 걸쳐 학습하고 능력과 적성에 따라 교육받을 권리를 가진다'고 명시하고 있다. 이 조항에 따르면 학습의 권리는 학령기에 제한되는 것이 아니라 평생 동안 보장된다. 학습권 조항에는 헌법의 교육받을 권리 조항에는 없는 '적성에 따라'라는 문구가 추가되어 있다. 국민 개개인의 적성에 따른 교육을 국가가 제공해야 한다는 점을 부각시킨 것이다. 학습권 조항은 1985년 프랑스 파리에서 열린 제4차 유네스코 세계성인교육회의에서 채택된 학습권 선언의 영향을 받은 것이다. 유네스코가 선언한 학습권의 내용은 다음과 같다.

> 학습권은 읽고 쓸 수 있는 권리이며, 문제를 제기하고 분석할 수 있는 권리이며, 상상하고 창조할 수 있는 권리이며, 자신이 살고 있는 세계를 이해하고 역사를 쓸 수 있는 권리이며, 교육 재화에 접근할 수 있는 권리이며, 개인 그리고 집단에 의하여 배울 수 있는 기술을 계발할 수 있는 권리이다(임해규, 20111: 57에서 재인용).

김신일(2005)은 학습권의 내용을 학습 활동의 자유, 학습 기회의 보장, 교육 선택의 권리, 교육에 관한 결정 과정에의 참여, 지식과 사상 창출의 자유라는 다섯 가지로 제시한다. 이 가운데 학습 기회의 보장, 교육 선택, 교육에 관한 결정 과정에의 참여는 학교교육과 직접적으로 관련된다. 교육 선택의 권리는 학교교육이 일방적으로 주어지는 것이 아니라 학습자가 선택할 수 있는 것이란 점을 환기한다. 미인가 대안학교는 법적으로 '학교'로 인정받지 못하지만, 이 관점에서 보면 선택 가능한 대안일 수 있다. 교육 선택의 범위를 넓히는 것은 따라서 학습권의 신장과 긴밀한 관계가 있다. 교육에 관한 결정 과정에 참여할 권리는 학교교육과 관련된 제도 및 정책의 제안, 수립, 개혁, 운영 등에 관여하는 것이 학습자의 권리라는 점을 강조한다. 5 · 31 교육개혁으로 도입된 학교운영위원회에 학부모와 지역사회 인사가 참여하게 된 것은 학습권 조항의 영향이었다. 학교운영위원회는 교육 실시자 혹은 제공자인 교사와 교육청 일변도의 학교교육 의사결정 풍토를 크게 바꾸었다. 학습권 내용 중 학습활동의 자유 및 지식과 사상 창출의 자유는 학습권이 헌법상의 자유권과 맞닿아 있으며 나아가 보편적인 인권을 가능하게 하는 권리라는 점을 보여준다. 즉, 학습권은 학교교육에 국한되어 있는 권리가 아니다. 학습권은 평생에 걸친 학습 활동을 보장받기 위한 것이다. 만약 평생에 걸쳐 학습권을 향유하지 못한다면, 우리는 인간다운 삶을 충분히 누릴 수 없다.

3. 나가며

Collin와 Halverson(2009)의 2차 교육혁명 논의, OECD의 미래학교 시나리오, 그리고 학습권 사상은 학교교육이 거대한 패러다임의 변화 속에서 새로운 방향을 모색하고 있다는 점을 일깨워준다. 산업혁명 시기에 형성된 학교교육은 정보혁명 시대를 살아가는 인간의 학습과 그 학습을 관리하는 기제로 적합하지 않다는 비판과 도전에 직면해 있다. 학령기에 학교라는 제한된 공간에서 공부하는 것만으로는 정보혁명 시대를 살아갈 수 없다는 자각이 널리 확산된 지 오래다. 인터넷과 모바일 기기, 통신기술의 끊임없는 발전은 인간 학습의 양상을 바꾸고 있다. 소위 평생학습이라고 불리는 패러다임 변화 속에서 학교의 자기 변신이 요구되고 있다. 이 변신은 현재 진행형이다. 아래에서는 평생학습을 이해하는 세 가지 차원(Kang, 2015: 32-34)을 살펴보고, 학교의 미래를 모색하는 데 있어 우리가 답해야할 질문을 생각해보며 이 장을 마무리 하고자 한다.

첫째, 평생학습은 생애전개 차원에서 이해할 수 있다. 인간은 태어나서 죽음에 이르기까지 다양한 발달 단계를 거친다. 가령, Piaget는 인간의 인지 능력이 발달하는 과정을 4단계로 제시했다. 인간의 발달 과정은 신체적, 심리적, 사회적 등 여러 측면에서 살펴볼 수 있다. 이 발달 과정의 한 단계에서 다음 단계로의 이행은 시간이 지남에 따라 자연스럽게 이루어지기도 하지만 상당한 학습이 필요한 경우도 있다. 아동청소년기에서 성인기로 이행을 흔히 문화화 혹은 사회화라고 부른다. 성공적인 성인기 이행은 해당 문화와 사회의 규범과 가치관을 얼마나 잘 학습했는가와 긴밀하게 관련된다.

학교는 각 개인의 생애전개에 필요한 학습 과업의 달성을 위해 어떤 역할을 해야 하는가? 지금까지는 '학교교육 이수-졸업-취직-결혼-자녀출산-양육-은퇴-노화'가 일반적인 생애전개로 인식되었다. 학교교육은 생애 초기의 과업으로 인식되었다. 산업사회에서는 학교교육으로 직업 생활에 필요한 지식과 기술을 충분히 배울 수 있는 직종이 많았다. 대부분의 사람들은 생애전개 과정에서 학교에서 직장으로 단 한 번의 이행을 경험했다. 그러나 지식기반사회에서는 직장 생활 중에도 지속적인 학습이 필요하다. 적지 않은 사람들이 직장을 옮기거나 직업을 바꾸는 과정에서 '학교-직장-학교-직장' 등 학교와 직장 사이의 이행을 경험한다. 선취업 후진학을 선택하는 고교 졸업생들이나 두 번째 학사 학위를 취득하려는 성인들이 그런 경우이다. 학위가 아니더라도 각종 자격을 취득하기 위해, 은퇴 이후의 삶을 향유하기 위해 학교로 돌아오는 사람들도 있다. 특히, 대학은 학교교육을 마무리하는 종결기관이 아니라 평생학습의 중심기관으로 새롭게 자리매김하고 있다. 외국의 제3기 대학(University of the Third Age)이나 우리나라의 대학의 평생교육 지원 정책은 이러한 변화 양상의 사례라고 할 수 있다. 생애전개라는 관점에서 학교제도의 자기 변신은 다양한 연령대에서 학교에 진입하는 경로를 보다 유연하게 마련하는 것과 관련된다.

둘째, 평생학습은 생활영역 차원에서 이해할 수 있다. 인간의 학습활동은 가정 생활, 학교 생활, 직업 생활, 여가 생활, 종교 생활 등 다양한 생활 영역에서 나타난다. 학교는 현대인의 인생 전반부 20여 년간 가장 영향력이 큰 생활 영역이다. 이 시기 동안 개개인의 정체성이 '유치원생–초등학생–중학생–고등학생–대학생–대학원생'처럼 학교급에 따라 부여되기도 한다. 그런데 우리는 학교 바깥에서도 학습한다. 학령기 아동과 청소년은 학교와 가정이 대부분의 생활 영역이지만, 인터넷이 발달하고 각종 미디어의 영향력이 커지면서 소위 디지털 공간이 새로운 학습 공간으로 등장하고 있다. 생활 수준의 전반적인 향상으로 다양한 문화예술 활동을 접하는 기회도 늘어나고 있다.

학교는 학생들의 삶에 큰 영향을 미치는 다른 생활영역과 어떤 관계를 맺을 것인가? 사교육비가 심각한 사회 문제이기 때문에 우리나라에서 학교 바깥에서의 학습활동은 그동안 억제의 대상으로 다루어져 왔다. 그러나 억제 위주의 사교육 대책은 그리 성공적이지 않았다. 또한, 학교 바깥에서의 학습활동이 모두 나쁜 것도 아니다. 중학교 자유학기제처럼 학생들의 진로 탐색을 위해 학교 바깥의 교육 자원을 적극적으로 활용하는 정책도 생겨나고 있다. 전문계 고등학교에서는 급변하는 직업 세계와 교육과정을 체계적으로 연계할 필요성이 점점 더 높아지고 있다. 도서관, 박물관, 과학관, 미술관 등 다양한 학교 밖 공공기관에서는 매우 수준 높은 교육 프로그램들을 학령기 아동과 청소년에게 제공하고 있다. 학생들이 학교 외부에서 경험하는 다양한 학습 활동을 학교교육과 연계하는 다양한 방안이 앞으로 더 늘어날 것이다.

이미 외국에서는 이와 관련된 정책이 시행되고 있다. 예를 들어, 아일랜드에서는 우리나라의 중학교 과정에 해당하는 주니어과정을 마치고 시니어과정에 들어가기 전에 1년짜리 전환학년(Transition Year) 프로그램을 선택할 수 있다. 1974년에 시작된 이 프로그램은 학업 부담에서 탈피해 자기주도적으로 진로개발역량을 키우는 것을 목적으로 한다. 2010년 기준으로 주니어 과정 졸업생의 약 54%가 이 프로그램에 참여했다. 정부는 기초적인 가이드라인만 제시하고, 개별 학교가 독자적으로 프로그램을 개발해 운영하고 있다. 대부분의 학교가 지역 사회 자원봉사를 필수로 채택하고 있으며, 정규 교육과정에서 운영하기 힘든 직업 체험 활동 등을 지역사회기관들과 연계해 운영하고 있다. 미래의 학교는 학생들의 삶과 긴밀하게 연관된 교육과정을 운영할 수 있는 유연한 학교 체제의 설계를 어떻게 할 것인가라는 질문에 답하는 과정에서 구체적인 모습이 드러날 것이다.

셋째, 평생학습은 인생의미 차원에서 이해할 수 있다. 평생학습은 평생과 학습이라는 두 명사가 연결된 개념이다. 평생은 삶, 생활, 인생과도 그 의미가 상통한다. 평생학습은 인생 그 자체를 학습의 소재로 삼는 학습이라고 이해할 수 있다. 인간은 삶에서 겪는 많은 경험들에 의미를 부여하며 살아간다. 우리는 삶의 의미가 무엇인지, 그 의미에 걸맞은 생활은 어떤 모습이어야 하는지를 끊임없이 자문한다. 인생의 의미에 대한 학습 결과는 진학, 직업, 결혼 등 삶에서 중요한 결정을 할 때나 자신의 사회적 역할과 정체성의 혼돈 등 위기 상황에 처했을 때 매우 중요한 역할을 한다.

학교교육은 흔히 미래의 삶을 위한 준비 과정으로 인식된다. 입시 위주 교육 현실은 미래의 상급학교, 미래의 직업 등을 위한 준비를 더 강조한다. 아직 실현되지 않은 미래에 현재 교육의 의미를 부여하는 것이다. 이것이 그 자체로 잘못된 것은 물론 아니다. 그런데 미래의 삶이 아니라 현재의 삶과 연결된 학교교육의 의미는 없는가? 보다 적극적으로 학생 개개인의 삶의 의미 찾기를 교육과정에 반영할 필요는 없는가? 우리나라 고등학생이 학교를 그만두는 가장 큰 원인은 학업 부적응이다. 학업부적응은 학업이 자신의 삶에 어떤 의미를 갖는지 알지 못하기 때문에 생겨난다. 학교 위기의 본질은 학생들의 학습을 돕는 조직으로서 학교의 존재 의미가 퇴색하고 있기 때문이다. 그렇다면 학교의 현재를 진단하고 미래의 모습을 상상하는데 있어 가장 중요한 질문은 결국 학교는 학생들이 삶과 학습의 의미를 찾는 구심점으로서 역할을 어떻게 감당할 것인가이다.

심화질문

- 한국사회에도 자녀를 학교에 보내지 않고 집에서 교육시키는 이른바 홈스쿨링(home schooling) 가정이 존재한다. 홈스쿨링은 부모가 교사 역할을 하는 가정학교라고 할 수 있다. 만약 홈스쿨링 학부모들이 국가는 가정학교를 행정적, 재정적으로 지원해야 할 의무가 있다고 주장한다면, 이 주장은 정당한가? 정당하지 않다고 생각한다면, 그 이유는 무엇인가?
- Illich가 제기한 개인들의 자유로운 학습을 위한 네트워크가 평생학습 시대를 맞이하여 현실이 되고 있다. 학교 제도와 무관하게 개인 혹은 조직이 학습의 필요와 요구를 채우기 위해 자율적으로 조직

하는 학습 네트워크의 사례를 찾아보자.

- OECD의 미래학교 시나리오 여섯 개 가운데 현재 한국 학교의 현실을 가장 잘 반영하고 있는 것은 무엇이라고 생각하는가? 또, 여섯 개의 시나리오를 잘 보여주는 실제 단위 학교 사례 혹은 학교 내부의 운영 사례를 시나리오 별로 하나씩 제시해보라.

참고문헌

강대중, 최선주 (2014). 한국 상장교육기업의 출현 및 성장과정에 관한 탐색적 사례연구. **한국교육, 41**(1), 197-230.

김신일 (2005). '학습권론'의 형성과 전개. 김신일, 박부권 (편), **학습사회의 교육학** (pp. 39-60). 서울: 학지사.

오해섭 · 박지영 · 이지혜 · 임하린(2019). 2019년 미인가 대안교육시설 실태조사 연구. 교육부 · 꿈지락.

유한구, 김미란, 김승보 옥준필, 채창균, 류지영, 신동준 (2009). **2008 사교육 공급자 실태조사 연구 Ⅰ -종합보고서-**. 서울: 교육과학기술부.

윤철경, 류방란, 김선아 (2010). **학업중단현황 심층분석 및 맞춤형 대책 연구**. 파주: 교육과학기술부 · 한국청소년정책연구원.

이종재, 장효민 (2010). 사교육의 도전과정책적 대응. 이종재 (편), **사교육: 현상과 대응** (pp. 403-436). 파주: 교육과학사.

이혜영, 황준성, 강대중, 하태욱. (2009). **대안학교 운영 실태 분석 연구.** 서울: 한국교육개발원.

임해규 (2011). **교육에서 학습으로**. 파주: 교육과학사

최상근, 양수경, 남기곤 (2010). **학업중단위기 학생의 실태와 지원 방안 연구.** 서울: 한국교육개발원.

통계청 통계개발원(2022). 아동 · 청소년 삶의 질. 통계청 통계개발원.

한준상 (2005). **국가과외: 누가 한국교육을 죽이는가.** 서울: 학지사.

황규성 (2013). 한국 사교육 정책의작동 메커니즘에 대한 정치적 분석: 공급자의 동원능력과 시장전략을 중심으로. **한국사회정책, 20**(2), 233-260.

Collins, A. & Halverson, R. (2009). *Rethinking education in the age of technology: The digital revolution and schooling in America*. New

York: Teachers College Press.

Illich, I. (1970). *Deschooling society*. 김광한 옮김(1984). 탈학교논쟁. 서울: 한마당.

Kang, D. J. (2015). *Life and learning of Korean artists and craftsmen: Rhizoactivity*. New York: Routledge.

OECD. (2001). *What schools for the future? Schooling for tomorrow*. Paris: OECD.

CHAPTER_ 12

사회정의와 교육

1. 들어가며

한국을 비롯한 많은 사회에서 교육은 공정하지 않다거나 형평성을 잃었다는 이야기를 자주 듣게 된다. 흔히 교육은 사회정의를 실현하는 데 기여해야 한다고 한다. 이와 동시에 교육이 사회정의를 해친다는 말도 한다. 교육은 사회정의를 실현해야 하는가? 교육이 그럴 수 있는가? 교육은 사회정의와 어떤 관계를 가질까? 과연 어떤 교육적 상황이 마련되었을 때 사회정의를 실현했다고 할 수 있을까?

우리 사이에서 고등교육을 포함한 학교 교육의 기회와 함께 양질의 교육을 형평성 있게 누려야 한다는 신념은 아주 강하다. 국제사회는 이런 신념을 구체적인 행동지침으로 삼아 '지속가능발전목표(Sustainable Development Goals, SDGs)'의 하나로 제시하고 있다(UN, 2015). 따라서 교육이 학교교육의 기회를 배분하는 제도적 영역이라는 점을 고려해 보면, 국가 정책으로서의 교육이 모든 국민에게 고르게, 그리고 평등하게 제공되는 것을 기대하는 것은 당연해 보인다. 하지만 조금만 깊게 생각해보면 단지 기회를 똑같이 제공받는다고 해서, 교육이 형평성 있게 배분된다거나 교육이 곧 사회정의를 실현하는 제도적 장치가 된다고 이야기할 수 없음을 깨닫게 된다. 예를 들어, 학교교육의 기회가 공평하게 제공되어야 한다는 말은 단지 학교에 취학하는 기회를 고르게 배분한다는 말이 아니다. 사람들은 평준화되어 있는 학교 중에서도 좀 더 좋은 학교, 즉, 좀 더 수준 높은 교수학습환경, 좀 더 나은 또래집단을 만날 수 있는 지역, 좀 더 좋은 상급학교에 진학하는 데 유리한 학교를 제공받기를 원한다. 교육에 대한 절대적인 기준이 불분명한 상황에서 주변 환경과 맥락에 따른 상대적 기준에 따라 좀 더 나은 교육을 희망한다.

문제는 이 기준이 분명하지 않음에도 불구하고 상식적인 수준에서 좀 더 나은 교육과 그렇지 않은 교육에 대한 판단이 대중들의 인식에 자리 잡고, 이에 따른 선택과 접근, 배분이 이뤄지고, 이런 선택과 분배를 결정하는 데 개인이 가진 사회경제적 배경, 지적 능력, 정치체제, 사회보호망, 문화적 자원, 사회네트워크가 요인으로 작동한다는 점이다. 과연 교육다운 교육을 제공하고 분배받는 데 이런 개인적이면서 동시에 사회, 문화, 정치, 경제적인 요인이 개입해 누가 더 나은 교육을 받는지에 영향을 미치고, 결과적으로 누가 더 높은 교육적 성취를 내는지에 영향을 미치는 것이 타당한가 묻지 않을 수 없다. 사회정의를 교육과 연계하는 지점은 바로 이런 사회적 자원으로서 교육의 분배 및 그 성과에 대한 공정성과 형평성에 관여하는 것으로 교육이 사회정의 실현의 대상이면서 또한 사회정의를 실현하기 위한 통로로 작용해야 한다는 문제의식에 근거한다.

이런 문제의식을 토대로 다음 사례를 살펴보고 논의해보자.

문제 사례

철수의 가족은 강남 한복판의 아파트에 살고 있다. 철수의 아버지는 대기업 임원으로 열심히 일하고 계시고, 어머니는 전업 주부로 유일한 자녀인 자신을 위해 전적으로 돕고 있다. 철수는 어려서 '영어 유치원'을 다녔고, 똑똑한 학생들만 간다는 자립형 사립 고등학교를 거쳐 지금은 Y대학교 의과대학에 다닌다. 철수가 고등학교를 졸업하고 바로 의대에 진학한 것은 아니었다. K대학교 공대에 진학해 잠시 공부하다가 그만두고 소위 반수라고 하는 재수를 통해 의대에 진학했다. 철수는 초등학교와 중학교 시절 집 주변의 공립학교를 다녔는데, 학교 수업보다는 학원에서 보내는 시간이 더 많았다. 덕분에 초등학교 고학년 이후부터 국어, 수학, 영어에 대한 자신감은 늘 차고 넘쳤고, 시험을 치러서 높은 성적을 받는 것이 너무도 자연스러운 일이라고 생각하게 되었다. 늘 공부 잘한다는 이야기를 듣고 살아오면서 주변의 많은 사람들이 기대하던 의사가 되는 것이 무엇보다 좋다고 생각했다. 병을 고치는 전문가이면서, 동시에 많은 이들의 고통과 삶을 직접 돕는, 그리고 사회적으로 인정받는 직업이기 때문이었다. 더구나 다른 직업에 비해 더 많은 돈을 벌 수 있는 직업이기도 했다. 특히 누구나 되고 싶지만 아무나 될 수 없는 직업적 지위를 갖는다는 것이 의대에 진학해 의사가 되는 것의 가장 매력적인 부분이었다. 철수에게 중요한 것은 이제 어떤 분야의 의사가 되느냐일 테다. 주변 사람들이 자신을 향해 갖는 기대와 함께 수많은 조언에 의지해 비용 편익이 가장 큰 분야를 전공 삼아 공부할 것이다. 힘들면서 돈도 안 되는 분야는 이미 머릿속에서 사라진 지 오래다. 철수에게 미래는 분명하고 자신감 넘치는 삶으로 가득 차 있다.

영수의 가족은 충청, 강원, 경상도가 맞닿는 경계지역의 한 읍내에 살고 있다. 조부모께서 함께 살고 있는 대가족으로, 영수네는 농사도 짓고 철 따라 농산물을 판매하는 일을 하고 있다. 농사 규모가 아주 크다고 할 수 없어 일손을 살 수 있는 여유는 없다. 영수가 살고 있는 지역에는 초등학교와 중학교가 있지만 고등학교는 따로 없다. 인근 도시로 나가야만 고등학교가 있다. 초등학교와 중학교의 학생 수는 점점 줄어들어서 초등학교는 학년별로 1학급, 중학교 또한 학년에 2학급 정도일 뿐이다. 중학교에서 학년당 2학급씩이라고 하지만 1학급에 기껏해야 15명 정도여서 학년당 학생 수는 30명 전후다. 영수는 읍내에서 중학교를 마치고 인근 도시의 고등학교에 진학했다. 학교 공부를 보완해 줄 배움의 장이 딱히 자리 잡지 않은 동네에서 나고 자란 영수는 학교 공부를 게을리하지 않았다. 영수의 부모는 이런 영수의 공부에 관심을 거둘 수는 없었지만 영수를 마음껏 도와줄 수는 없었다. 학교에서 필요하다는 활동 정도에 최선을 다하라고 하는 것이 전부였다. 영수는 공부를 잘하는 축에 속하기는 했지만 영수의 공부는 교과서와 학교 활동에서 두드러질 뿐 특출나다고 할 수는 없었다. 여기에 영수는 농사일이 바쁜 계절에는 부모님을 도와 이런저런 일을 해야 했고, 일손이 부족한 상황에서 영수의 부모들은 굳이 이런 영수의 도움이 필요 없다고 하지 않았다. 영수는 학교 선생님이 되는 꿈을 갖고 있다. 아이들을 좋아했고, 운동을 좋아하는 영수는 교단에서 가르치는 선생님의 모습이 그냥 좋았다. 하지만 고등학교 성적이 충분하지 않은 터라 교사가 될 수 있는 사대나 교대 진학은 엄두도 내지 못했다. 학원을 다니며 성적을 관리하는 친구들을 학업으로 이길 수는 없었다. 지금은 지방 사립대학의 경찰행정학과에 입학해 공부하고 있다. 경찰공무원이 되기 위한 시험을 치르겠다는 포부는 있지만, 영수가 경찰공무원이 되기 위한 시험을 잘 치러 치열한 경쟁을 뚫고 경찰이 될 수 있을지는 불분명하다.

토론질문

1. 학교교육에서 철수와 영수의 성적이 달라지고, 또 학교교육 이후의 진로가 다른 것은 무엇 때문이라고 생각하는가?
2. 철수와 영수 중 누구의 삶에서 학교교육이 미치는 영향력이 더 큰가, 왜 그런가?
3. 철수와 영수의 서로 다른 삶의 궤적이 학교교육으로 인해 생긴 것이라는 주장에 대해 타당하다고 생각하는가? 혹은 그렇지 않은가? 왜 그런가?
4. 서로 다른 사회, 문화, 경제적 배경을 가진 학생들에게 학교교육은 어떤 방식으로 기능하는 것이 타당한가?

2. 한국사회는, 한국사회의 교육은 얼마나 공정한가?

"한국은 공정한 사회인가?" 이 질문에 어떻게 답해야 할까? 간단하게 '그렇다' 혹은 '아니다'로 답하는 것은 누구도 가능하다고 생각하지 않을 것이고, 누군가 그렇게 답한다고 해도 동의받기는 어려울 것이다. 그러나 이 질문에 답하는 것은 정말 중요하고, 반드시 이 질문에 대한 진지한 답변을 해내기 위한 끈질긴 탐구가 필요하다고 생각한다. 그런 점에서 이 질문은 아마도 한국사회가 어떻고 왜 그런지를 캐물을 수 있는 가장 핵심적인 질문이 아닐까 싶다. 공정하냐는 질문에 답하다 보면 우리 사회의 공정하지 않은 사회적 실천, 공정하지 않다는 것을 둘러싼 다양한 화법(불평등, 격차, 혐오, 차별 등)과 마주하게 된다.

이 질문은 한국사회가 어떤지 따져 묻는 것이기도 하지만, (어떤 답을 하건) 이를 가능하게 하는 기제로서 교육의 의미와 기능을 따져 묻는 것이기도 하다. 교육은 (사회학적인 방식으로 이해하자면) 개념적으로 두 가지 기능을 수행한다. 기존의 사회적 질서를 온존시키고 재생산하는 기능이 하나고, 기존 사회 질서를 변혁하도록 갈등과 긴장을 만들어가는 기능이 다른 하나다. 한 사회의 교육은 이 두 가지 기능을 공히 수행하고 있다고 여겨진다. 흥미롭게 사람들은 교육이 새롭고 창의적인 사회를 만들어가는 후자의 기능을 수행하리라 기대하면서도 누구도 자신을 둘러싼 교육이 그러한 방식으로 수행되는 것을 기껍고 즐거운 마음으로 바라지 않는다. 심지어 자신이 해 온, 익숙한 사회적 질서를 온존시키는 교육을 움켜쥐고 바꾸려 하지 않는다. 안타깝지만 교육은 자율적이고 변혁적인 기능을 하기보다는 기존 사회질서를 재생산하는 기능에 훨씬 강한 힘을 발휘하고 있다. 그래서 한국사회의 공정성을 따져 묻고 왜 이런 방식의 불공정, 불평등, 격차, 차별/혐오가 우리 사회를 규정하는지 설명하면서 교육의 기능을 다시 말해 교육이 어떻게 이런 사회질서를 온존시키는 기능으로서 작동하고 있는지, 왜 그럴 수밖에 없는지 살펴보게 된다. 그래서 한국사회의 공정함을 따지는 일은 곧 한국사회의 교육이 보이는 특정 양상과 이런 교육실천에 내재된 고유한 특질을 규명하는 일이 된다.

그래서 한국사회는 공정한가라는 질문에 대한 논쟁 속에서 '교육불평등(일본의 경우 '교육격차'라는 표현이 더 일반적임)'이니 '정의로운 교육', 혹은 '공생의 교육' '공존 교육' 등의 개념이 등장하고 교육 실천에서 이 개념을 드러낼 수 있는 사례를 통해 한국사회의 문제와 교육의 문제가 얼마나 밀접하게 관련되어 있는지 설명하고 있다. 아마도 사회의 공정성을 따지는 맥락에서 교육이 관련되는 대표적인 연결 개념을 들자면 '능력주의(meritocracy)'라고 할 수 있다. 실력주의라고도 번역되지만, 최근 한국사회에서 회자되는 번역어로는 능력주의가 단연 우세하다고 할 수 있다. 1958년 마이클 영의 공상 소설 『능력주의: 2034년, 평등하고 공정하고 정의로운 엘리트 계급의 세습 이야기』(영, 2020)에 등장하는 신조어로서 능력주의는 이후 지금까지의 사회 변화와, 이 변화 속에서의 교육의 역할을 가장 잘 대변해주는 말이 아닌가 싶다. 오죽했으면 샌델은 능력주의가 '폭정을 일삼는 난폭한 지도자'의 특성을 갖는다고 했겠는가? 『공정하다는 착각』으로 번역된 그의 책 원제는 '능력주의 폭군(Tyranny of Meritocracy)'이다(샌델, 2020). 말 그대로 능력주의는 교육을 매개로 한 사회의 질서를 지식을 중심에 둔 능력자를 기준으로 누가 엘리트가 될지 호명하고, 이들에게 사회의 질서를 관리, 운영, 유지하게 할 사회, 경제, 문화적 권한을 위임하고 있는 것이다. 즉, 교육이란 이름으로 사회적 재화의 분배 기준을 확정하고 능력을 앞세워 무능력한, 혹은 능력이 덜한 사람들의 지배를 정당화해오고 있다.

앞선 사례로 돌아가 보면 이런 공정성 논란은 우리 주변의 교육적 문제와 밀접하게 관련되어 있고, 공정한 교육을 주제로 논쟁되고 있음을 알게 된다. 의사가 되려는 철수와 경찰공무원이 되려는 영수의 모습을 읽으면서 무슨 생각을 하게 되는가? 철수는 능력이 있는 사람으로 충실히 학교 공부를 통해 자신의 꿈을 이룬 것으로 칭찬받아 마땅한가? 영수를 능력 있는 사람이라고 말하기는 어렵고, 그러므로 자신이 하고 싶은 일을 하기는 어려울 것이다. 그렇다면 영수는 자신이 되고 싶은 경찰 공무원이 되기 위해 좀 더 노력해야만 한다고 해야 할까? 두 사람의 능력 차이가 분명한 상황에서 이들의 미래 직업이 달라지고 이에 따른 삶의 안정성도 다르게 예견되는 것은 당연한 일이라고 받아들여야 하는가? 철수네가 강남의 아파트에 사는 것과 영수네가 지방 읍내에 사는 것은 철수와 영수의 능력이 드러나고 비교되는 것과 아무런 상관이 없는 것일까? 의사로서의 철수 미래가 밝고 분명한 반면, 경찰 공무원이 되고 싶은 영수의 미래가 불분명한 것은 이들의 능력에 따른 것으로 자연스럽게 받아들여야 한다고 말해야 할까? 혹은 한국사회에서 위에서 기술된 철수와 영수의 삶은 쉽게 상상할 수 없을 정도의 특별한 사례라고 말해야 하는가? 어쩌면 의사가 되려는 철수의 인생 경로와 능력, 공무원이 되려는 지방대생 영수의 인생 경로와 능력은 동일한 선상에 놓고 비교하면 안 된다고 말할 수도 있다. 과연 그런가?

아직 직업을 갖기 전의 대학생인 철수와 영수의 대비적 삶을 교육과 어떻게 연결 지을 수 있을까? 철수와 영수의 비교되는 교육적 경로를 보면서 사회정의라는 주제와 연결 지어 이야기해 본다면 너무 지나친 것일까? 교육이 사회정의와 관련되어 이야기된다는 것은 무엇을 의미하는 것이고, 사회정의를 구현하는 데 교육은 어떻게 기능할까? 사실 이 주제와 관련하여 최근 아주 중요한 논의거리가 한국사회에 등장했다. 2018년과 2019년에 걸쳐 한국사회를 뜨겁게 달궜던 '공정한 교육' 혹은 '교육 공정성' 논란은 개인의 교육적 선택과 함께 그 선택이 과연 정의로운지 물을 수 있는 질문으로 이어졌다.

3. 사회정의와 교육은 어떻게 연계되는가?

사회정의는 형평성, 공정함, 포용이 실현된 상태를 의미하는 개념으로 사회의 기본적인 자원, 기회, 특권적 지위의 공정하고 평등한 분배를 의미한다. 이런 사회정의, 즉, 자원, 기회, 지위의 공정한 배분은 억압과 불평등이 내재된 사회체제에 도전하고 이를 변혁하려는 포괄적인 과정을 통해 실현되게 된다. 사회정의는 형평성, 공정함, 권리와 같은 개념들과 유사하면서도 차이점을 보여주는 개념이다. 사회정의가 주로 자원 및 기회, 지위의 배분과 관련되어 있다면, 형평성(equality)은 모든 사람이 도덕적 가치 면에 있어 똑같이 존중받아야 하며, 인간이 지닌 존엄성이 지켜져야 한다는 점을 강조하는 개념으로 자리 잡고 있다. 한국에서 주로 통용되고 있는 공정함(fairness)은 좀 더 제도적인 측면에서의 불공정 및 불평등을 개선해나가는 것과 관련지어 사용된다. 권리(rights)는 개인이 기본적으로 누려야 하는 최소한의 권한에 관한 것으로 이를 어떻게 지키고 보장할 것인가라는 측면에서 논의되고 있다. 사회정의는 개념상 상당히 복잡하다.

사회정의는 철학계가 풀어내고자 했던 오랜 도전적 과제였다. 우리가 알고 있는 고대로부터 중세, 근대로 이어져 오는 철학 전통의 놓을 수 없는 문젯거리였다. 이들의 질문은 주로 '무엇이 정의로운 것이고, 정의로운 것을 어떻게 구현할 것인가'라는 질문으로 이어져왔다. 정의를 중심에 둔 논쟁은 아주 오래 전으로 거슬러 올라가면 '누가 국가를 다스려야 하는가'라는 질문에 답한 플라톤의 '국가론' 및 이와 결을 달리해 정치에 공정한 시민참여를 강조한 아리스토텔레스의 주장에서 살펴볼 수 있다. 그리고 가장 최근의 학술적 논쟁으로는, 롤스의 '공정으로서의 정의', 롤스의 주장을 계승하면서도 다른 방식의 해법을 내놓는 샌델의 '정의', 센의 '자유로서의 발전', '정의', 누스바움의 '역량의 창조' 등이 있다. 즉, 수천 년의 시간을 꿰뚫고 동서양을 아우르는 다양한 사회문화적 맥락, 지리적 공간성, 자본–사회주의 정치적 상황의 다양함을 가로지르는 주제로서 '정의란 무엇인가'와 '정의로운 사회를 어떻게 구현할 것인가'라는 질문은 지금도, 아니 앞으로도 한 사회의 좋고 나쁨을 따지기 위한, 그리고 더 좋은 사회를 만들어가려는 사람들의 가장 큰 관심사이자 토대 질문이 되리라 생각한다.[3)]

잠시 언급했지만 개념으로서의 '정의로움'을 둘러싼 논쟁은 어떻게 하면 '정의로움'을 한 사회 내에서 구현할 수 있을지를 둘러싸고 아주 복잡한 논쟁으로 이어지고 있다. 정의로움은 공정한 분배라는 개념을 통해 무엇이 공정한 분배인지 그 범위와 대상자를 규정하는 일이었는데, 이때 분배의 대상은 주로 삶에 소용되는 물적 재화였었다(Alexander, 2016). 그러나 물적 재화를 어떻게 공정하게 분배할 것인가라는

3) Alexander, J. M. (2016). *Capabilities and Social Justice: The Political Philosophy of Amartya Sen and Martha Nussbaum*. London: Routledge.

문제는 인간 존엄성에 대한 '인정'의 문제로 확장되었고(호네트, 2011), 재화의 고른 분배와 존엄성에 대한 인정 중 어떤 것이 더 공정하고 정의로운 것인지, 이를 어떻게 실현할 것인지에 대해 논쟁이 이어지고 있다(프레이저, 2014). 한국사회의 공정함에 대한 논쟁 또한 이데올로기로서 능력주의의 문제 제기로 이어졌고 교육이 한 사회의 기능으로 어떻게 작동하고 있는지 따져 묻고 있다(김동춘, 2022; 박권일, 2021; 장은주, 2022). 정의로움에 대한 철학-윤리학적 접근 또한 교육이 정의로운 사회를 어떻게 바라보도록 하고, 또 이를 어떻게 구현하도록 할 것인지, 정의로운 사회에서의 교육, 이를 위한 교육은 어떠해야 하는지 구체화하려는 노력과 연계되어 왔다. 그런 점에서 한 사회의 구체적 문제로서의 '정의', '공정함'에 대한 관심은 곧 이를 인식하는 주체로서의 개인과 사회를 연결하는 교육의 개념과 역할에 대한 문제라고 할 수 있다.

그러나 사회정의와 교육을 연관 짓는 방식은 그리 간단하지 않다. 가장 큰 차원에서 사회정의와 교육이 맺는 관계는 두 가지 접근으로 구분 지어 살펴볼 수 있다. 하나는 교육이 사회정의를 실현하는 데 도구적인 역할을 어떻게 수행할 것인가에 관한 것이다. 이런 접근은 사회정의를 위한 교육(education for social justice)으로 개념화할 수 있다. 다른 하나는 교육의 목적과 실천 자체가 사회정의적인지, 이를 위한 교육의 체제는 어떠해야 하는지에 관한 것이다. 이런 접근은 앞서와 달리 교육 자체가 정의로워야 한다는 점을 강조하고 있으며, 사회정의교육(social justice education)으로 개념화하고 있다. 본 장에서는 서로 다른 두 접근에 대해 개괄하고 각 접근에서 사회정의와 교육이 어떤 방식으로 관련지어지고 있는지, 이때 사회정의와 교육은 각각 어떻게 이해되고 있는지 간략히 검토하고자 한다.

4. 교육은 사회정의를 실현하도록 하는 도구인가?

일반적으로 교육은 사회정의를 구현해 나가는 데 필수 불가결하며, 이를 실현하기 위한 이론적이고 실천적인 교육의 장이라고 할 수 있다. 문제는 이때 정의되는 교육이 무엇이고, 또 실현해야 할 사회정의라는 것이 무엇인가에 따라 교육이 사회정의를 구현한다거나 혹은 그럴 수 없다는 주장으로 이어지게 된다. 이 둘을 연계하는 교육과 사회정의의 의미를 구분해 살펴보자. 우선 교육이 법규로 만들어져 제도화된 국가 통치의 수단이라고 하면, 교육은 가르쳐야 할 지식체계를 사회 구성원들에게 잘 전달하고 이를 효율적으로 운영, 관리하는 시스템으로 규정된다. 이때 사회의 구성원들이 가치롭다고 여기는 지식을 체계화하고 효과적으로 가르칠 수 있도록 조직, 전달, 평가하는 것이 교육과정(curriculum)이 된다. 교사는 사회의 핵심적인 가치와 지식 체계를 내면화한 사람으로 학교에서의 교수학습 실천을 통해 사회구성원으로 성장할 다음 세대를 가르치는 전문가적 지위를 차지한다. 학교는 규범화된 지식과 기술의 습득을 능력으로 간주해 이를 기준으로 학생들이 경쟁하는 장으로 기능하고, 그 결과에 따라 사회적 지위를 배분하게 된다. 이런 개념하에서는 무엇이 교육받은 모습인지, 교육받은 사회구성원의 지적, 정서적 특징은 어떤지에 대해 사회문화적으로 합의가 이루어져 있을 것이라고 가정한다. 따라서 사회에서 수용 가능한 사회문화적 인간의 전형을 통해 시민성과 시민의 역할을 따지게 된다.

대체로 교육이 제도화된 시스템으로 여겨지는 상황에서 사회정의는 한 사회가 법규로 그리고 있는 사회 조직 및 체제와 사회 질서의 유지가 곧 사회정의이자 사회정의를 실현하는 것으로 인식된다. 이때 사회가 유지하고 있는 체제의 형태나 이데올로기에 따라 사회정의의 의미가 달라진다고 보기는 어렵다. 어떤 사회든 그 사회체제가 외형적으로 보여주는 바는 곧 정의로운 것으로 주장되기 때문이다. 실제 우리나라 역사에서 군사 쿠데타로 정권을 잡은 정부는 통치의 구호로 '사회정의실현'을 내세웠고, 한반도를 벗어나 수십 년의 부자간의 독재가 이어지는 정권의 정부 또한 '정의로운 사회'를 앞세운다. 따라서 교육이 사회정의를 실현하는 도구라고 한다면, 교육은 사회 질서를 유지, 존속하도록 하는 사회적 규범의 내면화, 즉 사회화 과정이고, 충실하게 한 사회 구성원이 일탈하지 않고 주어진 질서에 순응하도록 만들어 가야 한다.

그러나 교육을 이렇게 이해하면 교육의 역할을 지나치게 기능적으로 이해하게 되고, 더욱이 이를 통해 구현하려는 사회정의의 내용과 형식은 앞서 제시했던 바와 같이 상당히 달라지게 된다. 따라서 또 다른 의미의 교육에 대한 개념을 제시하고, 이를 통해 실현하려는 사회정의를 고려해 볼 수 있다.

교육을 다른 차원에서 보기 위해서는 사회정의를 추상적인 이념으로 규정해야 할 필요가 있다. 앞서 사회정의를 사회적 자원, 기회 및 지위를 공정하고 평등하게 분배하는 것으로 개념화했다. 그러나 이런 사회정의의 개념은 금방 써먹을 수 있는 판단 기준으로 작동하기는 어렵다. 즉, 특정 개념 속에서 인간의 지적, 정서적, 신체 능력, 각자의 사회문화적 배경, 경제 자원 보유의 많고 적음을 고려할 것인지 그렇지 않은지에 따라 정의라 부를 수 있는 기준이 달라지기 때문이다. 이런 차이에 대한 철학적 논쟁을 여기에서 다시 할 필요는 없을 듯하다. 단지 사회정의를 특정 법규의 내용과 형식으로 국한시키기보다는 이보다 상위의 추상적인 이념 형태라는 점을 강조하자는 것이다. 이로써 앞서 제시한 사회정의 개념과 차이를 두고자 한다. 이렇게 사회정의를 규정하면 사회정의를 구현하기 위한 수단으로서의 교육은 가장 먼저 개념으로서의 사회정의가 무엇을 의미하는지 파악하는 임무를 가져야 한다. 그리고 개인과 집단이 처한 다양한 맥락에 따라 쉽게 합의하기 어려운 사회정의의 개념을 어떤 방식으로 실천할 것인지도 논의해야만 한다.

사회정의라는 개념도 모호하고 또 그 실천 방략 또한 분명하지 않은 상황을 인정하는 것, 그리고 이를 탐색하기 위해 사회구성원이 머리를 맞대는 것이 사회정의를 실현하는 처음이자 가장 중요한 과정이 된다. 이때 정해놓은 체계로서의 사회적 지식을 익히고 고스란히 되뇌는 것으로는 사회정의의 의미를 찾아 개념화하고 사회정의의 집합적 실천을 실현시켜낼 수 없다. 더욱이 서로 다른 주체들 간의 지적, 정서적, 신체적 특징의 차이가 만들어내는 맥락 속에서 사회정의를 목표로 내놓고 이를 이론적으로, 그리고 실천적으로 탐색하자는 것 자체가 교육적 상황으로 이해될 수 있다. 즉, 사회정의라는 추구해야 할 이념형에 대해 교육은 이념과 실제 사이의 간격을 메우기 위한 논의의 장이 된다. 여기에서 교사는 지식을 많이 지녔다고 여겨지는 지식 및 교수법 전문가라기보다는 사회문화적 이슈를 교육적 소통의 장으로 이끌고 매개하는 촉진자로서의 역할이 부여된다. 배워야 할 내용 또한 사회 내 다양한 집단에 대한 이해, 서로 다른 유형의 생활 방식, 각자가 소중하다고 여기는 인식체계의 차이에 대한 인정 및 포용이 오랜 전통 속에서 유지, 존속된 지식체계를 대신해 교육의 내용이자 과정으로 자리 잡는다. 교육적 상황 속에서 참여자들은 많이 아는 것보다 더 많이 이해하고 다양한 이해의 공존을 가능하게 하는 것이 중요함을 깨닫게 된다. 이 경우에는, 교육에서 어떻게 하면 효율적으로 시스템이 자리 잡고 갈등 없이 성과를 높일 수 있을 것이라는 공공관리론(public management)(김민주, 2019)보다 인간이 지닌 양도할 수 없는 존엄성이 수용되고 평화의 문화가 자리 잡을 수 있도록 하는 토대역량접근(capability approach)에 초점을 맞추게 된다(Sen, 2013). 이런 맥락에서 교육은 비판적이고 성찰적인 능력을 함양하도록 정향되고, 교육적 관계에 참여하는 주체들은 이 속에서 발생하는 다양한 긴장과 갈등을 교육의 엄중한 자원으로 활용하고자 한다.

교육이 사회정의를 실현하는 도구라고 할 때, 교육은 무엇을 사회정의로 규정하는지에 따라 달라진다는 점을 살펴보았다. 서로 다른 형식과 내용으로서의 사회정의 틀은 이를 실현하려는 수단으로서의 교육이 어떠해야 하는지, 왜 그래야 하는지, 이에 참여하는 교육 주체들의 행위방식과 관계, 그리고 이를 매개하는 교육내용과 과정을 서로 다르게 규정하게 된다. 그러나 교육이 수단적 위치에 있을 경우 교육은 사회정의를 실현하는 수단으로서만 작동할 뿐 사회정의의 개념을 새롭게 하고, 한 사회의 체제와 질서에 문제를 제기할 수 있도록 하는 힘을 지닌 것으로 보기 어렵다. 즉, 교육은 단지 활용하기에 효율적이고 쓰임새 좋은 도구이기 때문이다. 그리고 교육의 좋고 나쁨은, 제시된 목표로서의 사회정의를 실현했는지, 그렇지 않은지에 따른 것이다. 결국 교육이 상대적으로 갖는 자율성은 드러나지 않고, 교육은 사회정의의 일부분 정도로 축소되게 된다.

그런 점에서 교육이 사회정의와 맺는 또 다른 관계, 즉, 교육의 목적과 실천은 정의로운지를 질문하는 것이 필요하다.

5. 교육의 목적과 실천은 정의로운가?

교육을 논하는 대부분의 상황에서 교육의 목적은 선하고 정의롭다고 전제한다. 아니, 정의로워야 한다고 규정한다. 즉, 교육은 그 자체로 정의로운 것으로, 교육 행위 바깥의 정의라는 목표가 아닌 교육 자체의 정의로움을 추구해야 한다고 본다. 많은 국가에서는 이를 사회정의교육(social justice education)으로 개념화한다. 앞서 교육을 사회정의 실현의 수단으로 이해하게 되면 교육의 상대적 자율성이 인정받지 못한다는 난점을 지적한 바 있다. 따라서 교육의 목적과 실천이 정의롭냐는 질문과 이에 대한 대답은 상대적 자율성을 지닌 교육의 특질이 사회의 다양한 차원에 영향을 미칠 수 있음을 전제한다. 그런데 이 접근은 다시 두 가지 입장으로 구분된다. 우선 교육을 일종의 배분해야 할 공적 재화(education as public good)로 보고 재화의 평등하고 공정한 분배를 실현하자는 입장이 있다. 형식교육과 비형식교육을 구분하지 않고 교육의 기회가 평등하고 공정하게 배분되면 개인은 교육이 추구하는 근본적인 각성과 변혁을 거치게 되며, 그에 따라 다른 사회적 자원의 배분에 참여할 기회를 공정하게 얻게 되리라 전제한다. 다른 하나는 교육은 근본적으로 사회정의를 특질의 하나로 내재화하고 있고, 사회정의라는 가치는 교육이 추구하는 모든 활동에 연계된다고 보는 입장이다. 즉, 교육 자체가 사회정의(education as social justice)라고 간주한다.

우선 교육을 공적 재화로 보고, 이를 정의롭게 분배해야 한다는 입장을 살펴보자. 이 입장은 모든 학생이 양질의 교육을 받을 권리가 있다는 신념에 근거한다. 이때, 학생의 배경에 해당하는 사회계층, 인종, 젠더, 장애유무, 혹은 기타 소수자로서의 정체성이 양질의 교육을 받을 학생의 기회를 제한하거나 막아서는 안 된다. 즉, 교육은 인간 삶이 추구하는 웰빙 추구의 기본 요소로 모든 개인에게 필수적으로 제공되어야 할 토대역량(capabilities)의 하나가 된다. 교육이 일종의 재화로 인식된다고 해서 교육을 앞서 이야기했던 제도화된 시스템으로 한정해 볼 필요는 없다. 교육은 형식교육뿐만 아니라 비형식교육, 좀 더 확대해 무형식 상황에서의 학습까지 포괄하는 것으로 확장되는 개념이며, 이때 개인은 자신의 삶을 자율적으로 조형해 나갈 수 있는 행위주체로 간주된다. 따라서 개인이 처한 다양한 맥락에서 자신이 '하고자(doing)' 하고, '되고자(being)' 하는 자율적 판단에 따라 포괄적 의미의 다양한 교육적 요소와 교육의 양태가 자유롭게 선택, 조합되어 개인의 웰빙을 추구하도록 한다. 개인의 자신이 바라고 추구하는 가치로운 삶을 위한 선택이 교육에서 얼마나 자유로운가에 따라 그 교육의 정의로움이 판단된다. 예를 들어, 특정 개인이 '좋은 삶(웰빙)'을 추구하는 데 대학교육을 받는 것이 꼭 필요하다고 해보자. 가장 이상적으로 말하자면 한 사회는 그 사회의 구성원으로서 개인이 판단하는 '좋은 삶'과 관련된 선택의 자유를 제한해서는 안 되며, 오히려 이를 적극 지원할 수 있는 체제를 갖출 것으로 기대된다. 하지만 어떤 사회든 개인의 이런 자유로운 선택을 온전히 허용하거나 지원하는 방식으로 작동하지 않는다. 여기서 '작동하다'라는 표현은 가시적으로 마련된 제도뿐만 아니라 비가시적이고 암묵적인 작동 양상을 모두 포괄한다. 그 개인의 얼굴 색 혹은 젠더가 다르다고 해서 특정 대학교, 특정 학과에 지원하는 것을 막는다거나, 개인의 경제적인 지위 때문에 특정 교육 프로그램의 수혜 대상자에서 배제되어서는 안 된다. 특히 개인의 신체적 장애 때문에 접근할 수 있는 교육의 기회가 제한되거나 이에 소요

되는 추가적인 재원을 개인이 치러야 할 비용으로 요구받아서는 안 된다. 그런데 어디 우리 주변의 사회가 그런가? 교육 접근성을 최소한의 접근성으로 규정하고 그 이외의 선발 및 수혜 기회는 대체로 개인의 지적, 신체적 능력, 가정의 경제적 능력, 살아가는 지역의 특성에 따라 달라지도록 허용한다. 즉, 개인의 좋은 삶에 대한 추구는 개인의 배경에 따라 명시적이거나 암묵적인 방식의 제한으로 끊임없이 방해받게 된다. 이런 제한의 정도를 기준으로 교육이 정의로운지를 판단하게 된다(누스바움, 2015).

사회정의교육에 접근하는 또 다른 입장에서는 교육이 추구하는 가치가 곧 정의로워야 하고, 또 교육의 실천이 정의로운 가치를 실현한다고 본다. 이 접근을 앞서 이야기한 교육에 대한 입장들과 비교해 보면 교육을 가장 포괄적으로 개념화하고 있다. 즉, 교육이라 불리거나 그런 특질에 따라 규정되는 것을 포함해, 교육은 교육이 아닌 다른 양태들 간의 관계 및 실천을 매개하는 것으로 여겨지기 때문이다. 교육 자체가 정의롭다는 것만큼, 그 반대 명제, 즉, 사회정의를 실현하려는 모든 시도와 실천 자체가 교육적이고, 또 교육 실천으로 여겨진다. 그런데 이런 접근은 절대적인 의미에서의 가치로서 사회정의라는 것을 어떻게 규정하고 또 한 사회가 그것에 대해 합의하는가에 따라 달라진다는 점에서 고정되어 있지 않다. 즉, 교육 자체를 사회정의 실현이라고 보는 입장에서 전제하는 가치로서의 사회정의는 이상으로서의 절대적인 가치로서의 사회정의와 상대적이고 실천 가능한 영역으로서의 사회정의 간의 간격이 늘 유동적으로 자리 잡고 있고, 이 둘 사이를 좁히려는 시도가 계속된다. 다시 말해 사회정의는 고정된 실체로서의 이론적 개념이 아니라 '정의로움'에 대한 서로 다른 수준의 조율된 개념적 실천이라 할 수 있다. 교육에 참여하는 개인은 사회정의에 대한 인식과 이해, 실천을 토대로 좀 더 나은 의미에서의 '정의로움'을 지향하는 집합적 인식과 실천에 참여하게 된다. 이때 개인의 실천적 활동이 교육에서 이뤄진다고 보는 것은 좁은 의미에서의 교육이 되고, 집합적 인식과 실천을 통한 한 사회의 '정의로움'에 대한 변화는 광의의 의미로서의 교육이라고 할 수 있다. 한 사회가 얼마나 정의로운가는 정의로움에 대한 그 사회의 규정과 이를 새롭게 하기 위한 개인과 집단의 참여가 얼마나 포용적인가에 달려있다. 또한 사회 속에서 '정의로움'을 규정하는 체계가 변혁될 수 있는 여지에 대해 얼마나 개방적일 수 있는지의 정도로 사회정의교육을 판단할 수 있게 된다.

6. 나가며

이상에서 교육을 사회정의와 연계해 살펴볼 수 있는 두 가지의 큰 접근을 제시했다. 하나는 사회정의 실현을 위해 교육을 수단으로 보는 접근이었고, 다른 하나는 교육 자체를 사회정의 실현의 과정으로 보는 접근이었다. 전자의 경우는 사회정의를 한 체제가 유지하고 있는 법적 질서로 보는지, 혹은 사회정의를 추구해야 하는 사회의 이념화된 가치로 볼 것인지에 따라 다른 교육의 목표 및 다른 교육 실천의 장을 만들게 됨을 살펴보았다. 후자의 경우는, 교육을 사회정의를 실현하는 요소로 간주하는지, 혹은 한 사회에서 정의로움을 구현해 나가는 과정 자체를 교육이라고 간주하는지로 구분해 교육이 사회정의와 연계되는 방식을 구분했다. 교육이 사회정의를 추구하는 수단이라고 하건, 사회정의를 실현하는 자체가 교육, 혹은 교육적 가치를 구현하는 것이라고 하건 교육과 사회정의를 관련짓고 이를 실천적 지향으로 삼는 일은 중요하다. 특히 사회정의교육이란 개념을 통해 '정의로운' 사회를 교육적으로 실현하는 일은 꼭 필요하다.

그러나 이렇게 교육을 사회정의와 연관 짓고, 이를 구현해야 할 교육적 실천으로 간주하는 사회정의교육은 한국사회에서 그다지 익숙하지 않다. 한국사회에서 교육은 형식교육, 특히 법으로 규정되어 제도로 통치되는 학교교육의 영역으로 이해되어 왔고, 이런 교육은 국가의 이해관계에 의해 좌지우지 되어 왔기 때문이다. 그러다 보니 교육이 사회정의로운지, 혹은 사회정의를 실현하는 데 교육이 어떠한지에 대한 작금의 논란은 경쟁적인 대학입시에서 그 과정이 얼마나 공정한지에만 매달리는 양상으로 치달아왔다. 그렇다 보니, 한 사회에서 교육의 기회를 둘러싼 경쟁이 치열한 상황을 고려하면 그런 경쟁이 이뤄지는 장의 형식적 공정함과 그런 경쟁의 과정에 대한 절차적 투명성만을 보장하면 교육은 곧 공정하다고 여겨지며, 절차적 공정성이 정의로운 교육으로 간주되곤 한다.

그런데 과연 그런가? 앞에서 제시한 사례로 돌아가 보자. 철수와 영수가 공정한 경쟁의 장으로 여기는 대학수학능력시험은 같은 날, 같은 시험시간, 같은 장소에서 같은 문항으로 평가받는다는 이유로 정의롭다고 말할 수 있는가? 출제 가능한 문항 예시에 훨씬 다양한 방식으로 연습해 왔던 철수가 그 시험에서 영수보다 더 높은 성적을 받게 되리라는 것은 대체로 자연스런 결과가 아닐 수 없다. 문제는 이런 투명하고 공정한 절차로서의 평가를 준비하는 데 있어 철수는 가정의 전폭적인 지원과 이를 가능하게 할 경제적 여건, 사교육기관에의 접근성 등을 충분히 갖추었지만, 영수는 그렇지 못했다는 것이다. 철수가 공부하는 데 충분한 시간을 들이고, 체력관리를 겸해 자기 관리를 할 수 있도록 지지받았다면 영수는 시험을 준비하기 위한 공부 이외에 감당해야 할 다른 일들이 많았고, 공부에의 집중은 이런저런 방식으로 방해받았다. 그러므로 영수는 철수에게 주어진 것과 같은 '공정하고 투명한' 절차로서의 과정을 거쳤다고 할 수 없고, 교육은 정의로움을 추구하고 있다기보다는 불공평한 사회적 계층 질서를 고스란히 재생산하는 통로로 작동했다고 볼 수 있다. 이런 교육은 사회의 불공정하고 불평등한 체계와 그 내재된 질서를 재생산하는 기제에 예속되는데, 후자는 경제적 자원의 확보 정도에 따라, 어떤 문화적 자원을 향유하고 중시하는가에 따라, 개인이 사회의 어떤 개인 혹은 사회적 네트워크 속에서 행위하고 있는가에 따라 결정된다는 사실이 다양한 연구에서 확인될 수 있다.

다시 강조하지만 교육의 의미와 실천이 사회정의라는 사회적 가치를 염두에 두고 논의, 수행되어야 한다는 점은 분명하다. 그리고 이런 논의는 주어진 체제에 순응하게 하거나 체제의 정당성을 포장하기 위한 수단으로 교육이 기능하는 것을 넘어서야 한다. 사회정의는 하나의 지향해야 할 가치로 추상도 높은 이론적 개념임과 더불어, 일상생활에서 실천해 나가는 삶의 구체적인 기준으로도 작동하기 때문이다. 보다 다양한 방식으로 교육이 사회정의와 친밀하게 논의될 수 있기를 기대한다.

심화질문

- 한국에서 교육을 둘러싼 논쟁은 대학입시를 위한 평가와 선발절차의 '공정성'에 지나치리만치 집중되어 있다. 본문에서 제시된 철수와 영수의 달라보이는 삶과 교육의 궤적을 사례로 들어, 한국의 교육이 '정의로운지', '그렇지 않은지', 그리고 '그 이유는 무엇인지' 설명해 보시오.
- 본문에서는 사회정의와 교육의 관계를 네 가지로 구분해 제시하고 있다. 이 네 가지 중 사회정의와 관련해 가장 합당하다고 생각하는 교육의 입장을 선택하고, 왜 그것이 가장 합당한지 설명해 보시오.
- 한국에서 사회정의교육의 현재 상황은 어떠한지 논의해보시오. 특히 사회정의를 위한, 그리고 사회정의의 교육이 이뤄지지 못하는 상황에는 어떤 사례가 있는지 제시하고, 이런 논의가 적절하게 이뤄지지 못하는 이유에 대해 논의해보시오.

참고문헌

김동춘 (2022). 시험능력주의: 한국형 능력주의는 어떻게 불평등을 강화하는가. 서울: 창비.

김민주 (2019). 공공관리학. 서울: 박영사.

누스바움, 마사 (한상연 역)(2015). 역량의 창조: 인간다운 삶에는 무엇이 필요한가? 서울: 돌베개.

박권일 (2021). 한국의 능력주의: 한국인이 기꺼이 참거나 죽어도 못 참는 것에 대하여. 서울: 이데아.

샌델, 마이클 (함규진 역)(2020). 공정하다는 착각: 능력주의는 모두에게 같은 기회를 제공하는가. 서울: 와이즈베리.

센, 아마티아 (김원기 역)(2013). 자유로서의 발전. 서울: 갈라파고스.

영, 마이클 (유강은 역)(2020). 능력주의: 2034년, 평등하고 공정하고 정의로운 엘리트 계급의 세습 이야기. 서울: 이매진.

장은주 (2021). 공정의 배신: 능력주의에 갇힌 한국의 공정. 서울: 피어나.

프레이저, 낸시 (김한식, 문성훈 역)(2014). 분배냐, 인정이냐?: 정치철학적 논쟁. 서울: 사월의책.

호네트, 악셀 (문성훈, 이현재 역)(2011). 인정투쟁: 사회적 갈등의 도덕적 형식론. 서울: 사월의책.

Alexander, J. (2016). *Capabilities and Social Justice: The Political Philosophy of Amartya Sen and Martha Nussbaum.* London: Routledge.

Sensoy, Ö. & DiAngelo, R. (2017). *Is Everyone Really Equal?: An Introduction to Key Concepts in Social Justice Education (Multicultural Education Series) 2nd Edition*. New York: Teachers College Press.

PART_Ⅳ

추가 현장 사례들

들어가는 말

제4부에서는 오늘날 우리 학교 현장에 새롭게 등장하여 교사들에게 긴급한 현안이 되는 교육 문제들을 다루는 추가 사례를 몇 가지 소개한다. 새롭게 등장하는 현안인 만큼 교육학적 설명을 위한 개념과 이론이 진화 과정 중에 있는 것들이 대부분이다. 그리하여 그 내용이 가치적 측면에서 상당히 논쟁적일 수 있는데, 이 때문에 독자들의 개방된 토론과 숙고가 특별히 요청될 뿐 아니라 사실 이를 위하여 소개되는 사례들이기도 하다. 교사들이 현장에서 부딪히는 문제는 교육학자들의 체계적 설명과 최선의 합리적인 해결 방법을 기다릴 여유가 없다. 끊임없이 움직이는, 즉 성장하거나 상처를 입을 수 있는 아이들이 연루된 문제들이기 때문이다. 특히 오늘날처럼 우리의 성찰적 사유가 따라가기 어려울 정도의 속도로 발전되고 있는 과학문명기술의 진전과 세계화 과정은 이전 시대에는 상상하기 어려웠던 사회적, 문화적 삶의 조건들을 형성하며 우리를 구속하고 있다. 그럼에도 불구하고 우

리가 처해 있는 이 조건과 배경들을 이해하려는 노력이 동반되지 않는다면 현장의 교사들은 거대한 대양 위의 길 잃은 돛단배 마냥 막막함을 가지고 주먹구구식의 교육적 판단과 결정을 내릴 수밖에 없을 것이다. 그리하여 아래에서는 예견되는 많은 개념적, 이론적 비판과 한계에도 불구하고 새롭게 등장하는 학교 현장의 현안들에 대한 교사들의 이해를 돕기 위해 추가 사례들을 소개하고, 이것에 대한 논의에 유용할 수 있는 몇 가지 이론적 배경과 자료를 제시하고자 한다.

CHAPTER_ 13

다문화교육 사례

한국사회가 다문화사회로 진입했다는 것은 우리 일상의 여기저기서 체감할 수 있는 사실이다. 원주민 영어교사, 농촌 총각들의 국제결혼, 이주 조선족 얘기만이 아니다. 세계 각지로부터의 국내이주노동자들 및 이들 2세를 비롯하여 한국말을 너무도 잘하는 아이돌 연애인에 이르기까지, 한(韓)민족이 아니면서 한국어와 한국문화를 즐기며 우리사회 구성원이 되어가고 있는 외국인을 포함한 다문화인구는 2015년 현재 170만 명에 이른다고 한다. '다문화가족'이란 엄밀히 말하자면 '결혼이민자 또는 귀화 허가를 받은 자와 대한민국 국적자로이루어진 가족'을 뜻한다. 2015년 한국의 다문화가족은 배우자와 자녀를 모두 포함하여 82만 명이며 2020년에는 100만 명을 넘을 것으로 예상된다. 다문화가족의 자녀들은 연령이 높을수록 학업을 중단하는 비율이 높고 10명 중 1명은 학교 폭력을 경험하고 있는 것으로 보고된다. 우리나라 사람들의 다문화가족에 대한 일반적인 시각은 농촌 총각의 배우자, 저소득층 사회적 약자, 후진국 여성 등으로서 부정적 성격이 강하고 한국인의 약 80%는 출신국가나 인종에 따라 차별적인 태도를 보인다. 우리나라는 연 590억 규모의 지방정부 예산을 들여 다문화정책을 시행하고 있지만 이주민에 대한 편견과 차별, 가정폭력, 인권침해의 문제가 개선되지 않고 있다. 특히 자라나는 다문화가정 2세 청소년들의 비행 및 교육

문제 사례

최 교사는 다문화 가정이 많이 밀집해 있는 서울 근교의 작은 도시 중학교 1학년 국어 교사다. 최근 이 학교로 부임해 오면서 지역 교육청에서 제공하는 다문화 가정 아이들에 대한 정보와 지식, 한국어 교수 방법에 대한 연수를 별도로 받으며 다문화교육에 대해 나름대로 공부하였다. 현재 최 교사 학급에는 10여 명의 다문화가정 아이들이 있다. 최 교사는 이 학생들이 한국사회에 잘 적응할 수 있도록 학업과 생활 지도 면에서 열심히 도와주는 것이 자신의 일차적 역할이라고 믿었다. 그리하여 국어교사로서 한국어 쓰기가 서툰 아이들을 방과 후에 별도로 지도하기도 하고, 학급 아이들에게는 문화적으로나 언어적으로 어려움을 겪는 다문화가정 아이들에게 필요하면 언제든지 도움을 주어야 한다고 여러 번 강조하기도 했다.

그러던 어느 날 최 교사는 학교 상담교사로부터 다음과 같은 쪽지를 건네받았다. 자신의 학급에 있는 다문화가정 아이들 중 두 명이 상담실에 호소한 내용이었다. 그 쪽지에는 다음과 같은 내용이 적혀 있었다.

> 저는 우즈베키스탄에서 온 자이납입니다. 가족이 이슬람교를 믿어서 저는 돼지고기를 안 먹습니다. 매일 규칙적으로 기도도 하고 코란도 읽습니다. 라마단을 지키기 위해 며칠 동안 급식을 먹지 않았더니 한 친구가 배가 고플텐데 테러를 할 수 있겠냐고 놀려서 책상에 엎드려 울었습니다. 울고 있는 제게 또 한 친구는 이슬람교를 믿는 사람들은 다 테러리스트이니까 저도 나중에 크면 테러를 할 거라고 계속 험악한 말을 합니다. 어떻게 말하고 행동해야 할 지 모르겠습니다.

> 저는 몽골에서 학교를 다니다가 재혼한 엄마와 함께 살기 위해 3년 전에 한국에 온 자야입니다. 선생님이 반 아이들에게 저는 다 모른다고, 학교생활도 잘 모른다고 다문화가정이니 무조건 도와주라고 합니다. 고맙기도 하지만 때때로 자존심이 많이 상합니다. 저도 알아야 할 건 많이 알고 있습니다.

최 교사는 다소 충격을 받았다. 우즈베키스탄에서 온 자이납이 그런 일을 당하고 있는지도 몰랐고, 착한 몽골 소녀 자야가 그렇게 남다른 속앓이를 하고 있는지도 몰랐다. 하지만 이 문제 사태에는 서로에 대한 선의로만 해결되지 않는 보다 복잡한 문제가 얽혀 있다는 것을 직관적으로 깨달았다. 그리고 복잡한 이 문제의 성격에 대해 곰곰이 생각해 보기 시작했다.

토론질문

1. 한국 아이들이 이슬람교도 자이납을 놀리는 것에는 어떤 종류의 편견이 숨어 있는가? 다른 한편, 이것은 문화적 편견에 기인하는 것인가 아니면 아이들 간에 흔히 일어나는 일종의 놀림일 뿐인가?
2. 몽골 소녀 자야가 느끼는 모욕감은 어디에서 오는 것인가? 최 교사의 온정주의적 선의는 왜 충분하지 않은가?
3. 이러한 편견을 극복하기 위해 최 교사가 취할 수 있는 교육적 처방에는 어떤 것들이 있을 수 있는가?

문제는 미래 우리 사회의 삶의 질에 중요한 영향을 미칠 수 있다. 이들이 우리 사회의 책임 있는 구성원으로 성장할 수 있도록 하기 위해 어떤 공적 배려와 교육적 접근이 필요한지 함께 생각해 보자.

1. 다문화교육 등장 배경과 전개

2000년 이후 다양한 인종적, 민족적, 문화적 배경을 지닌 이들이 유입되면서 우리나라에서는 '다문화교육'이 국가 주도에 의한 교육 정책에서는 물론이고, 학문적, 대중적 담론에서도 점차 두드러지는 관심과 주목을 받고 있다. 다문화적 환경은 물리적 시 · 공간의 벽을 허물은 정보통신의 발달과 다국적 기업에 의한 경제적 세계화로 인하여 노동 인력의 국가 간 이동이 활발하게 전개되면서 이제 어느 누구도 거부할 수 없는 우리 삶의 사회 · 문화적 조건이 되어가고 있다. 특히 초고속 정보통신의 발달은 지구를 하나의 촌으로 변모시켜 다양한 문화의 경험을 우리의 일상적 삶의 조건으로 경험하게 하고 있다.

다문화교육은 사실 건국 초부터 이민자들로 구성된 미국, 호주, 캐나다 등과 같은 나라에서 시작되었다. 이후 유럽 국가들로 퍼져나간 다문화교육은 백인이 아닌 소수인종에 대한 편견과 차별의 극복이라는 차원에서 비롯되었다(장인실, 2006). 즉 백인이라는 주류집단과 이에 대비되는 흑인, 히스패닉, 아시아인 등의 소수인종에 속하는 피부색이 다른 비주류집단과의 인종적 갈등을 극복하는 과정에서 다문화교육이 대두된 것이다. 그러나 이러한 초기 다문화교육은 주로 인종과 민족 문화의 갈등에 초점이 있었지만, 점차 보다 광범위한 시민운동 및 인권운동의 문제로 확장되어 나가기 시작했다. 이것은 사회가 더욱 다원화되면서 계층, 성, 종교 등을 비롯한 여러 가지 다른 기준에 따른 집단적 차별과 편견에 대한 정치적 갈등이 표면화되어 가는 것과 밀접한 관련을 가진다.

최근 시작된 우리나라의 다문화교육 양상은, 건국 초부터 다양한 인종과 문화로 구성된 이들 서구 이민자 나라들의 그것과는 매우 다르다. 우리나라는 건국 이래로 단일 민족 사회로 인식되었기 때문에 매우 강한 민족의식과 폐쇄성을 가지고 있다. 그리하여 다민족으로 형성된 다른 나라들보다 다문화교육의 필요성을 절감하지 못했을 뿐만 아니라 다른 문화의 이해를 어렵게 하는 모종의 가치체계를 은연중에 지니고 있다. 특히 한(韓)민족 문화를 중심으로 하는 단일 문화주의는 오랜 기간 동안 우리의 '문화적 정체성'을 구성해 왔다. 그러나 1990년대 이래 본격적으로 시작된 정보화 혁명을 통한 정보통신기술의 급속한 발달과 자본의 세계적 이동에 따른 국내 노동시장 구조의 변화는 이러한 우리의 단일문화 정체성 의식에 큰 도전을 불러왔다. 저출산 고령화라는 사회적 현상에 의한 유효 노동인구의 감소로 국내 이주노동자의 유입이 급격히 증가하게 되었다. 또한 국제결혼을 통한 외국인 배우자의 증가는 단일 문화적 배경의 한국인이 아닌 한국인 2세 집단의 등장을 알리며, 다양한 양태의 이질적 문화와 사회적 갈등을 야기하고 있다. 이러한 변화는 과거 수 천년동안 인구학적 · 다문화적 변동을 거의 경험하지 않은 우리 사회에는 커다란 도전이 아닐 수 없다. 이제까지 잘 작동해 왔던 (한민족의) 문화적 동질성을 통한 사회적 통합과 결속이 더 이상 가능하지 않게 된 것이다.

그리하여 우리나라의 경우 다문화교육은 일차적으로 우리 사회에 유입된 이질적 배경의 다문화가정의 아이들을 어떻게 한국사회에 잘 적응하게 할 것인가라는, 동질적 사회통합의 차원에서 주로 논의되었다. 이에 따라 다문화교육의 관심 대상은 주로 유입된 외부인에 초점을 두게 되었다. 그러나 이러한 접근의 다문화교육은 사회통합이라는 일차적 목적을 위해서도 잘 작동하지 않을 뿐만 아니라 정치적 측면에서도 많은 비판을 받게 되었다. 그리하여 현재의 다문화교육은 다문화가정이나 아이들에 대한 민족적, 문화적 차이에 바탕 한 한국인들의 타문화 '차별이나 편견'에 대한 담론으로 점차 옮겨가고 있다. 이것은 다문화교육의 대상이 외부인뿐만 아니라 내부인을 포괄하는 방향으로 나아간다는 것을 의미한다. 그러나 여기서 더 나아가 이제는, 새롭게 유입된 이들의 민족적, 인종적 차이에 따른 차별이나 편견을 넘어서서 이미 오랫동안 우리 사회에 존재해 왔던 계층, 성, 종교 등 보다 광범위하고 다양한 문화적 차이에서 오는 '집단 간 편견과 갈등'을 인식하고 이를 극복하는 다문화교육 접근에의 요구도 높아지고 있다. 즉 단순히 사회통합의 차원을 넘어서서, 다원적 자유민주주의 사회라는 동일한 정치 공동체에서 참여하는 시민적 권리와 의무를 잘 실행할 수 있는 건강한 시민양성 모델로서 다문화교육을 채택해야 한다는 것이다.

2. 다양한 관점의 다문화교육

교육부는 2006년 '다문화 가정 자녀 교육 지원 대책'을 발표하여 다문화교육을 처음으로 도입하였고, 이후 다문화교육과 관련된 변화가 교육과정에서도 이루어지기 시작했다. 2007 개정 교육과정에서 '한 민족' 또는 '단일민족'을 강조하는 표현이 삭제되며 '다문화교육'이 범교과 학습 주제로 선정된 것은 우리사회의 다문화사회로의 변화를 인정하고 다문화와 관련된 내용을 교육과정에 반영하고자 하는 시도였다. 이러한 기조는 현재 모든 학교에 적용되고 있는 2009 개정 교육과정과 최근에 고시된 2015 개정 교육과정에도 그대로 반영되어 있다.

그러나 이러한 일련의 교육과정 개정에도 불구하고 우리나라 단위학교 수준에서 이루어지고 있는 실질적인 다문화교육은 여러 가지 문제와 한계를 가진 것으로 보인다. 왜냐하면, 위 문제 사례에서 보듯이, 단위학교 수준에서의 다문화교육은 다문화가정 아이들의 한국문화 적응 교육과 한국어 교육이라는 아주 기본적인 형태로 이루어지며, 이들의 한국문화에의 적응과 동화를 강조하는 수준에 그치고 있기 때문이다. 그리하여 주류집단, 즉 한국 아이들로 하여금 소수 집단 아이들의 문화를 이해하도록 돕기보다는 오히려 이들을 소외시키고 억압하는 기제로 작동하는 경우가 많다. 이것은 다문화교육 개념이 아직 우리나라 학교 현장에서 제대로 정착되지 못했다는 것을 말해준다. 그 원인으로는 다문화교육이 무엇인지를 이해하고 실행하는 데에 필요한 이론적 뒷받침의 미흡이 자주 지적된다. 그리하여 우리보다 일찍 다문화주의를 받아들여 다문화교육을 실시하고 있는 여러 나라들의 이론적 접근을 살펴보는 것은 의미가 있다.

한 나라 안에 섞여 있는 다양한 이주민을 대상으로 한 (다문화) 교육을 이해하고 해석하는 관점은 크게 문화 동화주의(cultural assimilation), 문화다원주의(cultural pluralism), 다문화주의(multi−culturalism)로 구분되어 설명될 수 있다. 첫째, '동화주의(cultural assimilation)'는 여러 개의 문화들이 함께 있으면 시간이 지남에 따라 소수문화들이 다수 혹은 주류 문화에 흡수되고 동화된다는 모형이다. 이른바 미국의 '용광로(melting pot)' 모형으로 말할 수 있다. 이는 한 국가 내에 공존하는 주류문화와 비주류문화 중에서 주류문화를 중심으로 한 사회통합을 함의한다. 소수집단에 속하는 개인이 자신의 언어, 문화, 사회적 특성을 버리고 주류집단의 문화를 받아들이는 개인적 변화과정을 통해서 이주 국가에 완전히 동화되는 것을 목표로 하고 있다. 따라서 동화주의 모형은 문화적 동질화를 추구하며 이주민 집단의 국내문화에의 완전한 동화를 통해서 인종, 민족적 갈등을 봉쇄함으로써 국가의 정체성 확립과 사회통합을 추구하고자 하는 것으로 설명할 수 있다. 다문화가정 아이들을 대상으로 하는 한국어 교육이나 한국문화적응 교육이 이러한 이론적 관점에 기초를 둔 다문화교육이라고 말할 수 있을 것이다.

문화적 동질화를 추구하는 동화주의의 관점은 소수 집단 구성원에게 주류집단의 정체성을 '보편적인 것'으로 강요하고 문화적 소수자로 하여금 자신이 속한 집단의 문화에 대해 부정적으로 인식하게 함으로써 자기분열적인 자아관을 가진 사회 구성원을 만들어 낼 위험이 있다. 이것은 결국 소수집단 개인들의 자아 정체성에 매우 중요한 문화를 차별하여 주류 문화로 이들을 무조건 흡수, 동화시키려는 차별적 배제형 정책을 위한 관점이다. 주류 문화 사회의 특정 노동력과 경제적 영역의 이해관계에 따라 소수 집단의 일부 구성원은 포섭하고 나머지는 배제하는 식의 이중적인 잣대의 다문화정책을 지지한다. 이것은 또한 성장하는 소수문화 집단 아이들의 문화적 정체성에 혼란을 야기하고 다인종, 다민족 간의 차별을 부각시켜 상호 공존하는 다원적 자유민주주의 사회의 건설에 심각한 장애를 초래할 수 있다.

이러한 문화 동화주의를 극복하기 위해 다문화교육을 해석하는 또 다른 관점이 등장하는데 그것이 바로 '문화다원주의(cultural-pluralism)'이다. 이것은 모든 문화는 각자 독특하고 고유한 특성을 가지고 있으므로 이를 인정하고 존중해야 한다는 보편적 인권 존중의 개념에 기반한 관점이다. 미국의 경우, 문화다원주의는 백인 주류사회로의 동화를 추구하는 동화이론을 거부하며 이민자들이 각자 고유한 언어와 문화 그리고 정체성을 유지하면서도 미국사회에 기여할 수 있다는 주장을 포함한다. 여기서 중요한 것은 자신이 동의하거나 수용할 수 없다고 하더라도 이질적인 다른 소수집단의 문화를 사회적으로 '관용하자는' 허용의 태도이다. 캐나다의 경우, 이민자들의 다양한 종교, 언어, 관습과 문화를 상호 간섭 없이 모두 포용하는 것으로 문화모자이크(cultural mosaic), 혹은 샐러드볼 문화다원주의라는 표현을 쓴다. 이것은 한 국가 안에 여러 개의 소수 민족과 문화들이 서로 경쟁하거나 방해하기보다는 함께 나란히 존재하는 방식으로 다양성을 인정하며 공존하는 사회통합을 추구하고자 하는 것이다.

그러나 이러한 문화다원주의는 문화의 다원성과 다양성을 인정하지만 그 속에 주류 혹은 지배 문화가 여전히 존재한다는 사실을 묵인하는 정치적 순진성을 내포한다는 비판이 따른다(Taylor, 1994). 이것은 문화다원주의가 인권존중의 보편성에 기초하기는 하지만, 형식적 인권존중에만 머물러 실질적으로 '평등한' 인권존중의 이상에는 미치지 못한다는 비판이다. 그리하여 다른 문화 간의 조화로운 교류를 통한 상호 배움, 그리고 이에 바탕한 정치적 지배 관계의 변화라는 문제의식으로까지 나아가지는 못한다는 것이다. 즉 서로 간섭하지 않고 다양성을 인정하자는 것에만 머물러 진정한 (교육적) 소통과 (시민적) 공존의 윤리를 실현하는 데까지는 나아가지 못하는 한계를 가진다. 현재 우리나라의 다문화교육정책은 그 이념에서만 보자면, 주류적 한국문화에 동화되도록 하는 데 주안점이 있던 동화주의적 다문화교육정책에서 벗어나 보편적 인권존중의 이념에 기초하여 다양한 소수집단의 문화정체성을 존중하고 인정하자는 문화다원주의적 다문화정책으로 점차 나아가고 있다고 볼 수 있다. 그러나 정치적 자유주의 이념에 기초한 보편적 시민 권리의 실질적 보장을 요구하는 서구 다문화교육 이념의 진화과정에 비추어 볼 때 이것은 여전히 정치적 차별의 문제를 본격적으로 다루지는 못하는 것으로 보인다.

셋째, '다문화주의(multi-culturalism)'는 한 국가 안에서 소수자들의 정치적, 사회적, 경제적, 문화적 불평등을 없애려는 정책 목표를 설정함으로써 다양성과 사회통합을 함께 추구하는 입장이다. 캐나다의 사회철학자 Kymlicka(2010)에 따르면, 다원적 자유민주주의 사회에서는 모든 인간이 누려야 할 정치적 자유의 조건이 있는데, 이것은 바로 '인권'과 '평등'의 가치로 대변된다. 그는 이 '인권'과 '평등'의 가치를 해석하는 가장 선진된 관점 중의 하나로 '다문화주의(multi-culturalism)'를 제안한다. 즉 가장 민주적인 사회는 소수집단 고유의 정체성과 관행을 유지하고 표현할 수 있도록 이것을 공적으로 인정하고 지원하는 정책이 요구되는데 이것이 바로 다문화주의 정책이라는 것이다. 그가 말하는 다문화주의는 소수 집단의 공적, 사회적 인정과 그 방법에 초점을 둔다. 이러한 '다문화주의'는 여러 문화에 대한 이해와 존중을 바탕으로 그 문화들이 서로 접촉하고 교류하면서 그 사회가 지향해 나가야 할 이념을 함께 새롭게 구성해 나가도록 요청하는데, 보다 높은 수준의 문화적 통합과 발전을 도모하는 다문화교육을 지향한다고 볼 수 있다. 이러한 다문화주의는 문화의 다양성과 다원성을 인정하는 동시에 사회통합을 추구한다는 점에서 문화다원주의와 유사하지만, 여러 문화가 서로 평등하게 공존해야 하고 정치적으로 열세일 수 있는 소수 문화를 보다 의식적으로 그리고 제도적으로 지원한다는 점에서 그것과 차별화된다. 다르게 얘기하자면, 소수집단에 속한 개인의 정체성의 형성에 그 문화가 발휘할 수 있는 지배적 역할과 정치적 기능에 관심을 보인다는 점에서, 그리하여 소수집단의 개인이 받을 수 있는 잠재적 차별성을 사회적으로 배려하고 보상해 준다는 점에서 정치적으로 보다 선진화된 인권존중과 평등 정책을 지지하는 것으로 볼 수 있다.

위에서 살펴본 것처럼 다문화교육은 몇 가지 이념적 발달단계를 거치며 역사적으로 발전해 왔다. 먼저 동화주의 이론은 주류 문화의 기득권 유지에 관심을 둠으로써 인종적 편견과 차별, 사회적 불평등을 재생산한다는 점에서 많은 비판을 받아왔다. 이를 극복하기 위해 등장한 문화다원주의는 서로 다른 문화 간의 적극적인 교류를 통한 소통과 발전보다는 서로 간섭하지 않고 차이를 관용하자는 공존의 이념으로서, 결과적으로 서로의 문화에 대한 무관심과 더불어 다수자와 소수자의 문화를 분리시키는 결과를 초래한다. 이러한 문화다원주의에 대한 비판으로 등장한 다문화주의는 주류집단 중심의 정치적 지배질서의 변화를 지향하는 이념으로서, 다양한 문화, 특히 소수문화를 실질적으로 평등하게 대우하기 위하여 정치적으로 보다 의식적인 사회적, 제도적 정책의 변화를 요청한다. 그러나 이러한 다문화주의는 현실 정치 질서에 비추어 볼 때 다소 이상주의적으로 들리며 그런 만큼 그 실현 가능성에 많은 의문을 남긴다.

위에서 묘사된 세 가지 다문화교육의 이념은 현재 우리나라 다문화교육 담론에서 혼재되어 사용되는 경향이 있다. 우리나라 다문화교육의 실천적 개선을 위하여 이 이념들과 관련 개념들을 제대로 이해하는 것은 예비교사들에게 필수적일 것으로 보인다.

3. 다문화교육과정을 위한 실천적 문제들

그러면 단위학교 현장에서 이루어지는 다문화교육과정은 구체적으로 어떤 양태를 띠어야 하는가? 사실 다문화교육은 모든 학생을 위한 기본 교육으로서 종합적인 학교개혁과정의 일부로 이해될 필요가 있다. 그리하여 많은 다문화교육과정론자들은 다문화교육이 교과와의 관련성뿐만 아니라 모든 학생을 대상으로 한 학교 교육과정의 전반적인 원리로 정착되어야 한다는 데에 동의한다. 즉 다문화교육은 국어나 사회, 예술 등 다양한 교과에서 부분적으로 다루어지기도 해야 하지만 교육과정 운영의 전반적인 원리에 스며있는 것이기도 해야 한다는 것이다. 그러면 다문화교육이라는 이름으로 다루어져야 할 구체적인 이슈나 문제 및 교육과정의 전반적인 원리는 무엇이고 이를 통해 길러져야 할 지식이나 기술 및 태도는 무엇인가?

이 질문에 대한 원칙적 수준의 답은 '다문화교육'에서 '문화'라는 개념을 어떻게 이해해야 하는가와 밀접한 관련이 있다. 왜냐하면 '문화'라는 용어가 적용되는 인간 행위의 범주는 매우 다양하고 광범위하기 때문이다. 그러나 '다문화교육'에서 '문화'가 교육적으로 문제가 되는 것은 특별히 민족과 문화가 결합되는 방식, 개인의 정체성에 문화가 미치는 영향, 그리고 문화가 권력이나 불평등과 연결되는 방식들과 관계가 있다. 이런 의미에서 문화는 다음 세 가지 개념으로 구분되어 이해될 수 있다. 첫째, 문화는 특정 집단의 종교, 언어, 국적, 역사, 정치에 나타나는 그 집단의 기본적이고 **고유한 의미와 신념, 기준 그리고 도덕적 가치관**을 가리키는 말이다. 즉 한국적 사고방식과 정체성이 있는 반면 몽골인의, 그리고 베트남인의 사고방식과 정체성이 있는 것이다. 둘째, 문화는 특정 집단의 관습, 전통, 행동 패턴 등, 그 집단의 **일상적 문화**로서 음식이나 옷, 관례, 여가 생활의 습관 등을 가리키기도 한다. 다문화교육이란 결국 다양한 문화로부터의 상이한 음식 경험에 대한 것이 전부라는 광고 슬로건이 문화에 대한 이러한 이해를 반영한다. 셋째, 문화는 그 집단이 자신의 성취물로 내세우는 예술이나 음악, 미술 등, 눈에 보이고 만질 수 있는 유형의 **문화유산**을 가리키기도 한다. 특정 집단의 구성원이 만들어낸 뛰어난 예술작품을 감상하고 이해하는 것은 그 집단의 문화를 이해하는 한 가지 좋은 방법일 수 있는 것이다.

우리가 보통 학교에서 '다문화교육'이라는 이름으로 타문화에 대해 가르치고 배울 때, 그 교육 내용을 주로 구성하는 것은 두 번째나 세 번째 의미의 문화일 경우가 많다. 그리하여 다양한 문화로부터의 상이한 음식들을 체험해 보게 하거나 그들 집단 고유의 명절 행사나 관례에 참여해 보게 하는 축제를 연다든가, 그 문화나 민족을 대표하는 음악이나 예술품을 소개하는 문화 행사를 열기도 한다. 그러나 이런 식의 접근만으로는 충분하지 않다(Dhillon and Halstead, 2003). 문화 이론가들에 따르면, 문화는 외형적이고 유형적이며 고정된 것이라기보다는 그 집단 사람들의 내면적 의식에 자리하는 것으로, 그 사람들로 하여금 삶의 문제에 대처하는 것을 돕는 방식과 밀접한 관련이 있다. 그리하여 다문화교육을 통해 타문화에 대해 '이해하고자' 할 때에는 타문화에 속한 이들의 삶의 방식과 문화적 정체성에 중요한 그들의 가치판단의 방식과 도덕적 규범에 대한 이해에 적극 참여할 필요가 있다. 그렇지 않을 경우 그 문화에 대한 이해는 아주 표면적인 수준에 머물 가능성이 높다. 이런 의미에서 우리 자신의 문화나 가치관에 낯설게 보이고 심지어 이것과 심각하게 갈등할 수도 있는 타문화의 도덕관이나 이 도덕관에 기반한 그들의 문화적 정체성을 그들의 관점에서 이해하고 수용하려는 개방적 태도의 습득은 다문화교육의 목적으로 매우 중요하다고 볼 수 있다.

미국의 대표적인 다문화교육 이론가인 Banks(2008)는 다문화교육의 목표를 구조화하여 몇 가지로 제시한다. 그는 다문화교육을 모든 아이들로 하여금 문화적, 민족적 정체성과 다양성이 증대되는 세계를 살아가기 위해 필요한 지식, 기능, 가치와 태도를 함양하도록 하는 총체적인 교육개혁운동으로 정의하며, 그 목표를 다음 몇 가지로 제안한다. 첫째, "다문화교육은 개인들로 하여금 다른 문화의 관점을 통해 자신의 문화를 바라보게 함으로써 자기 이해를 증진시키는 것을 목표로 한다." 즉 타문화의 이해를 통해 자문화 및 **자기 이해**에까지 이르러야 한다는 것이다. 둘째, "다른 문화와의 관계, 이해, 존중을 전제로 학생들에게 문화적 · 종족적 · 언어적 대안들(alternatives)을 가르치는 것"이다. 즉, 세계를 이해하는 자신의 언어 틀 혹은 문화체계 이외의 대안적 개념과 언어 틀을 배우게 하는 것이다. 셋째, 모든 학생이 자문화, 주류문화, 그리고 타문화가 공존하는 다문화사회를 인식하고 이 사회가 우리에게 요구하는 지식과 기능, 태도를 습득하도록 하는 데 있다. 이것은 타문화를 통해 자문화를 바라보기도 하고 자문화를 통해 타문화를 바라보기도 하며, 다른 문화에 대한 관용과 수용의 감수성 및 자기 성찰과 변혁을 꾀하는 다문화적 문해력를 키우는 것을 말한다. 이외에도, 소수 인종 · 민족 집단들이 자신의 "인종적, 신체적, 문화적 특성 때문에 겪는 고통과 차별을 감소시키는 것"을 또 하나의 교육목표로 제시한다. 이것은 소수집단이 주류집단의 편견과 차별 때문에 받는 고통에 민감해지는 것으로서, 정치적 문해력의 함양으로 말할 수 있다(Banks, 2008; 4-6).

그러나 다문화교육이 지향해야 할 구체적 교육목표에 대한 이러한 상세화도 하나의 교육과정의 원리로서 다문화교육이 지향해야 할 바에 대해 모종의 합의되고 통일된 어떤 관점을 제공해 주지는 못한다. 그리하여 현장의 교사들이 다문화교육이라는 이름으로 교육적 실천을 수행할 때, 아이들에게 자신의 문화를 단순히 보존하도록 해야 하는지 아니면, 이것에 대해 어느 정도 비판적 관점도 갖도록 해야 하는지에 대해 여전히 의문을 가질 수 있다. 그리하여 아이들로 하여금 자신의 문화적 정체성에 대해 비판적으로 성찰하게 하면서도 자신의 정체성을 잃지 않게 할 수 있는지, 다른 문화적 배경의 사람들과 관련을 맺는 동시에 차이에 대한 상호 이해를 매개로 창조적인 공론의 장을 발전시켜 나가도록 할 수 있는지, 그리고 그러한 시민성의 개발은 어떻게 가능한지 등에 대한 어려운 실천적 문제들에 부닥치게 된다. 이러한 의문과 문제들은 자신의 문화에 대한 헌신의 약화가 상이한 문화에 대한 인정과 상호 존중을 함양시키는 교육과정에 필수적인지, 문화적 발전과 전수에서 학교는 어떤 역할을 해야 하는지, 그리고 이것이 사회 내 보다 광범위한 권력관계에 어떤 영향을 미치는지와 같은 보다 포괄적 문제에 대한 이론적 탐색과 철학적 성찰을 요청한다. 그러나 다문화교육은 무엇보다도, 교육적 맥락에서만 보자면, 자신의 문화에 뿌리를 두되 타문화에 대한 개방적 이해와 관점의 수용을 통해 자신의 문화 규준과 이것에 의해 규정되는 자신의 정체성을, 자신을 넘어서는 관점에서 바라보고 성찰하는 태도를 취할 줄 알게 되는 것, 이른바 '성찰적인 헌신과 충성심(reflective loyalty)의 태도'(Hansen, 2013)를 요청한다고 말할 수 있을지 모른다. 이렇게 될 때 다문화교육은 세계시민성 교육과도 크게 다르지 않은 민주시민교육의 패러다임으로서 우리 사회에 정착될 수 있을 것이다.

심화질문

- 위에서 기술된 Banks의 다문화교육 목표 중 현재 우리나라 맥락에서 가장 적절하게 채택될 수 있는 목표는 어느 것인가?
- 위 문제 사례에 등장하는 우리나라 중학교 1학년생들을 대상으로 하는 다문화교육 프로그램을 한 번 고안해 보아라. 특히 타문화의 이해를 통한 자기이해를 목표로 하는 프로그램을 고안해 보아라.

참고문헌

교육인적자원부(2006). 다문화 가정 자녀 교육 지원 대책.

장인실(2006). 미국다문화교육과 교육과정. **교육과정연구**. 24(4), 27-53.

Banks, J. A. (2008). An Introduction to Multicultural Education. 모경환 외 역(2008). **다문화교육 입문**. 서울: 아카데미프레스.

Dhillon, P. A. & J. M. Halstead (2003), "Multicultural Education" in *Philosophy of Education*, ed. N. Black, P. Smeyers, R. Smith and P. Standish. Oxford: Blackwell Publishing.

Hansen, David (2013), Cosmopolitanism as a philosophy for life in our time, *Encounters on Education*, Vol. 14. 35-47.

Kymlicka, W. (2000), *Multicultural citizenship: a Liberal theory of minority rights*, Clarendon Press: Oxford.

Taylor, C. & al. (1996), *Multiculturalism: Examining Politics of Recognition*, Princeton, New Jersey: Princeton University Press.

경기연구원, http://grikr.tistory.com/1019

CHAPTER_ 14

폭력학생 사례

폭력학생들과 학교폭력은 교실과 학교에서뿐만 아니라 사회적으로도 심각한 문제임에 틀림없다. 특히 초임 교사가 폭력적인 학생들을 만나게 되면 매우 난감하고 당황스러울 뿐만 아니라 교육자로서 회의와 좌절감을 경험할 수 있기에 이후 교직생활을 지속하는 데에도 부정적인 영향을 미칠 수 있다. 학교폭력이 심각한 교육적, 사회적 문제로 대두되면서 학교폭력의 실체와 학교폭력대책자치위원회를 중심으로 폭력행동의 결과에 대한 대책 방안 강구에 관심과 지원이 집중되어왔다. 그러나 폭력의 원인이나 대상자인 학생들에 대한 이해와 지도보다 학교폭력이 발생한 이후의 대책 마련에 주안점을 두었기에 폭력행동과 문제에 대한 근본적인 해결책을 제시하는데 한계가 있는 것이 사실이다. 점차 증가하고 있는 폭력 학생들은 오늘날 교실에서 쉽게 찾아볼 수 있는 학습자의 한 유형으로 자리잡아 가고 있다. 학교폭력에 대한 논의에 앞서 폭력학생들과 폭력성에 대한 이해가 선행되어야 학생들에 대한 올바른 지도가 가능하고 학교폭력을 보다 효과적으로 예방하고 이에 대처할 수 있다. 이에 본 장에서는 폭력행동의 개념과 원인을 살펴본 후 학교폭력의 개념과 유형, 원인 및 가능한 지도 방안들에 대해서 논의해보고자 한다.

문제 사례

동혁이는 담임 선생님을 자주 불안하게 한다. 골격이 크고 힘이 센데다 언행이 과격하기 때문이다. 동혁이는 인근 고등학생들과도 시비가 붙어 종종 싸움에 연루된다. 게임을 너무 좋아해서 매일 PC방에서 살다시피 하고 어떤 날은 하루 10시간 이상 게임에 빠져 집에도 들어가지 않아 부모님으로부터 꾸중과 질타를 받는 것이 일상적인 일이 되어버렸다. 이런 동혁이를 같은 반 친구들도 무서워하고 피한다. 게임과 비디오, 인터넷을 통해서 보고 배운 거칠고 공격적인 언행과 물리적인 폭력들을 친구들에게 실제 행사함으로써 학교에서는 이미 폭력 가해 학생으로 낙인이 찍혀있는 상태다.

수업 시간에 동혁이는 엎드려서 자거나 주의집중 하지 않고 산만한 행동을 일삼아 수업을 방해할 뿐만 아니라 교실 분위기를 험악하게 만들어 버림으로써 선생님들이 수업을 진행하는데 어려움을 겪게 한다. 수업 시간에 동혁이가 "아, 진짜 짜증나네!"라는 식의 말을 종종 하는데 그럴 때면 반 아이들이 동혁이의 눈치를 보면서 하던 과제조차 멈추곤 한다. 어떤 여자 선생님들은 동혁이에게 위협을 느끼고 있다고 토로하기도 한다. 동혁이는 이제 학교에서뿐만 아니라 학교 밖 또래 친구들에게도 위협적인 존재가 되어버렸다.

토론질문

1. 학생들이 폭력적인 언행을 하는 이유는 무엇일까?
2. 동혁이처럼 언어적, 물리적 폭력행동을 보이는 학생들을 교사는 어떻게 다루어야 하는가?
3. 학교 폭력을 근절하기 위해서 교사가 취해야 할 행동의 수칙은 무엇일까?

1. 폭력행동이란 무엇인가?

반사회적 행동이란 규칙이나 규범, 관습에 대한 위반 및 그와 같은 행동을 범하려는 의지, 권위에 대한 반감과 저항, 타인에 대한 적대감, 공격 행동 등을 포함하는 것이며, 폭력행동은 반사회적 행동의 하나이다. 적대적이고 공격적이며 반항적인 행동을 만성적으로 보이는 학생들은 적대 장애나 행동장애를 가질 수 있다. 이들은 화를 잘 내고 규칙을 무시하며 순응하지 않고 고의적으로 다른 사람의 기분을 상하게 하거나 타인에게 잘못의 원인을 돌리는 성향을 가지고 있다. 아동이 성장하면서 이와 같은 반사회적 행동이 감소되거나 사라지기도 하지만 심화될 경우 품행 장애로 나타날 수 있다.

품행 장애란 폭력, 방화, 도둑질, 거짓말, 가출 등과 같이 폭력적이고 무책임한 행동으로 타인에게 피해를 주는 행위를 반복적으로 하는 것으로 청소년 비행과 종종 혼용되고 있다. 품행 장애를 가진 학생들은 폭력적인 언행을 일삼고 친구들을 괴롭히며 교사에게 반항적인 태도와 행동을 보이는 등 여러 유형의 공격적인 행동을 나타낼 뿐만 아니라 결석이 잦고 학업성취 수준 또한 낮다. 품행 장애는 아동기와 청소년기에 빈번하게 나타나는 장애로 18세 이하 남학생의 6~16%, 여학생의 2~9%에게서 보여지는 것으로 보고되고 있다(권석만, 2013).

학교에서 폭력행동을 보이는 학생들은 낮은 수준의 학습동기와 성취를 보일 뿐만 아니라 반사회적 행동을 일삼는 또래집단에 가입하고 학교를 그만두거나 지속적으로 청소년 비행을 저지르면서 성인 범죄 행동을 보이는 경향이 있다. 따라서 폭력성과 폭력적인 학생들을 이해하고 이를 방지하기 위한 교육적 노력들이 절실히 필요하다.

가. 폭력행동의 원인

폭력행동의 원인은 생물학적 요인과 사회학습 요인으로 구분되어 설명할 수 있다. 생물학적 요인으로는 전두엽의 손상과 VIM(Violence Inhibition Mechanism: VIM) 모형, 사회학습 요인의 예로는 관찰학습, 강화, 모델링, 또래압력 등이 있다.

a. 전두엽 손상

전두엽은 뇌의 앞부분, 이마 부위에 해당하는 곳으로 위치에 따라 측두 영역, 안와전 영역, 안와내측 전전두 영역으로 구분되며 이들 영역 중 한 곳이라도 손상이 되면 반사회적 행동이 나타날 수 있다. 전두엽의 기능은 목표를 설정하고 행동을 계획, 결정, 판단하는 것과 같은 집행 능력과 관련되어 있다. 전두엽의 집행 기능은 반사회적 행동과 연관이 있는 것으로 보고된다. 사고로 인하여 전두엽 부위에 손상을 입은 사람들이 무책임, 무감각, 공격성, 극도의 집착증(도취감) 등의 증상을 보이는 것이 대표적인 예라 할 수 있다.

b. VIM(Violence Inhibition Mechanism: VIM) 모형

초기 Violence Inhibition Mechanism(VIM)모형은 학습이론을 기반으로 하여 개인의 도덕적 특성이 사회화되는 과정을 설명하기 위하여 제안된 것으로 점차 반사회적 성격장애(psychopath, 사이코패스)와 같은 고위험군 범죄자의 도덕성 결핍 원인을 설명하는 모형으로 발전하였다. 모형의 핵심 개념인 VIM은 시상하부, 편도체, 해마, 대상회와 같은 변연계 영역에 스트레스 단서를 제공했을 때 생리학적 반응이 어떤 양상을 나타내는지 이를 체계화하여 보여주는 기능을 담당한다. 유기체는 스트레스 단서에 노출되었을 때 회피하거나 몸이 경직되는 반응을 보이지만 반동적으로 공격성이 나타나는 것처럼 자율신경계가 활성화되기도 한다. 뿐만 아니라 각성 수준이 높아지고 가치 판단을 하는 과정을 통해 후회, 동정심 등의 도덕적인 정서 반응이 일어난다. 이러한 반응의 기저에 VIM이 관여하고 있다.

VIM모형에서는 개인의 고통이나 슬픔이 드러나는 표정을 스트레스 단서가 인지하면서 자동적으로 활성화되는 생리반응시스템이 개인으로 하여금 죄책감, 동정심과 같은 정서적 반응들을 학습하고 경험하게 한다고 가정하고 있다. 이러한 경험은 다른 사람에 대한 지나친 가해 행위를 억제하는 역할을 한다. 이러한 관점에서 공격성의 극단적인 예인 반사회적 성격장애는 변연계 부위에 유전적으로 손상을 입어 스트레스 단서의 인지능력이 저하됨으로써 비롯되는 것으로 설명할 수 있다. 스트레스 단서를 제대로 인지하지 못하는 것은 VIM의 폭력 억제 및 제지 기능을 약화시킴으로써 다른 사람에 대한 과도한 공격성을 표출하는 문제행동을 야기시킬 수 있다.

c. 관찰학습

Bandura(1961)는 개인이 공격적인 자극에 반복적으로 노출되었을 때 관찰을 통해서 폭력에 대한 학습이 이루어진다는 관찰학습이론을 제안하였다. 특히 아동이 이전에 관찰한 것과 동일한 상황에 놓이게 되면 자신이 관찰한 것과 동일한 유형의 공격 행동을 보인다. Bandura(1973, 1977)는 공격적 행동은 타인의 공격적인 행동에 주의를 기울이고 그것을 기억에 저장하는 인지 과정을 통해서 배우게 되는 것이라고 주장하면서 아동이 공격적인 행동에 대한 강화를 받게 되면 이후에도 공격적인 행동에 지속적으로 의지하게 된다고 보고하였다.

실지로 아동은 여러 가지 사례들을 보고 경험하면서 공격성을 배우는데 특히 사회적 지위가 높은 사람들의 공격적인 성향과 행동에 대한 보상 행위를 직접 목격하게 되면 아동은 이들의 공격적인 행동을 그대로 모방할 수 있다. 아동은 자신의 폭력 행위가 유해한 결과를 초래하지 않거나 또는 타인에게 피해를 입힘으로써 자신이 보상을 받을 수 있음을 경험할 때 폭력 행위를 학습하게 되지만 폭행이나 폭언, 힐난, 모욕, 의도적인 훼방, 긍정적인 보상의 감소 등을 통해서 혐오스러움을 느낄 때에도 폭력행동을 저지른다.

d. 강화

Kauffman(1993)에 의하면, 반사회적 행동은 행동 후에 수반되는 보상이 강화로 작용할 때 지속될 수 있다. 보상은 외부 보상, 대리 보상, 자기 보상으로 구분된다. 외부 보상은 공격 행동에 대한 반응과 사회적 지위의 상승, 혐오스러운 상태의 소멸, 대리 보상은 타인이 공격 행동에 대해서 보상 받는 것을 목격함으로써 경험하는 만족감, 자기 보상은 성공적인 공격 행동에 대한 직, 간접적인 보상 등을 가리킨다. 보상과 함께 공격적인 행동을 자기 나름대로 정당화시키려는 의도와 행위는 폭력행동을 지속적으로 유지시킨다. 뿐만 아니라 처벌이 적절하지 않거나 일관성이 없을 때, 고통을 유발할 때, 처벌 행위에 대한 명백한 대안이 없을 때에도 처벌은 공격적인 행동에 대한 또 다른 강화물로 작용하여 공격성을 유발시킬 수 있다. 아동이 반사회적 행동을 직·간접적으로 목격했을 때 교사와 부모를 비롯한 주변 사람들의 적절한 반응과 대처 행동이 중요하다.

e. 모델링

모델링(modeling)은 다른 사람(모델)에게서 관찰한 행동을 모방하려는 경향을 지칭하는 것으로 직접 모델링, 상징적 모델링, 종합적 모델링으로 구분된다. 직접 모델링은 모델이 되는 타인의 행동을 그대로 모방하는 것, 상징적 모델링은 책, 연극, TV나 영화에 등장하는 주인공들의 행동을 모방하는 것, 종합적 모델링은 관찰한 행동의 부분들을 종합하여 총체적인 행동으로 모방, 발전시키는 것을 의미한다. 이들 중 폭력적인 학생들에게 가장 많은 영향을 미치는 것으로 상징적 모델링의 대표적인 예인 대중 매체와 게임에 대한 노출을 들 수 있다. 폭력물을 시청하는 것은 학교 폭력에 대한 동기를 불러일으키고 폭력에 대해서 우호적인 태도를 형성하게 한다. 폭력성 게임에 노출되는 경우 그렇지 않은 집단보다 공격 행동이 많이 관찰되고, 인터넷 게임중독 집단이 비중독 집단에 비해서 적대감, 공격성, 흥분성, 민감성, 충동성 등의 공격적 성향을 보다 많이 보이는 것으로 나타났다. 게임중독 집단은 충동 억제력과 대처 능력이 떨어지고 문제 해결능력 또한 낮은 것으로 보고되는데 이는 둔감화 효과로 부분적으로 설명할 수 있다. 둔감화 효과란 대중 매체와 게임을 통해 폭력행동을 과다하게 시청했을 때 폭력행동에 대해 덜 민감해지고 이를 우려하는 성향 또한 떨어지는 것을 가리킨다.

f. 또래 압력

또래 압력이란 묵시적 혹은 가시적인 형태로 또래 집단이 인정하는 방식과 지침에 따라 행동하도록 요구받는 압력을 총체적으로 지칭하는 것으로, 특히 청소년기에 아동은 자신과 또래 집단을 동일시하려는 경향이 강해져 또래 압력의 영향을 많이 받는다. 청소년기는 부모의 영향력이 감소하는데 반해 또래 집단의 역할이 보다 중요해지는 시기이기에 청소년기 또래 관계는 학습뿐만 아니라 정서, 사회성 발달에 필요한 기술을 습득하는 데에도 중대한 영향을 미친다. 청소년들의 학습과 약물 복용에 미치는 또래 친구들의 영향은 아동기 부모의 영향력에 비해 월등히 높은 것으로 보고되고 있다. 청소년기에 폭력적인 성향을 가지고 있거나 반사회적 행동을 일삼는 또래 친구들과의 상호작용이 또래 압력으로 변질되어 폭력적인 행동을 모델링하고 이를 재생산하게 할 수 있음을 명심해야 한다.

2. 학교 폭력은 무엇인가?

학교에서 발생하는 폭력행동을 총체적으로 지칭하는 학교폭력은 오늘날 학교뿐만 아니라 사회적으로도 커다란 문제로 심각하게 인식되고 있다. 학교폭력에 대한 법률적인 정의에 의하면, 학교폭력이란 학교 내외에서 학생을 대상으로 발생한 상해, 폭행, 감금, 협박, 약취/유인, 명예훼손/모욕, 공갈, 강요/강제적인 심부름, 성폭력, 따돌림, 정보통신망을 이용한 음란/폭력정보 등에 의하여 신체적, 정신적 또는 재산상의 피해를 수반하는 행위를 지칭한다([학교폭력예방및대책에관한법률] 제2조 제1호).

가. 학교 폭력의 유형

학교폭력은 다양한 유형을 포함하고 있으나 일반적으로 신체폭행, 금품 갈취, 언어폭력, 집단 따돌림, 사이버폭력 등으로 구분 가능하다

(신종호, 윤영, 김명섭, 근간). 첫째, 신체폭행이란 신체적으로 해를 가하거나 재산상의 손실을 가져오는 행동으로 주먹질하기, 발로 차기, 침 뱉기, 때리기, 낙서하기, 신체를 치고 지나가기 등을 포함한다. 둘째, 금품갈취란 사람을 협박함으로써 불법적으로 재물을 획득하거나 재산상의 이익을 취득하는 것으로 돈이나 물건 뺏기, 돌려주기 않기, 훔치기, 빌린 돈 갚지 않기 등이 있다. 셋째, 언어폭력은 의도적이거나 비의도적인 언어행위를 통해서 압도되거나 강요, 협박 받는 상황에 놓이게 함으로써 심리적으로 고통을 받게 하는 행동을 일컫는다. 욕하기, 싫어하는 별명 부르기, 빈정거리기, 면박이나 핀잔주기, 욕설하기 등은 학교에서 쉽게 볼 수 있는 언어폭력의 예이다. 넷째, 집단 따돌림이란 집단 내에서 두 명 이상의 학생들이 특정인이나 특정 집단의 학생들을 지속적, 반복적으로 신체적 혹은 심리적으로 공격을 가해 고통을 느끼게 하는 일체의 행위에 관한 것이다. 대화거부하기, 약점 들추기, 모함하기, 은근히 또는 공개적으로 비난하기, 시비 걸기 등이 이에 포함된다. 다섯째, 사이버 폭력은 인터넷이나 휴대 전화 등 정보통신 기기를 이용해서 특정한 학생이나 집단을 지속적, 반복적으로 공격하거나 개인정보나 허위 사실을 유포해서 심적인 고통을 가하는 행위를 가리킨다. 카페나 클럽에 비방 및 협박 글이나 동영상 올리기, 채팅이나 블로그에 욕설을 올리거나 협박하기, 헛소문 유포하기 등이 사이버 폭력의 예이다.

나. 학교폭력의 원인

학교폭력의 원인에 대해서는 다각도로 진단해 볼 수 있다. 첫째, 심리사회학적 관점에서 학교폭력의 원인은 지위-지배성 추구, 사회정보처리능력, 동종애, 사회적 기술 결함으로 나누어 살펴 볼 수 있다(신종호 외, 근간).

지위-지배성 추구 이론에 의하면 청소년기는 다른 발달 시기에 비해서 또래 집단 내에서 세력을 형성하고 힘을 과시하려는 성향이 높은 시기이기에 집단 내에서 지위를 획득하고 동료들을 지배하려는 강한 욕구를 가지고 있다. 이와 같은 지위-지배성 추구 성향은 아동의 공격성과 폭력행위를 강화시키고 학교 폭력에 동조하고 지지하는 행위를 유발시킨다.

사회정보처리 이론에서 학교 폭력의 원인은 사회정보처리 능력의 결함에서 비롯된다. 학교폭력과 같은 공격적이고 적대적인 행동은 타인의 의도와 행동을 잘못 이해하고 이에 과민하게 반응함으로써 나타날 수 있다. 특히 청소년기는 자기 중심성이 강해지는 시기이기에 다른 사람들의 감정을 제대로 이해하지 못하고 자신의 감정표현 또한 서툴러 친구들과 마찰을 빚곤 한다. 학교 폭력 가해 학생들의 폭력행위가 또래 친구를 비롯한 타인에 대한 오해와 잘못된 인식에서 비롯되었는지 살펴보고 타인의 기분과 의도, 행동에 대한 정확한 파악할 수 있도록 돕는 것이 필요하다.

동종애 성향은 자신과 비슷한 집단의 사람들과 어울림으로써 자신의 행동을 보상, 강화 받으려는 욕구를 가리킨다. 학교 폭력 가담 학생들의 경우, 비슷한 또래 친구들과 어울림으로써 학교 폭력에 빈번하게 노출되고 이를 학습하게 됨으로써 폭력행위의 공격성과 잔인성, 부적절성에 대해 둔감해지고 동일한 행동을 따라 하는 경향이 있다. 특히 또래 집단과의 관계가 매우 중요한 시기인 청소년기 학생들은 자신과 공감대를 형성하고 동일시할 수 있는 대상과 유사한 행동을 하려는 성향이 강하기에 학교폭력이 또래 집단에서 동조 행위로 강화되지 않도록 주의를 기울이는 것이 필요하다.

마지막으로 사회적 기술 결함에 의하면 타인을 괴롭히는 공격적이고 적대적인 행동은 자신의 감정과 충동을 적절하게 조절하지 못하고 타인과의 관계 형성과 유지, 문제해결에 어려움을 겪을 때, 부적절하게 표출될 수 있다. 학교 폭력 가담 학생들의 경우, 자신의 정서 조절과 통제, 타인과의 상호작용과 문제해결 과정 등에서 겪는 부정적인 경험들을 공격성과 폭력성에 의존하여 해결하려는 경향이 있다. 자신의 심리상태에 대한 올바른 인식, 사회적 관계형성과 유지에서 비롯된 스트레스 대처 능력, 그리고 효율적인 사회적 기술의 습득을 통해서 학교폭력이 사회적 기술 결함에서 비롯된 왜곡된 공격적, 적대적 행위의 결과가 되지 않는 것이 중요하다.

둘째, 가정과 또래집단과 같은 환경적인 요인들을 중심으로 학교폭력의 원인을 진단해볼 수 있다. 가정환경의 경우, 부모의 공격적, 폭력적인 언어 및 행동, 전반적인 가정폭력의 수준 등은 아동의 폭력행위와 밀접한 연관이 있는 것으로 나타났다. 또래집단의 영향 또한 아동의 폭력성에 많은 영향을 미친다. 또래 친구들과 폭력 게임과 부정적인 언어사용 및 욕설에 노출되면서 아동은 폭력행위에 대한 둔감해지고 자신의 존재 가치를 폭력적인 언어와 행동을 통해서 과시하려는 성형을 보일 수 있다. 특히 인터넷을 통해서 폭력을 접하게 되는 경우, 익명성과 비대면성이 보장되는 경우가 많기에 윤리의식이 보다 더 결여될 수 있는 여지가 있다.

3. 학교폭력 학생들을 어떻게 지도할 것인가?

학교폭력이 매우 심각한 사회문제로 대두되고 있는 상황에서 폭력 학생들을 올바르게 이해하고 지도하는 것은 교육의 시급한 현안들 중의 하나이다. 폭력 학생들에 대한 교육을 심리상담 지도, 자기조절증진 전략 및 교사가 활용 가능한 처벌 전략을 바탕으로 살펴보도록 한다.

가. 학교폭력 상담

학교폭력 상담은 폭력성과 폭력 행위의 원인 규명을 통해서 학교폭력을 예방하고, 폭력 사건이 발생했을 때 폭력 가입 학생과 피해 학생들을 관리하며 이후 재발 방지를 위해서 근본적인 해결방안을 도모하는데 목적이 있다. 학교 폭력 상담은 크게 예방, 위기, 추수 상담의 세 가지 유형으로 구분할 수 있다.

첫째, 예방 상담은 학교폭력의 문제와 그것의 심각성을 인식, 평가함으로써 문제가 심각해지는 것을 방지하기 위해서 예방적으로 개입하는 것을 지칭한다. 학교 폭력과 관련된 예방 교육과 캠페인 활동의 예로 언어폭력 예방을 위한 역할놀이 프로그램, 타인에 대한 공감능력 및 배려행동, 원만한 교우관계 형성을 목적으로 한 배려증진 프로그램 등이 활용 가능한 예이다.

둘째, 위기상담은 현재 발생한 폭력 사건이나 이로 인한 폭력 피해와 가해 문제에 대한 상담에 주안점을 둔다. 피해 학생들의 경우, 신체적, 정신적 문제가 발생했을 때 의료기관에 의뢰하고, 자존감 회복, 회복 탄력성 증진, 학교 생활 적응을 위한 심리적, 물리적 지원이 필요하다. 피해 학생과 가해 학생들간 폭력 사태에 대한 의견 대립과 충돌이 지속되는 경우, 이를 해결하기 위한 적절한 중재 노력이 필요하며 법적인 문제가 발생했을 때에는 관련 기관의 도움을 받아 합당하게 처리해야 한다.

셋째, 추수상담은 폭력 사건이 해결되어 피해 학생들과 가해 학생들 간의 조정이 이루어진 후, 후유증을 줄이고 문제 재발 방지를 위해 실시한다. 학교 폭력 피해 학생들은 폭력 사건과 관련된 부정적인 경험들과 분노, 억울함, 불안, 우울, 수치심, 심리적 위축, 자책감 등의 감정들을 해소하고 자존감, 자기 보호 능력, 회복 탄력성을 회복하고 증진시킬 수 있도록 독려해야 한다. 가해 학생들에 대한 상담은 이들의 충동성, 분노 조절 미숙, 공감능력 부족, 책임 회피, 폭력성의 원인을 분석, 이해함으로써 이들이 자신의 잘못을 인식하고 반성하며 책임질 수 있도록 지도하는 것이 필요하다. 뿐만 아니라 폭력행위가 정당하지 못함을 인식하고 이에 따른 처벌을 수용하게 함으로써 향후 행동에 긍정적인 변화를 유도할 수 있도록 해야 한다. 분노 조절 프로그램의 활용, 폭력 행위의 부당성과 불법성에 대한 교육, 역할놀이를 통한 공감능력 기르기 등을 활용할 수 있다. 무엇보다 이들과의 지속적인 상담을 통해서 행동 변화를 유도하고 심리적, 사회적 지지를 통해서 적응하는 사회인으로 성장할 수 있도록 배려해야 한다.

나. 자기조절 행동증진 전략

폭력적인 학생들은 행동을 조절하고 통제하는 데 어려움을 겪는다. 학생들이 자신을 이해하고 존중하고 받아들이면서 감정과 정서를 적절하게 조절하고 통제할 수 있도록 교육시키는 것이 필요하다. 자기조절력이란 타인의 요구에 맞춰 행동하기 위해 부정적인 감정을 억누르고 이와 관련된 행동을 자발적으로 조절하는 능력을 가리킨다. Bronson(2000)은 자기조절력을 구성하는 요인으로 인지적 자기조절력과 정서적 자기조절력을 제안하였다. 인지적 자기조절력이란 자신이 설정한 목표를 이루기 위해 주도적으로 계획, 평가하고 지속적으로 인지 과정을 모니터링하고 조절하려는 능력을 가리킨다. 이에 반해 정서적 자기조절력은 상황에 따라 자신의 행동과 감정을 조절하는 능력이다. 인지적, 정서적 자기조절을 잘하는 학생일수록 주도적으로 목표를 설정하고 이를 달성하기 위해서 자신의 학습 과정을 효율적으로 관리, 통제할 수 있을 뿐만 아니라 다른 사람들과 원만한 관계를 유지하면서 적절한 방식으로 자신의 욕구를 조절하고 표현할 수 있다.

자기조절력을 증진시키는 데 효과적인 학습 전략의 하나로 학생들로 하여금 자기 스스로 바람직한 방향으로 사고와 행동, 정서와 감정 등을 지시하게 하고 이를 반복하게 하는 자기 지시(self-instruction) 방법이 있다. 자기지시는 과제에 대한 흥미와 관심을 유발시키고 충동적이고 공격적인 행동을 절제시키는 데 효과가 있어 폭력적인 학생들의 학습 동기 유발을 위해서 고려해볼 수 있다.

학교에서 부적응적인 행동을 하거나 폭력성과 같은 문제 행동을 보이는 학생들에게 제공할 수 있는 행동지원 프로그램 중의 하나인 분노조절 프로그램도 폭력적인 학생들을 위한 자기조절 행동증진 전략으로 활용해볼 수 있다. 분노조절 프로그램이란 분노를 이기지 못하여 내적으로 어려움을 겪거나 문제 행동을 일으키는 학생들에게 문제 상황에 적절하게 대응하게 하고 분노를 통제할 수 있는 방법을 가르치며 분노 상황을 스스로 관리, 계획할 수 있는 능력을 기르게 하는 것을 목적으로 개발되었다(박윤아, 박지연, 2008, 재인용). 박윤아와 박지연

(2008)이 제시한 분노조절 프로그램은 (1) 분노에 대한 인지, (2) 자기 이해, (3) 타인 이해, (4) 침착하기, (5) 합리적인 의사소통, (6) 분노 상황에서의 문제해결로 구성되어있다. 폭력적인 학생들의 마음에 내재되어 있는 부정적인 감정과 공격 성향을 감소, 억제시키고 자기조절 능력을 높이는 데 효과적인 활동의 예들을 각각의 구성 요소 별로 살펴보면 다음과 같다.

① 분노에 대한 인지: 분노를 정의하기, 분노를 유발하는 말들을 찾아내기, 분노의 원인을 생각해보기

② 자기에 대한 이해: 스스로 칭찬하고 자신에 대해서 긍정적으로 말하기, 자신의 존재와 유일성, 다른 사람으로부터의 평가를 겸허히 수용하기

③ 타인에 대한 이해: 다른 사람들이 느낄 수 있는 부정적인 감정과 분노 상황에 대해서 이야기해보기, 역할놀이하기, 비디오 시청하기

④ 침착하기: 심호흡하기, 기분 좋아지는 상상해보기, 생각 멈추기, 숫자 거꾸로 세기, 침착하게 생각 표현하기, 분노 일지 쓰기

⑤ 합리적인 의사소통: 자신의 분노를 말로 직접 표현해보기, 다른 사람의 분노를 적극적으로 들어보기

⑥ 분노 상황에 대한 문제해결: 문제해결 및 대안적 문제해결 전략 세우기, 구체적인 상황에서의 개별적인 분노 조절을 위한 계획 세우기

다. 처벌전략

교사가 폭력적인 학생들의 부적절한 행동을 제지하는 방안으로 고

려해볼 수 있는 처벌 전략에는 타임아웃(timeout)과 학교 내 정학(in-house suspension)이 있다. 타임아웃은 사회적 강화의 한 유형으로 잘못을 저지른 학생을 강화물이 없는 환경에 놓이게 하고 일정한 시간 동안 이탈할 수 없도록 하게 한다. 부정적인 행동을 유발할만한 자극이 없고 다른 사람과 소통할 수 없는 빈 교실이나 칸막이가 쳐진 교실 구석에서 활용 가능하다. 타임아웃은 학생들의 공격적이고 반사회적인 행동을 감소시키는 데 효과적인 것으로 보고된다.

학교내 정학(in-house suspension)은 잘못을 저지른 학생을 학교 내 한적한 공간에 혼자 있게 하면서 자신의 태도와 행동을 돌이켜보고 숙고, 반성해보도록 유도하는 데 목적이 있다. 타임아웃과 유사하지만 처벌 받는 기간이 하루 이상 지속되고 누군가로부터 감시를 받는다는 점에서 타임아웃과 구별된다. 학생들은 학교 내 정학 기간 동안 친구들을 만날 수는 없지만 과제 수행을 비롯한 학습 활동은 지속적으로 수행해야 한다. 학교 내 정학을 보다 효과적으로 시행하기 위해서 담당 교사는 정학 기간 중에 학생에게 필요한 학습 전략들을 개별적으로 가르치고 학생의 품행을 지도하는 것이 필요하다.

심화질문

- 우리나라에서 자주 일어나는 왕따 현상에서 가해 학생들의 특성은 위에서 설명된 폭력 학생들의 그것과 얼마나 유사한가?
- 학창 시절 실제 겪거나 목격한 왕따 사례를 들어 그 사건을 분석해 보고, 그 사건의 발생을 예방하기 위해 교사로서 자신이 할 수 있었을 법한 실제적 처방 방법에 대해 논의해 보자.

참고문헌

권석만 (2013). **현대이상심리학**(제2판). 서울: 학지사.

박윤아, 박지연 (2008). 분노조절프로그램이 정서 및 행동장애 위험 아동의 공격성 및 정서적 능력에 미치는 영향. **정서 · 행동장애연구**, 24(1), 23–42.

신종호, 윤영, 김명섭(근간). **폭력 없는 행복학교 만들기**. 서울: 학지사.

Bandura, A., Ross, D., & Ross, S. A. (1961). Transmission of aggression through imitation of aggressive models. *The Journal of Abnormal and Social Psychology, 63(3)*, 575.

Bandura, A. (1973). *Aggression: A social learning analysis*. Englewood Cliff, NJ: Prentice–Hall.

Bandura, A. (1977). Self–efficacy: toward a unifying theory of behavioral change.*Psychological Review,84*(2), 191.

Bronson, M. (2000). *Self-regulation in early childhood: Nature and nurture*. New York, NY: Guilford Press.

Eggen, P., & Kauchak, D. (2013). *Educational psychology: Windows on classrooms* (9th ed.). Upper Saddle River, NJ: Pearson.

Ormrod, J. E. (2014). *Educational psychology: Developing learners* (8th ed.). Upper Saddle River, NJ: Pearson.

CHAPTER_ 15

자유학기제의 교육과정과 수업 설계

우리의 학창 시절, 특히 중등학교 시절을 되돌아보면 늘 시험이 있었다. 각자가 얻은 성취가 어찌되었든 간에 중간고사와 기말고사가 우리의 학교 생활을 지배해 왔던 것이 사실이다. 우리 사회에서 이 시험의 영향력은 매우 막강하여 그동안 제안된 수많은 이상적인 교육개혁안이 결국은 시험 때문에 제대로 실행되지 못하는 모습을 우리는 자주 목도해 왔다. 이로 인해 '시험 위주의 교육'이 우리나라 교육의 특징이자 고질적인 병폐로 지목되곤 했다. 시험이, 그리고 시험 위주로 돌아가는 학교 교육이 학생들의 삶을 불행하게 만드는 주요 요인이라는 것을 우리는 잘 알고 있다. 그러나 이러한 인식에도 불구하고 제도권 학교에 속해 있는 한 이를 벗어나기는 어려웠으며, 시험 위주의 교육으로부터 자유롭기 위해서는 대안적인 교육 기관을 선택해야만 했다. 그러나 최근 들어 학생들의 행복한 삶에 대한 관심이 높아지면서 시험으로부터 자유로울 수 있는 교육 기회가 제공될 필요가 있다는 논의가 활발해졌으며, 이러한 움직임이 제도화된 것이 바로 중학교에 도입된 자유학기제이다. 자유학기제는 중학교 과정 중 한 학기에만 도입되는 것이긴 하지만, 그동안 시험이 없는 학교를 생각해보거나 경험한 경우가 없었던 교사들은 자유학기를 어떻게 운영해야 하는가에 대한 고민이 필요하다. 이 장에서는 새로운 교육 개혁안이라고 할 수 있는 중학

문제 사례

김 교사가 근무하고 있는 중학교는 1학년 2학기에 자유학기제를 적용하기로 했다. 내년에 1학년 국어를 담당하기로 되어 있는 김 교사는 벌써부터 걱정이 많다. 김 교사에게 '자유학기'라는 것은 너무나 낯설고 이상적인 것으로만 생각되었기 때문이다. 국가교육과정이라는 틀 속에서 대입시를 향해 질주하는 우리의 학교 교육 상황에서, 도대체 어떻게 한 학기를 자유롭게 보낼 수 있단 말인가?

김 교사가 교육부 문건에서 찾아 본 자유학기제의 개념은 "중학교 과정 중 한 학기 동안 학생들이 시험 부담에서 벗어나 꿈과 끼를 찾을 수 있도록 토론·실습 등 학생 참여형으로 수업을 개선하고, 진로탐색 활동 등 다양한 체험 활동이 가능하도록 교육과정을 유연하게 운영하는 제도"로 되어 있었다. 이렇게 장황한 개념 속에서 김교사는 '꿈과 끼', '수업 개선', '진로탐색 활동' 등 학교 현장에서 최근에 많이 언급되는 용어들이 바로 이 자유학기제와 관련이 있음을 알 수 있었다.

그러나 김 교사는 학생들의 '꿈과 끼'를 살린다는 것이 무엇을 의미하는 것인지, 수업 진도를 나가기에도 빠듯한 시간에 학생 참여형으로 수업을 개선한다는 것이 과연 어떻게 가능할 수 있는지 하는 의구심이 들었다. 더군다나 김 교사는 자유학기 동안 학생들에게 국어 교과 내용을 가르치는 것 이외에 진로탐색 활동을 위한 기회를 제공해야 한다는 것에 대해서도 벌써부터 불편함과 압박감을 느끼고 있었다.

토론질문

1. 2016년부터 중학교 3년 동안에 한 학기는 '자유학기'로 운영한다고 한다. '자유학기'라는 용어를 들었을 때 떠오르는 것은 무엇인가? 학생들은 자유학기에 무엇을 할 것이라고 기대되는가?
2. 중간고사와 기말고사 같은 정기적인 지필 시험이 없다면 교사의 수업이나 학생들의 학습 방식은 어떻게 달라질 수 있을 것인가?
3. 내가 김 교사라면, 자유학기 동안 학생들에게 어떤 학습 경험을 제공할 것인가?
4. 자유학기 이후의 학기를 고려할 때 국가교육과정 상에 제시된 교과 진도는 자유학기에도 진행시켜야 할 것이다. 내가 김 교사라면, 자유학기 동안 교과 진도는 어떻게 나갈 수 있을 것인가?

교 자유학기제가 도입된 배경이나 취지를 이해하고, 자유학기 동안 교사는 교육과정과 수업을 어떻게 설계할 수 있는지에 대해 탐색해 보고자 한다.

1. 자유학기제란 무엇인가?

자유학기제의 도입은 박근혜 정부의 선거 공약으로 처음 등장한 것으로서, 박근혜 정부 출현 이후 국가 교육 정책의 핵심 과제로 추진되고 있다. 자유학기제는 2013년부터 일부 중학교를 중심으로 실험적으로 운영되다가 2016년에는 모든 중학교에 전면적으로 실시되고 있다. 자유학기제가 현 정부의 공약으로부터 출발하여 그 취지나 방향이 설정되고 구체화되었기 때문에 자유학기제에 대한 이해는 정부가 발표한 문서들에 우선적으로 의존할 수밖에 없다. 자유학기제의 전면 시행을 앞두고 정부가 발표한 '중학교 자유학기제 시행 계획(안)'(교육부, 2015)이라는 문서에는 현재 실행되고 있는 자유학기제의 도입 취지, 개념, 방향 등이 담겨 있으며, 이를 간략히 요약하면 다음과 같다.

● ***자유학기제의 도입 취지***

- 학생들의 흥미, 자신감 및 행복 지수가 OECD 가입국 중 매우 낮은 상황
- 우리나라 초·중등 교육을 '학생들의 꿈과 끼를 키우는 행복 교육'으로 변화시키는 전기를 마련할 필요가 있음

● 자유학기제의 개념

"중학교 과정 중 한 학기 동안 학생들이 시험 부담에서 벗어나 꿈과 끼를 찾을 수 있도록 토론 · 실습 등 학생 참여형으로 수업을 개선하고, 진로탐색 활동 등 다양한 체험 활동이 가능하도록 교육과정을 유연하게 운영하는 제도"

● 자유학기제의 운영 학기

중학교 1학년 1학기, 1학년 2학기, 2학년 1학기의 세 학기 중에서 학교의 장이 해당 학교 교원 및 학부모의 의견을 수렴하여 한 학기 선택

● 자유학기제의 추진 방향

- 꿈과 끼를 키우는 교육 활동이 원활히 이루어질 수 있도록 학교 교육과정의 자율성을 확대하고, 학생 중심 교육과정 운영
- 자유학기를 중심으로 초등학교(진로 인식)-중학교(진로 탐색)-고등학교(진로 준비 및 설계)로 이어지는 진로교육 연계·활성화
- 진로탐색 활동, 주제선택 활동, 예술·체육 활동, 동아리 활동 등 학생이 참여하는 다양한 '자유학기 활동' 활성화
- 특정 기간에 집중된 지필식 총괄평가는 실시하지 않으며, 학생의 성장과 발달을 지원하는 과정 중심의 평가 실시
- 자유학기를 교육과정 운영, 수업 방법 개선 등 학교 교육 전반의 변화를 견인하는 계기로 활용

위에 제시된 정부의 자유학기제 시행 계획에 따르면, 자유학기제는 우리나라 학생들이 지나치게 과도한 경쟁과 입시 위주의 교육으로 인

해 흥미, 자신감, 행복 지수가 낮다는 인식 하에 우리의 교육을 학생들의 꿈과 끼를 키우는 것으로 전환시켜 보자는 데서 출발한 것이다. 우리나라 교육의 문제점으로는 학생들이 입시 위주의 경쟁 속에서 암기식 · 주입식 교육에 매몰되어 있고, 학업 성취도에 비해 학습 흥미도 및 행복 지수가 낮은 상황이며, 자신이 무엇을 잘하고 무엇을 좋아하는지를 알지 못한 채 무의미하게 학교 생활을 해나가는 학생의 수가 많다는 점이 거론되곤 한다. 자유학기제는 이러한 우리 교육의 고질적인 문제와 관련하여 그 돌파구를 공교육 내에서 모색하고자 도입된 것이라고 할 수 있다. 교육부가 자유학기를 특별히 중학교 한 학기로 설정한 것은, 초등학교는 학생들이 아직 미성숙한 시기이고, 고등학교는 대학입시에 민감한 시기이기 때문이며, 일단 중학교에서 한 학기를 운영해본 후 향후 이를 확대하여 우리나라 학교 교육 전반을 변화시킬 계기로 삼고자 하는 의도가 있는 것으로 보인다. 이에 따라 자유학기는 중학교의 1학년 1학기와 2학기, 혹은 2학년 1학기 가운데 학교가 한 학기를 선택하여 운영하도록 되어 있다.

자유학기제의 성격은 위에 제시되어 있는 정부의 자유학기제에 대한 개념 규정과 추진 방향 속에서 확인해 볼 수 있다. 정부의 계획에 따르면, 중학교 자유학기제의 성격은 다음 몇 가지로 파악해 볼 수 있다. 첫째, 자유학기의 기본 전제는 시험이 없다는 것이다. 이것은 우리의 학교 교육 관행에서 보면 가장 큰 변화라고 할 수 있는 것으로, 학생들은 자유학기 동안 시험의 부담으로부터 벗어날 수 있다. 여기서 시험이란 중간고사나 기말고사와 같이 특정 기간에 집중하여 실시되어 오던 지필식 총괄평가를 의미하는 것으로, 자유학기에는 이러한 성격의 시험을 실시하지 않는다는 것이다. 그러나 이 말이 학생들에 대한 평가를 전혀 하지 않는다는 것으로 이해되어서는 안 된다. 교육의 장면에서 평가는 중요한 요소이기 때문이다. 따라서 자유학기 동안에도 학생들의 학습 활동에 대한 평가는 끊임없이 다양한 형태로 이루어질 것이다. 그러나 그 평가는 성적을 산출하기 위한 것이 아니라 학생들의 성장과 발달 과정을 이해하는 데 초점을 두는 성격의 것이 될 것이다.

둘째 자유학기의 주된 목적은 학생들이 자신들의 꿈과 끼를 찾을 수 있도록 하는 데 있다. 이미 지적한 바 있듯이, 중학교에 다니는 학생들은 자신들이 무엇을 좋아하는지, 그리고 앞으로 무엇을 해야 하는지에 대해 아무런 희망이나 생각이 없는 경우가 많은 것으로 나타나고 있다(교육부, 2015). 이러한 실태에는 여러 가지 이유가 있겠으나, 그 주된 이유는 학교가 시험 중심으로 운영됨으로써 학생들이 좋아한다거나 해보고 싶은 것을 탐색해 볼 기회나 여유가 없다는 데에 있을 것이다. 자유학기는 바로 이 문제를 적극적으로 해결하기 위해 한 학기 동안 학생들이 자신들에게 잠재되어 있는 능력이나 적성, 혹은 소질을 발견하고 이를 키워갈 수 있는 기회를 제공하는 것을 목적으로 한다.

셋째, 자유학기는 학생들이 참여하거나 체험할 수 있는 다양한 활동들로 운영된다. 정부는 학생들이 자신들의 꿈과 끼를 찾을 수 있도록 하기 위해서는 이들이 몸소 참여하거나 체험할 수 있는 활동들을 풍부하게 제공할 필요가 있다고 보고 있다. 이를 가능하게 하기 위한 방안은 두 가지로, 하나는 기존 교과 수업을 토론이나 실습 등과 같은 학생 참여형으로 개선하는 것이요, 다른 하나는 '자유학기 활동'이라는 새로운 성격의 활동들을 구안하여 추가로 제공하는 것이다. 여기서 후자는 그 명칭에서 드러나듯이 학생들의 꿈과 끼를 키워주기 위한 좀 더 적극적인 성격의 방안으로, 진로탐색 활동, 주제선택 활동, 예술·체육 활동, 동아리 활동 등이 이에 해당한다.

넷째, 자유학기에는 교육과정을 유연하게 운영하는 것이 권장된다. 우리나라는 국가교육과정을 가지고 있는 나라로서, 국가교육과정에는 초 · 중등학교에서 반드시 편성되고 운영되어야 할 것들이 규정되어 있다. 중학교 교육과정과 관련하여서도 가르쳐야 할 교과, 그리고 교과별 내용과 수업 시수가 국가교육과정에 담겨 있다. 이러한 국가교육과정의 기본적인 틀은 자유학기에도 준수되어야 한다. 이것은 자유학기로 인해 그 이전이나 다음 학기의 교육과정이 빽빽해지는 일이 발생되어서는 안 되기 때문이다. 따라서 자유학기에는 교과의 진도를 나가는 한편으로 새롭게 추가된 '자유학기 활동'을 해야 하는 어려움이 발생한다. 이러한 어려움은 학교에 제공된 교육과정 편성 · 운영의 자율권을 최대한 살려 교육과정을 유연하게 운영하는 방안을 모색함으로써 극복될 수 있다. 즉 교과별 수업 시수를 허용 범위 내에서 조정한다거나 여러 교과 간의 통합적인 수업 운영을 모색하는 등의 방안들이 적극적으로 검토될 필요가 있는 것이다.

2. 자유학기제가 의도하는 학생들의 학습 경험은 어떤 성격의 것인가?

앞에서 검토된 정부의 자유학기제 시행 계획은 교사들에게 많은 것을 기대한다. 서두에서 제시한 〈문제 사례〉에서 김 교사가 갖고 있는 고민은 바로 이에 대한 것이다. 김 교사는 자유학기 동안에 교과 진도를 어떻게 나갈 것이며, 학생 참여형 수업을 어떻게 구안할 것인지, 그리고 자유학기 활동으로 강조되고 있는 진로탐색이나 주제선택 활동과 같은 다양한 활동을 어떻게 제공할 수 있을 것인지에 대한 불편함과 압박감을 느끼고 있었다.

자유학기 동안 제공되어야 할 교육과정으로 강조되고 있는 것은 학생들이 꿈과 끼를 찾을 수 있도록 하는 다양한 참여적 혹은 체험적 활동들이다. 그리고 이러한 활동은 교과 수업과 자유학기 활동 전반을 통해서 제공되어야 한다. 따라서 자유학기를 담당하는 교사들은 담당교과의 수업뿐만 아니라 자유학기 활동의 제공에도 관심을 가져야 한다. 담당하는 교과의 수업도 이전과는 달리 학생들의 입장에서 학생들이 꿈과 끼를 찾을 수 있도록 하는 것이어야 하며, 자유학기 활동도 학생들을 위해 의미 있는 기여를 할 수 있는 것이어야 한다. 그러나 도대체 학생들의 꿈과 끼를 찾을 수 있는 활동이란 구체적으로 무엇을 말하는 것인가? 이에 대한 답은 우선적으로 교육부(2015)가 제시한 다음의 자유학기제 교육과정 편성 모형을 통해서 확인해 볼 수 있다.

자유학기제 교육과정 편성 모형

학생의 희망과 수요를 반영한 학생 중심의 교육과정	
교 과	**자유학기 활동**
• 교육과정 재구성 • 토론, 실습, 자기주도 학습 등 학생 참여형 수업	• 170시간 이상 편성 • 진로탐색 활동, 주제선택 활동, 예술·체육 활동, 동아리 활동
>> 성장·발달에 중점을 둔 과정중심 평가	

위 모형에 따르면, 자유학기의 교육과정은 '교과'와 '자유학기 활동'으로 구성되며, 이 교육과정을 통해 제공되어야 할 학습은 다음과 같은 성격을 지닐 것으로 기대된다. 첫째, 자유학기에는 학생 개개인이 하고 싶어 하는 것을 중심으로 하는 학습 경험이 제공되어야 한다. 지

금까지의 학교 교육은 학생의 입장에서 보면 '주어진 것'을 따라가야 하는 것으로서, 학생 개개인의 적성이나 관심, 필요 등을 고려하기 어려웠다. 교사의 입장에서도 지금까지의 교육은 국가교육과정에서 제공한 것을 따라가기에도 벅찬 것으로서, 교사 자신의 자율적인 판단이나 해석이 개입되기가 쉽지 않았다. 자유학기제는 이러한 우리나라 학교 교육의 체질을 근본적으로 변화시키기 위한 것으로, 자유학기 동안에 교사들은 학생들이 하고 싶어 하는 것을 파악하여 이를 중심으로 교육과정을 편성 · 운영하길 기대한다.

둘째, 자유학기의 학습 경험은 학생들의 성장과 발달을 돕는 것에 초점을 두는 것이어야 한다. 지금까지의 학교 교육은 획일화된 기준을 세워놓고 어떻게든 그 기준에 도달하기 위한 수업을 제공해 왔다고 할 수 있다. 따라서 학생들은 규정된 기준과는 다른 관심이나 희망을 갖기 어려웠으며, 의도한 것과 다른 학습 결과에 대해서는 온당한 평가를 받기 어려웠다. 자유학기에서는 교사들에게 학생들이 정해진 기준에 도달했는가보다는 어떻게 성장하고 발달해 가고 있는가에 관심을 가질 것을 요구한다. 즉 서로 다른 관심사와 필요를 갖고 있는 학생 개개인들이 스스로 성장하고 발달해 갈 수 있도록 하는 학습 경험을 제공하는 데에 초점을 두길 기대한다.

그러나 자유학기가 국가교육과정의 틀 속에서 운영된다고 할 때, 학생이 하고 싶어 하는 것을 중심으로, 그리고 학생의 성장과 발달을 돕는 것에 초점을 두는 방식으로 교육과정을 편성한다는 것은 말처럼 쉽지 않다. 따라서 교육부가 제시한 자유학기제 교육과정 편성 모형에서도 '교과' 수업에서는 이러한 취지가 적극적으로 살아나 있지 않다. 즉 교과 수업이 전적으로 학생들이 하고 싶은 것에 따라 이루어질 수는 없게 되어 있다. 자유학기에도 교과 수업은 국가교육과정을 준수해야 하며, 다만 국가교육과정을 재구성한다거나 국가교육과정을 가르치는 수업 방식을 학생 참여형으로 개선함으로써 자유학기의 취지를 살리도록 하고 있다.

학생들의 관심과 필요를 교육과정 편성 · 운영의 중심에 놓는 자유학기의 취지는 '자유학기 활동'을 통해서 적극적으로 드러난다. '자유학기 활동'은 자유학기제에서 새롭게 등장한 용어이며, 자유학기에만 적용되는 용어이다. 교육부가 제시한 자유학기제 교육과정 편성 모형에서 볼 수 있듯이, '자유학기 활동'은 자유학기 동안 170시간 이상 편성되어야 한다. 자유학기에는 교과 이외의 수업 시간으로 '자유학기 활동'을 위한 시간을 별도로 확보해야 한다는 것이다. 이 말이 의미하는 바는 중학교 교육과정에 편성되어 있는 여러 교과나 창의적 체험활동 시간의 일부를 줄여서 170시간 이상을 확보하라는 것이다. 이렇게 하여 확보된 '자유학기 활동' 시간은 전적으로 학생들의 희망과 필요를 반영하여 학교의 교사들이 구성한 교육과정으로 운영된다. 교육부(2015)가 제시한 바에 따르면, 이 시간에는 진로탐색, 주제선택, 예술 · 체육, 동아리 등 4가지 유형의 활동이 이루어질 수 있다. 이러한 유형의 활동은 그 구체적인 내용에 있어서 교과와 완전히 무관한 것이라고 볼 수는 없다. 그러나 중요한 것은 이러한 활동이 '자유학기 활동'이라는 범주로 편성되는 한, 그것은 학생들이 하고 싶어 하는 것을 찾거나 키워줄 수 있는 성격이어야 한다는 것이다. 아래 교육부(2015)가 제시한 '자유학기 활동'의 4가지 유형에서 보여지는 것은 바로 이 점을 드러낸다.

자유학기 활동 영역과 내용

구분	내용	목적·성격	학습 내용	운영 방법
진로탐색 활동	학생들이 적성과 소질을 탐색하여 스스로 미래를 설계해 나갈 수 있도록 체계적인 진로학습 기회 제공	진로 탐색 기회 제공	진로·직업 관련내용	학생 희망 선택
주제선택 활동	학생의 흥미, 관심사에 맞는 체계적이고 심층적인 학생 중심의 인문사회, 탐구, 교양 프로그램	전문 프로그램 학습 기회 제공	학생들의 관심사에 따라 다양	
예술·체육 활동	학생의 희망을 반영한 다양한 문화·예술·체육활동	다양한 예술, 체육 활동 기회 제공	문화, 음악, 미술, 체육 관련 내용	
동아리 활동	학생들의 공통된 관심사를 바탕으로 구성된 자발적, 자율적인 학생 중심 활동	자치적, 자율적 활동 기회 제공	학생들의 관심사에 따라 다양	

3. 자유학기제의 취지를 살린 교육과정 설계와 수업은 어떻게 가능한가?

자유학기를 담당하는 교사들은 자유학기제의 취지를 살리기 위한 교육과정을 설계하고 수업을 운영해야 한다. 이때 학교의 입장에서 가장 일차적인 관심사가 되는 것은 종래에 없던 '자유학기 활동'을 위한 170시간 이상의 시간을 마련하는 일이 될 것이다. 이것은 앞서도 언급한 바 있듯이, 교과나 창의적 체험활동에 주어진 시간을 감축하여 확보하는 수밖에 없다. 교육부도 교과(군)별로 배당된 수업 시수의 20% 범위 내에서 감축하거나 창의적 체험활동의 일부 시간을 감축하여 '자유학기 활동'을 위한 시간으로 확보하도록 안내하고 있다. 그러나 특히 교과의 경우는 자유학기 전후의 일반학기와의 관계를 고려할 때,

교과의 진도를 무시하기 어려울 것이다. 따라서 '자유학기 활동'의 시간 확보와 관련하여, 어느 교과의 시수를 감축해야 하는가를 두고 교과 간에 조정의 어려움이 있을 수 있다. 이 문제는 '자유학기 활동'에서 이루어져야 할 네 가지 활동의 범주가 교과와 무관하지 않다는 점을 염두에 두면 어느 정도 해결이 가능하다. 예컨대 '주제 선택 활동'은 어느 교과의 주제나 가능할 수 있으며, '예술 · 체육 활동'은 음악, 미술, 체육뿐만 아니라 국어 교과의 내용을 다루기 위해 활용될 수 있다. 따라서 각 교과 담당 교사들이 '자유학기 활동'을 적극적으로 활용하려고 들면, 교과에 배당된 시수를 일부 감축하여 '자유학기 활동'이라는 범주 속에서 담당 교과의 진도를 나갈 수도 있을 것이다.

자유학기를 담당하는 교사들이 부딪히는 다른 어려움은 교과 수업을 어떻게 자유학기 취지에 맞게 개선할 것인가 하는 것이다. 자유학기에는 담당 교과의 수업 시간이 감축될 수 있을 뿐만 아니라, 수업 자체도 토론과 실습 등과 같은 학생 참여형으로 이루어져야 할 것으로 기대된다. 이러한 수업 환경은 교과 교사들에게 커다란 도전이 될 수 있다. 담당 교과 수업 시간도 감축될 수 있는 마당에 학생 참여형 수업을 제공해야 한다는 것은 국가교육과정에 제시된 교과의 진도를 나가는 데 적잖은 어려움을 줄 수 있기 때문이다. 더군다나 교사 중심의 수업에 익숙한 교사들의 경우는 학생 참여형 수업을 설계하는 데에 많은 시간을 들여 고민해야 할 것이다. 교과의 수업 진도 문제는 교육과정의 적극적인 재구성을 통해서 해결할 수 있다. 즉 교과서에 담겨 있는 내용을 하나도 빠뜨리지 않고 가르치기보다는 핵심 내용을 중심으로 정선하여 재구조화해 가르친다거나 다른 교과들과의 중복이나 연관 여부를 검토하여 해당 교과와 시간과 학습 내용을 공유하는 융합 수업을 구안해볼 수도 있을 것이다. 학생 참여형 수업의 경우는 교과별로 보급되고 있는 프로젝트, 토론 · 토의, 실험 · 실습, 역할극 등의 사례를 참조하여 학교 공동체 구성원들이 함께 적절한 학습 활동들을 만들려는 노력을 해야 할 것이다. 어느 경우든 중요한 것은 학생 참여형 수업의 취지가 '참여'에 궁극적인 목적이 있는 것이 아니라, 참여하는 학생들의 학습 경험의 질을 개선하는 데에 있다는 점이다. 따라서 교과에서 제공되는 학생 참여형 활동은 단순히 '하는' 활동으로만 머물지 않고 학생들이 그 활동을 통해 교과에서 다루고자 하는 내용들에 대한 관심과 흥미를 키워갈 수 있도록 하는데 유의해야 할 것이다.

마지막으로, 교사들은 자유학기에 이루어져야 할 '자유학기 활동'을 설계하고 운영하는 데에도 어려움을 겪을 수 있다. 앞서 언급한 바와 같이 자유학기에는 진로체험, 주제선택, 예술 · 체육, 동아리 등의 네 가지 범주의 '자유학기 활동'이 이루어져야 한다. 이 활동과 관련하여, 어떤 교사가 이 일을 맡을 것이며, 어떻게 운영할 것인가 하는 문제가 대두된다. '자유학기 활동'에 170시간 이상이 제공되어야 하며, 일부 교과에 배당된 수업 시수의 일부분이 이를 위한 시간으로 할애된다는 점을 감안하면, 어떤 교과의 교사든지 이를 담당해야 할 것으로 보인다. 따라서 자유학기에는 담당 교과가 무엇이든지 간에 모든 교사가 '자유학기 활동'의 설계와 운영에 관심을 가져야 할 것이며, 담당 교과의 견고한 울타리를 넘어설 필요가 있다. 특히 '진로체험 활동'의 경우는 학생들이 다양한 장소와 기관에서 향후의 직업을 탐색해 보고 체험할 수 있는 기회를 제공하도록 기대된다. 이를 감안할 때 교사들은 또한 학생들에게 의미 있는 진로 안내와 탐색을 위한 다양한 진로 체험 기관 및 프로그램 관련 정보에 눈과 귀를 열어 둘 필요가 있다.

이 장의 초점은 중학교에 새로 도입된 자유학기제와 관련하여, 자유학기의 교육과정과 수업이 어떻게 설계될 수 있는지를 살펴보는 데 있었다. 이를 위해 자유학기제라는 것이 무엇이며, 자유학기제가 의도하는 학생들의 학습 경험의 성격, 그리고 자유학기제의 취지를 살리기 위한 교육과정 및 수업 설계 방안이 검토되었다.

이 장의 서두에서 제시한 사례에서 김 교사가 느낀 것처럼, 새로 도입된 자유학기제는 전통적으로 담당 교과 내용을 충실히 가르치는 데에 몰두해 온 교사들에게 큰 도전이 될 수 있다. 더군다나 오직 한 학기만을 자유학기로 한다고 해서 현재의 교육 패러다임이 바뀔 수 있을 것인가의 우려도 있다.

그러나 비록 한 학기만의 시도이긴 하지만, 자유학기제는 '공부'에 대한 우리 사회의 통념을 새롭게 볼 수 있는 계기를 제공하는 것이 될 수 있다. 그동안 의미 있는 공부란 학교 안에서만, 그리고 교과를 통해서만 일어나는 것으로 인식되었다. 따라서 교사의 일은 국가교육과정에 규정된 담당 교과의 내용을 충실히 다루는 데에 주된 초점이 있었으며, 학생들은 좋든 싫든 간에 이를 배우는 데에 많은 시간을 할애해 왔다. 그러나 이러한 공부 속에서 많은 학생들은 학습에 대한 흥미를 상실해 왔을 뿐만 아니라 미래의 삶에 대한 어떠한 희망이나 꿈도 키워볼 기회를 갖기 어려웠다. 자유학기제는 이러한 우리의 교육 패러다임을 바꾸기 위한 시도로서, 학생들의 꿈과 끼를 키울 수 있는 교육을 추구한다.

자유학기제는 그동안 학교 교육에서 주목하지 않았던 학생들의 꿈과 끼의 발달을 교육과정 및 수업 설계의 중심에 두고자 한 것이다. 비록 자유학기제가 중학교의 한 학기에만 국한하여 적용되고 있지만, 정부는 이것이 우리나라 학교 교육 전반의 혁신을 견인하는 계기가 될 수 있을 것으로 보고 있다. 언뜻 보기에 자유학기제는 학생들의 학습

경험의 질의 변화에 관심을 두는 것으로 보이지만, 더 근본적으로는 교사들의 전문적 삶의 변화를 요구하는 것이라고 볼 수 있다. 학생들이 자유학기에 누릴 수 있는 '자유'는 교사들이 설계하는 교육과정이나 수업에 의해 그 범위와 질이 결정될 것이기 때문이다. 따라서 교사가 자유학기라는 새로운 제도를 활용하여 교과 수업을 혁신할 수 있는 가능한 방안을 다각도로 모색해 본다면 이것이 하나의 계기가 되어 우리의 학교 교육 전반이 혁신될 수도 있을 것이다. 이와 관련하여 아래에 제시된 추가적인 질문들은 이 장의 논의를 좀 더 구체적으로 발전시키기 위한 것이다.

심화질문

- 중학교 과정에서 오직 한 학기만을 자유학기로 보낸다는 것이 교사와 학생들에게 어떤 의미를 줄 것인가? 자유학기가 우리나라 초 · 중등교육 전반의 질을 변화시킬 수 있는 전환점이 될 수 있을 것인가?
- 자유학기 이후에 학생들은 다시 진도 나가기식 수업과 경쟁적인 시험 준비의 일상으로 복귀할 가능성이 크다. 이러한 상황이 자유학기 동안의 교사와 학생, 학부모에게 어떤 영향을 줄 것인가? 교사들이 자유학기와 일반학기 간의 선순환적 연계를 위해 고려해야 할 것은 무엇인가?
- 자유학기제에서는 '자유'라는 말이 시사하듯이, 학생들이 기존의 틀에서 벗어난 학습 경험을 할 수 있는 기회가 적극적으로 제공될 수 있다. 이러한 자유학기제에서 기대하는 교사의 전문성이나 역할은 무엇이라고 보는가?

참고문헌

교육부(2015). 학생의 꿈과 끼를 키워 행복교육을 실현하는 중학교 자유학기제 시행 계획(안).

CHAPTER_ 16

교육의 정치적 중립성

한국사회의 여러 교육 현안은 정치적 논쟁의 주제가 되는 일이 많다. 학교 무상급식 전면화에 반대하던 서울시장이 사퇴하는 일도 있었다. 대학입시 제도의 변경, 특목고와 자사고 확대 또는 축소 정책은 극심한 사회 갈등을 유발한다. 교육 문제에 대해 서로 다른 입장이 첨예하게 대립할 경우 정치적인 해결은 불가피하다. 그런데 우리는 교육의 정치적 중립성이라는 말에도 익숙하다. 헌법에 명시된 이 개념은 소위 백년지대계인 교육과 관련된 의사결정이 정치적인 입장에 의해 좌지우지되면 안된다는 의미로 받아들여진다. 교육은 한 편으로는 매우 정치적이지만, 다른 한 편으로는 정치적으로 중립이기도 한 것이다. 이 장에서는 교육의 정치적 중립성에 관해 생각해 본다.

문제 사례

〈발령 4년차 공립중학교 3학년 과학 교사의 2015년 10월 어느 날 일기〉

오늘 교사 휴게실에서 3학년 2반 정 선생님이 내게 종이 한 장을 건네며 읽어보라고 하셨다. 작은 글씨가 빽빽한 종이에는 굵은 글씨로 '우리는 역사교과서 국정화를 수용하지 않을 것입니다'라는 제목이 달려있었다. 역사 교과서를 국정으로 바꾼다고 전교조에서 반대 성명을 내기로 해서 우리 학교 전교조 선생님들도 참여한다는 말은 들었지만 정 선생님이 서명을 받고 계신 것은 좀 뜻밖이었다. 읽어보니 성명서는 전교조에서 작성한 것이 아니었다. 정 선생님도 전교조 조합원은 아닌 것으로 알고 있었다. 정 선생님께서는 "나도 서명하고 이런 일에 참여하는 것은 해본 적이 없는데 국사 선생이 가만히 있을 수가 없어서"라고 말씀하셨다. 하긴 과학을 가르치는 나도 뭐든 해야하는 것은 아닌가 고민이 되니 자기 과목 일에 오죽 답답할까 싶었다. 그렇지만 그 자리에서 서명에 동참한다는 말씀을 드리지는 못했다.

문득 학교에 처음 발령받았을 때가 생각난다. 초임 교사로 정신없는 하루하루를 지냈지만 학교에는 전교조, 교총, 무소속이라는 세 부류의 선생님들이 계시다는 것을 눈치 챌 수 있었다. 전교조는 대학 때부터 익히 들어 알고 있었다. 학부 3학년 2학기 때는 교육정책을 둘러싸고 정부와 전교조가 서로 대립하는 것을 나름대로 분석해서 교직 수업 기말보고서로 작성한 적도 있었다. 학부 1-2학년 때 학생회 활동에 열심히 참여하던 친구들은 전교조 주장에 동조하는 경우가 많았지만 그때 난 교직에 나갈 생각이 별로 없었기 때문에 사실 전교조에 큰 관심이 없었다. 군대 다녀와 복학하고 나서 진로 고민을 하다 임용고시를 봐야겠다고 결심한 뒤에도 사실 교원단체에 신경을 쓸 여유는 없었다. 아마도 내 전공이 과학 쪽이라서 그랬을지도 모르겠다. 그런데 발령을 받고 나니 전교조나 교총에의 가입을 은근히 권유하는 선생님들이 계셨다. 사실 어떻게 해야 할 지 판단할 수가 없어서 그냥 생각해 보겠다고 하고 지냈더니 지금은 가입을 권유하는 분들은 없다.

그런데 학교 일을 의논할 때 전교조와 교총에 가입한 선생님들의 의견이 대립하는 경우가 왕왕 있었다. 어느 한 쪽 편을 들지 않으면서 제3의 의견을 내는 것이 쉽지도 않았지만, 설사 그렇게 해도 양 쪽 모두의 지지를 받지 못했다. 그러니 제3의 의견을 가진 사람들은 토론에 참여하기가 쉽지 않았다. 전교조 선생님과 교총

선생님들은 정부의 교육 정책에 대해서는 확연하게 다른 입장을 얘기할 때가 많았다. 학교 안에서는 그런 얘기를 나눌 기회가 거의 없었지만 가끔 술자리에서 보면 이 분은 전교조 소속, 저 분은 교총 소속이라는 구분이 딱 됐다. 아무 데도 소속되지 않은 선생님들은 전교조와 교총이 서로 싸우는 게 싫다는 얘기를 주로 했다. 역사교과서 국정화는 교과서에 관한 일이니 교사라면 뭐라 의견을 표명해야 하는 것이 아닌가 싶은 생각이 드는 것은 사실이다. 정 선생님도 그래서 무소속인 나같은 사람에게도 같이 성명을 내자고 하시는 것 같다. 그런데 예전에 전교조 선생님들이 집단적으로 성명을 냈다가 법을 어겼으니 징계를 하라고 교육부에서 교육청에 공문을 내려 보낸 일이 맘에 걸린다. 교육감이 징계를 거부해서 학교에까지 일이 미치지는 않았지만 법을 어긴 것이라니 마음이 편하지 않다. 이번에도 분명히 징계 얘기가 나올 것이다. 또, 야당에서 국정화에 크게 반대해서 이 건은 이미 너무 정치적인 사안이 되어버렸다. 교육의 정치적 중립성이라는 말도 있는데 가만 있는 것이 좋은 건가 싶기도 하다. 정부 여당이 하는 일에 반대하는 것으로 학생들에게 알려 지는 것이 혹시 야당을 지지하는 것으로 오해될까 걱정이기도 하다.

토론질문

1. 국가공무원법 제66조(집단 행위의 금지)는 '공무원은 노동운동이나 그 밖의 공무 외의 일을 위한 집단 행위를 하여서는 아니된다'고 규정하고 있다. 그렇다면, 국사를 가르치는 3학년 2반 정 선생님이 학교 내에서 성명서를 동료 교사에게 보여주며 서명을 권유하는 행위는 실정법을 위반한 것인가?
2. 교육부가 집단 서명에 참여한 교사들을 징계하라는 공문을 시도교육청에 내려 보낸 것은 정당한가? 만약, 교육감이 이를 거부한다면, 그 거부 행위는 어떻게 정당화될 수 있는가?
3. 교육의 정치적 중립성이라는 개념은 '교육', '정치적', '중립성'이라는 세 가지 하위 개념으로 구성된다. 이 중 '정치적'이라는 개념은 무엇을 의미한다고 생각하는가?

1. 교육의 민주화를 주도하다

한국사회에서 교육의 정치적 중립 논쟁은 독재정부에 대한 교사들의 저항과 민주주의 확산이라는 역사적 맥락과 맞닿아 있다. 1987년 6월 항쟁은 군사독재체제가 지배하던 학교를 포함해 한국사회 전반에 민주주의를 실질적으로 확산시키는 분수령이었다. 군사독재체제 하에서 지배 이데올로기를 전파하고 강화하는 역할을 수행했던 학교는 다른 분야보다 민주화 과정의 진통이 더 심했다. '남조선민족해방전선' '부림사건' 등 소위 시국사건에 일부 교사들이 연루되기도 했지만, 1980년대에 들어서면서 군사독재체제에 저항하며 학교교육을 개혁하려는 움직임이 매우 활발해졌다. 'YMCA 중등교육자협의회' '흥사단 교육문화연구회' 등 다양한 교사 모임이 공개적으로 결성된 것이다. 이들은 학교 단위 소모임은 물론 지역단위로 공개집회를 열며 독재체제 하의 학교교육의 다양한 문제를 제기하는 사회운동을 전개했다. 이 과정에서 1985년 '민중교육사건'이 일어났다. 학교 교육에 대한 비판을 담은 '민중교육'이라는 간행물에 글을 게재하거나 출판사에 원고를 전달한 교사 10명이 파면되고 7명이 강제사직을 당한 것이다. '민중교육사건'은 교사들을 중심으로 퍼지던 교육계의 반정부 운동을 위축시키려는 탄압책이었지만 교사들의 저항은 오히려 더 확대되었다. 특히 'YMCA 중등교육자협의회'가 1986년 5월 10일 서울, 부산, 광주, 춘천 등지에서 '제1회 교사의 날' 집회를 열었는데, 이날 서울YMCA에서는 600여 명의 교사들이 서명한 '교육민주화선언'이 발표되었다. 이 선언문에서 교사들은 (1) 헌법에 명시된 교육의 정치적 중립성을 실질적으로 보장할 것, (2) 교사의 교육권과 시민적 권리를 보장할 것, (3) 교육행정의 비민주성, 관료성을 배제하고 교육의 자율성을 확립하기 위한 교육자치제를 실현할 것, (4) 자주적인 교원단체의 설립과 활동의 자유를 보장할 것, (5) 교원잡무, 보충수업과 심야학습을 철폐할 것을 주장했다. 이 선언 이후 같은 해 5월 29일 강릉지역, 6월 14일 충청지역, 7월 12일 전북지역 교사들이 연이어 교육민주화선언을 발표했다. 또 전국 각지의 교사들이 교육민주화실천결의대회를 개최하였다. 정부는 이 일을 주도한 교사들을 구속하고 100여 명을 징계했지만 교사들은 '민주교육실천협의회'를 결성해 저항을 지속했다. 그리고 1987년 6월 항쟁이 일어났다. 그 해 8월 13일 전국적인 교사운동 대중조직인 '민주교육추진 전국교사협의회'가 만들어졌고, 이는 1989년 5월 28일 창립된 전국교직원노동조합(전교조)의 기반이 되었다(강명숙, 2006).

전교조가 창립 선언을 하자 당시 노태우 정부는 이를 불법으로 규정하고, 가입 교사 1,465명을 해직시키는 강경 대응을 했다. 당시 해직된 교사들은 1993년 문민정부가 출범한 뒤에야 복직이 되었다. 전교조 합법화는 문민정부가 경제개발협력기구(OECD) 가입하면서 국제수준에 걸맞는 노사관계 법규 정비를 약속하면서 본격적인 논의가 시작되었다. 1996년 OECD 가입 논의 과정에서 한국의 노사관계 법규가 교사와 공무원의 결사의 자유와 단체교섭권을 부여하지 않고 제3자 개입을 금지하는 등 국제적 기준에 맞지 않다는 지적이 일자 한국정부는 관련 법규의 개정을 약속하였다. OECD는 한국의 가입을 최종 승인하면서 노동관계 법규 개정 약속 이행을 점검하기 위해 한국을 특별노동감시국으로 지정하였다. 이후 1997년 노사정위원회에서 전교조 합법화를 합의했고, 1999년 〈교원의 노동조합 설립 및 운영 등에 관한 법률〉이 제정되면서 전교조는 합법화되었다.

합법화 이후 전교조는 교육과정개정, 교육행정정보시스템, 교원평가제, 교과학습진단평가 등 각종 교육 정책을 둘러싸고 정부 여당과 대립적인 의견을 내놓으며 갈등을 빚는 경우가 많았다. 또한 이라크 전쟁, 한미 FTA 등 사회 현안에 대해서도 적극적인 의견을 표명했다. 전교조는 단순히 의견을 표명하는 것을 넘어 교사들의 서명을 받은 성명서 발표, 특별수업, 연가투쟁 등 다양한 집단행동을 조직하였다. 이에 대해 정부는 전교조의 집단행동을 불법으로 규정하며 적극적으로 참여한 교사들을 징계하기도 했다. 가령, 2009년 전교조는 전국 초등학교와 중학교 학생들을 대상으로 시행한 교과학습 진단평가(소위 '일제고사')에 반대해 학생들에게 시험 거부와 체험학습을 권장하였는데, 교육과학기술부는 이에 적극적으로 가담한 교사들을 해임하였다. 일부 언론과 보수적인 시민사회단체들은 정부와 갈등을 빚는 전교조를 좌파단체, 종북세력이라고 부르고 있기도 하다. 2010년에는 전교조 소속 교사 134명이 민주노동당에 가입한 혐의로 기소되어 일부가 벌금형을 받기도 하였다.

2. 교육의 정치화를 경계하다

한국사회에서 교육의 정치적 중립성 논쟁의 중심에는 주로 전교조가 있었지만 한국 최대의 교원단체는 한국교원단체총연합회(한국교총)이다. 한국교총은 1947년 11월 23일에 설립된 대한교육연합회를 전신으로 한다. 한국교총은 〈교육기본법〉 제15조의 교원단체 조항을 근거로 〈민법〉 제32조에 규정된 비영리법인으로 설립, 운영되고 있다. 〈교육기본법〉 제15조는 "교원은 상호 협동하여 교육의 진흥과 문화의 창달에 노력하며, 교원의 경제적 · 사회적 지위를 향상시키기 위하여 각 지방자치단체와 중앙에 교원단체를 조직할 수 있다"고 규정하고 있다. 비영리법인인 한국교총은 회원인 교원들의 사회적, 경제적 지위 향상을 설립동기로 한 이익단체라는 성격을 가지고 있다. 노동조합인 전교조가 교원을 우선 노동자라는 시각에서 바라본다면, 한국교총은 교원은 노동자가 아닌 전문직 종사자라는 입장을 견지하고 있다(한국교총 헌장, 2014). 한국교총은 교육감이나 교육부장관을 상대로 〈교원지위 향상을 위한 특별법〉 제11조에 따라 교육기본법 상의 교원단체에게 허용된 교원의 전문성 신장과 지위 향상을 위한 교섭 · 협의를 하고 있다. 교섭 · 협의의 내용은 교원의 인사와 처우 개선, 전문성 강화, 교권 신장, 교원 복지, 근무여건 개선, 교원단체 활동 보장 등을 아우르고 있다. 한국교총은 교육부와 합의한 내용의 이행을 위해 법률의 제정이나 개정, 예산의 편성과 집행을 위해 관계부처 및 국회와 적극적으로 협의하는 활동도 한다.

전교조가 반정부적이고 진보적인 반면 한국교총은 친정부적이고 보수적이라는 평가를 받고 있다. 교원의 전문성 신장과 처우 향상을 위해서는 정부와 긴밀한 협력 관계가 요구되기 때문이다. 한국교총은 전교조와 달리 정치적인 입장이 첨예하게 갈리는 교육정책에 직접적인 의사 표명을 하는 경우가 많지 않다. 그러나 한국교총이 교육정책에 전혀 의사 표명을 하지 않는 것은 아니다. 사회적으로 찬반 갈등이 심각했던 전면 무상급식 등 교육복지의 확대에 반대하고 나선 것이나 시도 교육감 주민직선제가 헌법이 규정한 교육의 정치적 중립성에 위배된다며 헌법 소원을 제기한 것이 대표적이다. 학교 무상급식은 정치권에서 선거 공약으로 제기된 뒤 소요 재정 문제로 사회적 논란이 거세게 일었다. 서울에서는 전면 무상급식에 반대하는 시장이 임기 중에 사퇴를 했지만, 경상남도에서는 도지사가 바뀌면서 전면 무상급식 정책을 폐지했을 정도로 무상급식은 정치적으로 민감한 사안이 되었다. 한국교총은 이 문제에 대해 전면이 아닌 선별적인 무상급식으로 전환해야 한다는 입장을 공개적으로 표명했다. 한국교총은 학생들의 급식과 교복, 기숙사 등 의식주를 제공하는 것은 교육복지가 아니라 일반복지에 해당한다는 논리를 폈다. 사회적으로 무상급식, 무상교복이 교육복지의 대표적인 정책으로 인식되고 그 방안에 대해 정치적인 대립이 심각한 상황에서, 이를 교육 정책으로 보는 관점을 경계한 것이다. 한국교총이 이 문제에 의견을 표명한 직접적인 이유는 전면적 무상급식으로 지방교육 재정이 위축되어 학교 시설 투자와 학교운영비 예산이 영향을 받기 때문이다. 또, 고소득층 자녀 급식 지원 예산을 학교 밖 청소년 및 수형자 미성년자녀 등 사회통합을 위한 다른 교육 정책에 투자해야 한다는 정책 우선순위와 관련된 다른 시각도 담겨있었다. 그렇지만 선별적 무상급식은 전면적 무상급식과 대척점에 놓여있었다는 점에서 한국교총의 선별적 무상급식 의견 표명은 정치적으로 민감한 사안에 특정한 입장을 개진한 것으로 해석할 수 있다. 정치가 사회적 가치를 배분하는 활동이고 정치적 의사결정은 공공 재정 투자의 우선순위를 다루는 것이라면, 무상급식 문제에 대한 한국교총의 의견 표명은 교육의 정치화를 경계하면서도 정치적 입장을 개진한 것이라 할 수 있다.

한국교총은 〈지방교육자치에 관한 법률〉에 따른 교육감 직선제가 헌법이 규정한 교육의 정치적 중립성에 위배된다며 교사, 학생, 학부모 등 2451명을 청구인단으로 2014년 헌법소원을 제기했었다. 교육감 선거가 보수와 진보 정치 세력의 각축장이 되면서 교육이 정치화되고 있다는 것이 헌법소원을 제기한 이유였다. 교육감의 정치적 성향에 따라 교육정책이 바뀌는 것도 교육의 정치적 중립성을 해친다고 보았다(교총 일관되게 '교육감 직선제' 폐지 주장해와, 2014). 실제 2010년 이후 교육감 선거 출마자들은 특정 정당 후보는 아니었지만, 보수 혹은 진보 진영 대표라고 자처하거나 정치적 입장에 따라 후보단일화를 하기도 했다. 그렇지만, 헌법재판소는 교육감직선제가 청구인들의 권리를 침해하지 않았다며 각하 결정을 내렸다.

3. 교사의 이중적 지위

교육의 정치적 중립성은 헌법 제31조 제4항의 "교육의 자주성 · 전문성 · 정치적 중립성 및 대학의 자율성은 법률이 정하는 바에 의하여 보장된다"는 조항에 근거하고 있다. 교육의 정치적 중립성 조항은 5.16 군사쿠데타 직후 제정된 제3공화국 헌법에 처음으로 등장했다. 이 조항에 따라 〈교육기본법〉 제6조 제1항은 "교육은 교육 본래의 목적에 따라 그 기능을 다하도록 운영되어야 하며, 정치적 · 파당적 또는 개인적 편견을 전파하기 위한 방편으로 이용되어서는 아니 된다"고 교육의 중립성을 규정하고 있다. 나아가 〈교육기본법〉 제14조 제4항은 "교원은 특정한 정당이나 정파를 지지하거나 반대하기 위하여 학생을 지도하거나 선동하여서는 아니 된다"고 하여, 교육의 정치적 중립성을 담보하기 위한 교사의 행위 규범을 제시하고 있다. 교육의 정치적 중립성 법조항들은 교육을 정치와는 분리된 영역으로 규정하고, 중립성 보장을 실현하는 방안으로 교원의 행위 규범을 들고 있다.

교사의 정치적 행위는 공무원이라는 신분에 의해서도 규제를 받고 있다. 국공립학교의 교사는 공무원이다. 사립학교의 교사 역시 공교육에 종사하고 있기 때문에 공무원에 준하는 지위와 신분이 보장되며 그에 준하는 의무와 권리를 가지고 있다. 교사들의 정치적 행위는 〈국가공무원법〉 제65조와 〈지방공무원법〉 제57조에 의해서 금지되고 있다. 두 법 조항은 공무원이 정당이나 정치단체의 결성에 관여하거나 가입하는 것과 함께 선거에서 특정 정당이나 특정인을 지지 혹은 반대하기 위해 다음과 같은 행위를 할 수 없도록 금지하고 있다. 첫째, 투표를 하거나 하지 아니하도록 권유 운동을 할 수 없다. 둘째, 서명 운동을 기도(企圖) · 주재(主宰)하거나 권유할 수 없다. 셋째, 문서나 도서를 공공시설 등에 게시하거나 게시하게 하는 것, 넷째, 기부금을 모집 또는 모집하게 하거나, 공공자금을 이용 또는 이용하게 할 수 없다. 다섯째, 타인에게 정당이나 그 밖의 정치단체에 가입하게 하거나 가입하지 아니하도록 권유 운동을 할 수 없다. 이 조항들은 공무원의 정치 참여를 주로 정당 참여 및 선거와 관련하여 규정하고 있다. 〈사립학교법〉 제58조는 교사가 "정치운동을 하거나 집단적으로 수업을 거부하거나 또는 어느 정당을 지지 또는 반대하기 위하여 학생을 지도 · 선동하였을 때"에는 면직시킬 수 있도록 별도로 규정하고 있다. 전교조가 정부 정책에 반대하며 교사들의 실명을 공개한 성명서를 내고 집단 행동을 할 때 정부는 〈국가공무원법〉 제66조와 〈지방공무원법〉 제58조를 근거로 징계를 교육감에게 요구했다. 두 법 조항에 따르면 교사는 노동운동이나 그 밖의 공무 외의 일을 위한 집단 행위를 해서는 안 된다.

교육의 정치적 중립성과 관련된 실정법은 실제에 있어 정당들이 개입해 정치적으로 결정되는 여러 교육 정책 현안에 대해 교사들이 특정 입장을 지지하거나 반대하는 행위들을 막고 있다. 우리 헌법에서 정치적 중립성 조항은 국군, 행정, 교육의 세 영역을 규정할 때 사용되고 있다. 이 세 영역의 중립성 보장은 군인, 공무원, 교원의 행위를 규제하는 방식으로 담보되고 있다(류시조, 2015).

현행법상 국민 전체를 대상으로 봉사하는 공무원이자 학생들을 가르치는 교사에게 정치적 중립성을 지키는 것은 매우 중요한 가치임에 틀림없다. 그렇지만 교육과 정치가 실제에 있어 분리된 것이 아니라 매우 긴밀한 관계를 맺고 있다면, 교사들이 의견을 표명하는 행위를 무턱대고 막는 것은 한계가 있을 수밖에 없다. 교사 역시 한 사람의 시민으로서 권리를 가지고 있기 때문이다. 시민은 의사표현의 자유와 정치적 의사결정에 참여할 권리를 당연히 가진다. 분명 교사의 개인적인 의견과 생각이 공적인 업무인 학생들을 가르치는 일에 영향을 주어서는 안될 것이다. 그러나 교사가 시민으로서 행사하는 권리를 제한할 수 없다면, 그 권리의 행사가 학생들에게 미치는 영향 역시 완벽하게 차단할 수는 없을 것이다. 또, 선거운동 등 명백한 사안이 아니라면 교사의 시민으로서 권리 행사가 교육의 정치적 중립성을 해치는 지 여부를 판단하는 것도 실제에 있어서는 쉽지 않을 수도 있다. 그러나 교사의 공적인 삶과 사적인 삶을 구분하는 것이 실제로 어렵기는 하지만 원칙상 불가능한 것은 아니다. 따라서 교육의 정치적 중립성 문제는 개별적인 사안에 따라, 그리고 교원 개인의 시민적 양심과 교육적 소신에 따라 다소 유동적이고 확장적으로 판단될 수 있는 여지를 남긴다. 하지만 그 판단은 언제나 공적, 법적 판단의 대상이 될 수 있다는 점에서 전적으로 개인적인 것은 아니며, 미래 사회구성원의 형성을 돕는 교사로서의 교육적 책임이 늘 고려되고 동반될 필요가 있다.

심화질문

- 헌법에 의해 보장된 교사의 정치적 중립성은 교육을 "교육 본래의 목적에 따라 그 기능을 다하도록" 하기 위해 "정치적 · 파당적 또는 개인적 편견을 전파하기 위한 방편으로 이용되어서는" 안된다는 생각에 기초하고 있다. 이것은 교사의 정치적 중립성의 법적 근거가 교육적 목적을 보호하는 데에 있다는 것을 의미한다. 그렇다면 이것은 여당이나 야당 모두의 정치적 이념이나 목적으로부터 독립되어야 한다는 것을 의미한다. 이런 관점에서 전교조나 교총의 정치적 지향성을 어떻게 이해할 수 있는지 비판적으로 검토해 보아라.
- 교육적 사안에 대한 교사의 '시민적' 권리는 어느 정도 보장될 수 있는가? 특정 사례를 들어 설명해 보자.
- 교사의 교원노조/교원단체 활동은 반드시 필요한 일인가? 반드시 필요하다면, 그 이유는 무엇인가? 반드시 필요한 것은 아니라고 생각한다면, 교사의 권익 신장과 교육 문제 해결을 위해 교사로서 당신은 무엇을 어떻게 할 것인가?

참고문헌

강명숙. (2006). 교육민주화 선언 (국가기록원 기록정보콘텐츠 국정분야별 주제콘텐츠). http://www.archives.go.kr/next/search/listSubjectDescription.do?id=003292&pageFlag=A. 2015년 12월 10일 인출.

교총 일관되게 '교육감 직선제' 폐지 주장해와. (2014). 한국교총 뉴스레터. Vol. 43.

류시조(2015). 한국 헌법상의 정치적 중립성에 관한 연구. 공법학연구, 16(1), 49-70.

신현직(1999). 교육의 자주성, 전문성, 정치적 중립성의 법리. 교육법학연구, 11, 153-169.

한국교원단체총연합회(2014). 한국교총헌장. https://www.kfta.or.kr/guide/principles_01.asp 2015년 12월 10일 인출.

허종렬(1998). 헌법상 교원 및 교원단체의 정치적 기본권 보장. 교육법학연구, 10, 127-154.

찾아보기

인명색인

주제색인

ㄱ

ㅁ

ㅂ

ㅅ

ㅇ

ㅈ

ㅊ

ㅋ

ㅌ

ㅍ

ㅎ

영문

공저자약력

곽덕주 (1장, 2장, 3장, 13장)

학력: 서울대학교 교육학 석사, 미국 콜롬비아 대학교 철학박사(교육철학 전공)

현재: 서울대학교 사범대학 교육학과 교수

관심영역: 교사교육철학, 예술교육철학, 동서양 인문교육전통 비교연구

이메일: djkwak@snu.ac.kr

강대중 (11장, 16장)

학력: 서울대학교 교육학 석사(평생교육 전공),미국 조지아 대학교 철학박사(성인교육 전공)

현재: 서울대학교 사범대학 교육학과 교수

관심영역: 평생학습이론, 학습생애사, 평생교육정책, 대안교육

이메일: kdj@snu.ac.kr

박현정 (8장)

학력: 서울대학교 교육학 석사, 미국 미네소타 대학교 철학박사(교육통계 및 측정평가 전공)

현재: 서울대학교 사범대학 교육학과 교수

관심영역: 대규모 교육 조사 데이터, 컴퓨터 기반 평가의 로그 데이터 등 교육 빅데이터 분석

이메일: hjp@snu.ac.kr

소경희 (4장, 15장)

학력: 이화여자대학교 교육학과 석사, 박사(교육과정 전공)

현재: 서울대학교 사범대학 교육학과 교수

관심영역: 교육과정 이론화, 교사들의 정체성 및 행위주체성, 국가교육과정 연구와 개발

이메일: sohee@snu.ac.kr

유 성 상 (12장)

학력: 서울대학교 교육학과 학부, 석사, 미국 UCLA 철학박사(국제비교교육 전공)

현재: 서울대학교 사범대학 교육학과 교수

관심영역: 비교교육, 국제교육개발협력, 교육발전론, 교사사회학, 사회정의교육

이메일: sungsang@snu.ac.kr

이 선 영 (5장, 14장)

학력: 서울대학교 교육학과 석사, 미국 조지아대학교 철학박사(교육심리학과 영재/창의성교육 전공)

현재: 서울대학교 교육학과 교수

관심영역: 영재교육, 창의성교육, 재능계발교육, 리더십 및 진로교육

이메일: seonylee@snu.ac.kr

정 동 욱 (9장, 10장)

학력: 미국 스탠포드 대학교 석사, 콜롬비아 대학교 철학박사(교육경제학 전공)

현재: 서울대학교 사범대학 교육학과 교수

관심영역: 교육행정, 교육경제, 교육재정, 교육정책

이메일: jeongdw@snu.ac.kr

조 영 환 (6장, 7장)

학력: 서울대학교 교육공학 석사, 미국 미주리대학교 정보과학과 학습공학 박사

현재: 서울대학교 사범대학 교육학과 교수

관심영역: 학습자중심교육, 인공지능기반교육, 학습분석, 온라인학습

이메일: yhcho95@snu.ac.kr

[제2판] 미래교육, 교사가 디자인하다

2016년 2월 25일 1판 1쇄 발행
2023년 8월 25일 1판 10쇄 발행
2024년 2월 25일 2판 1쇄 발행
2025년 3월 25일 2판 3쇄 발행

공저자 : 곽덕주 · 강대중 · 박현정 · 소경희 · 유성상 · 이선영 · 정동욱 · 조영환
발행인 : 한정주
발행처 : 교육과학사

경기도 파주시 광인사길 71
전화 : (031) 955-6956~8 팩스 : (031) 955-6037
Home-page : www.kyoyookbook.co.kr / E-mail : kyoyookbook@daum.net
등록 : 1970년 5월 18일 제2-73호

정가 20,000원

ISBN 978-89-254-1858-2

Printed in Korea.